进化
组织形态管理

杨少杰 著

EVOLUTION
Management of Organizational Pattern

中国法制出版社
CHINA LEGAL PUBLISHING HOUSE

自 序
PREFACE

关于组织变革的课题一直都是管理学者们喜欢探讨的内容,每位学者及研究人员都从各自的专业角度解读企业发展与变革规律,作者也是其中之一,只是作者从组织形态角度思考这个领域的问题,并提出了组织形态管理理论。

改革开放让中国的市场生态与全球经济生态系统接轨,中国企业以崭新的形态走上了西方两百多年的工业化发展之路,并以惊人的发展速度吸引了全球的目光,作为中国咨询行业较早的工作者,作者有幸见证了这一过程,这个过程对于研究组织形态价值匪浅,也只有在这样的过程中才能获得一种独特的体验,为这本书的创作提供了丰富的泉源。

本书分为六章,第一章是对企业形态进化规律的理论探讨,管理学作为一门交叉学科,必然与其他领域有相似的地方,这也符合事物发展具有普遍联系的原理,这些领域的研究成果引发了作者对组织管理多角度的思考,形成了组织形态管理观点。第二、第三章用组织形态管理观点对企业形态进行剖析,分别从十个不同的角度认知企业形态的演变规律;第四、第五、第六章是组织形态管理理论在具体实践中的运用,作者以中西代表企业杜邦、海尔为例说明工业时代企业形态进化的轨迹，并对改革开放中的中国企业遇到的危机与"瓶颈"进行解读。虽然本书以企业组织作为研究样本，但作者认为对其他形式的组织同样适用，因为这种适用性建立在对人性理解的基础上。

在本书第一章中，作者从两条线索说明组织形态的进化过程。第一条线索是从人性的演变规律解读组织的进化。人性是人类最本质的特征，任何形式组织的诞生与消亡都是人性的需要，任何科学和学科形成都是对人性认知的阶段性体现，因此组织必然体现人性特征，而组织管理最终是管理人性。组织在进化过程中其人性特征逐渐明显，作者从价值人假设角度定义了四种组织形态——股东价值形态、精英价值形态、客户价值形态、利益相关者价值形态，这四种组织形态的组成结构、功能特征、管理模式都具有典型性，便于说明企业在市场生态中从低级到高级的演变轨迹。

第二条线索是从生态、组织、人三者之间的价值关系解读组织的进化。任何一个个体都处于一个价值系统中，并且自身也是其构成元素的价值系统。组织形态管理是站在组织角度审视组织与生态、组织与人之间的价值关系。生态与人分别是组织形态演变的外部与内部因素，两者的共同作用导致组织形态发生演变，这就是所谓的"适者生存"法则。组织形态管理的目标是使生态、组织、人之间形成价值形态平衡，这时组织形态最佳，组织价值最大。

在本书第二、三章中，作者用十类组成结构剖析组织价值形态，通过组成结构的演变说明组织形态的进化过程。形态由结构构成，结构决定组织功能特征，结构的变化导致组织形态的演变，剖析组织形态需要从组成结构着手，作者提出10S企业形态分析模型，每种结构都决定着组织的某种功能，相互作用共同构成组织的价值形态，体现组织的价值特征。十类结构分别是价值创造能力结构、股权结构、组织结构、人才结构、管理基础结构、价值单元结构、客户结构、产品结构、文化结构、治理结构，简称10S。不同的组织形态有不同的组成结构特征，这十类结构在组织形态演变过程中呈现出规律性的变化，可以让人们探知组织形态的进化过程，不但能够了解组织形态的"前身"，理解组织形态的"今世"，还可以看到组织形态的"未来"，有利于组织主动变革，逐步迈向高级形态。作者将逐一说明每一类结构的演变过程，读者也能看出两条线索是如何得到体现的。

在本书第四章中，作者用西方杜邦公司两个多世纪的发展历程说明企业形态的进化规律。杜邦就是企业发展史上的活化石，从一个白兰地河畔的黑火药制造小工厂，到一个世界瞩目的跨国高科技科研公司，为人们展现的不仅仅是一部企业进化史，更是一部生态发展史、一部人性演绎史。

在本书第五章中，作者以中国的海尔为例，描绘了改革开放后中国企业在工业时代的进化历程，这也是所有中国企业的发展变革路径，海尔的进化史生动地再现了一个企业如何通过变革完成组织形态的演变，实现了时代赋予的历史使命，而这种历程仍在继续中。

在本书第六章中，作者依据经济生态、组织形态、人性特征三者之间的价值关系，绘制企业危机路线图，通过危机路线图标识企业进化过程中遇到的危机与"瓶颈"，同时利用组织形态管理理论提出解决思路，希望对今天中国企业的变革具有一些启示作用。

在本书的最后，作者将用一张表格对整本书中阐述的内容进行归纳、总结，便于读者理解，这样组织形态管理理论框架基本成形，完成了管理学底层逻辑的构建，作为科学性研究第一阶段终于结束，近几年来作者的所有研究成果都是在不断地完善这套管理知识体系。

本书用了"进化"这个概念，而不是"演化"，"演化"除了包含"进化"之意以外，还会出现形态的"退化"以及"混沌"状态。严格意义上说，本书更适合用"演化"这个概念，因为在现实中很多企业不完全是朝着进步的方向发展，最终作者还是使用了"进化"一词，主要是希望组织能向更好、更积极的方面发展。

本书对企业形态的"未来"特征进行了大胆的描述，这些描述是依据人性特征的演变规律，其中不乏与某些传统观点不相符的地方，但管理学本身就是一个充满争议的领域，有争议才能有进步，推动管理学的发展是每个学者的责任，因此也请读者允许有不同的见解。

目 录
CONTENTS

001 | 自 序

第一章 组织形态管理

004 | **第一节 人性——人类的价值属性**
005 | 一、人性的三个维度
015 | 二、两只"无形之手"
021 | 三、创造价值的能力
022 | 四、价值如何体现？
024 | 五、价值何所"求"？

025 | **第二节 生态——人性的价值系统**
027 | 一、经济生态发展规律
030 | 二、产业是最小经济生态
031 | 三、企业组织是一种物种
033 | 四、生态、组织、人

035 | **第三节 组织——组织的人性特征**
037 | 一、组织的生命特征

040	二、人格、独立人格、独特人格
041	三、法律率先赋予人格
043	四、首先追求独立人格
045	**第四节　组织形态管理——管理新视角**
047	一、管理学全新视角
048	二、结构构成形态
050	三、十类结构构成企业形态
052	四、形变始于结构改变
054	五、改变是对传统的挑战
056	**第五节　企业形态进化规律**
058	一、企业时空形态变化
061	二、四种典型企业形态
068	三、企业形态进化历程
071	四、企业形态进化规律
073	五、组织形态的价值定位
076	六、西方管理理论支持
079	七、理论与实践脱节
081	**第六节　组织形态进化动力**
083	一、外因：市场生态系统改变
085	二、内因：价值创造能力改变
086	三、两种进化方式
088	四、变革最终是变形

第七节　组织形态管理

- 090　第七节　组织形态管理
- 092　一、管理的三大原则
- 096　二、管理的四种属性
- 098　三、管理的四组关系
- 103　四、价值平衡管理卡

第二章　进化——10S演变历程（上）

- 110　第一节　价值创造能力结构的演变
- 112　一、价值创造能力结构演变规律
- 114　二、资本与独特资源结合
- 117　三、职能与领导力结合
- 119　四、需求与创新力结合
- 121　五、价值与独特人格结合
- 123　六、价值创造能力体现人性

- 125　第二节　股权结构的演变
- 126　一、股权结构演变规律
- 129　二、股东人格就是企业人格
- 130　三、两权分离导致双重人格
- 133　四、股权分散获得独立人格
- 135　五、无形资本塑造独特人格
- 137　六、自由资本天性逐利
- 139　七、资本的历史使命

142	**第三节 组织结构的演变**
144	一、组织结构演变规律
146	二、直线型是股东首选
148	三、职能型离不开精英
150	四、事业部是巅峰状态
153	五、矩阵型是过渡形式
155	六、流程型是颠覆传统
158	七、网络状是万法归宗
160	八、业务流程就是结构
163	九、结构稳定如何实现？
165	**第四节 价值单元结构的演变**
167	一、价值单元结构演变规律
169	二、集体共同创造价值
171	三、分工协作创造价值
173	四、独立统一创造价值
176	五、即时组合创造价值
177	六、一只"有形之手"
181	七、价值从何而来？
184	**第五节 管理基础结构的演变**
186	一、管理基础结构演变规律
189	二、以工作为基础的指令性管理
192	三、以职位为基础的标准化管理

194	四、以能力为基础的满意度管理
198	五、以人格为基础的个性化管理
201	六、从薪酬理念看管理基础的进化

第三章 进化——10S 演变历程（下）

206	**第一节 人才结构的演变**
208	一、人才结构演变规律
210	二、花瓶形人才结构
212	三、钻石形人才结构
215	四、橄榄形人才结构
217	五、圆球形人才结构
220	六、从人才标准看人才结构演变
223	**第二节 客户结构的演变**
225	一、客户结构演变规律
227	二、被独特资源吸引的客户
229	三、需求稳定且重要的客户
231	四、需求发散且多变的客户
233	五、被独特人格吸引的客户
235	六、产业生态发展与企业价值定位
238	**第三节 产品结构的演变**
241	一、产品结构演变规律
243	二、简单化、成熟型产品

245	三、专业化、标准化产品
247	四、多元化、创新型产品
250	五、定制型、个性化产品
252	六、质量管理理念演变
254	七、从波士顿矩阵看产品结构演变
257	**第四节 文化结构的演变**
260	一、文化结构的演变规律
262	二、以收益为核心的资本文化
265	三、以业绩为核心的精英文化
268	四、以创新为核心的客户文化
270	五、以人格为核心的价值文化
272	六、塑造文化也是塑造人性
274	七、何谓"以人为本"？
276	**第五节 治理结构的演变**
278	一、治理结构演变规律
280	二、股东价值优先
282	三、精英价值优先
284	四、客户价值优先
286	五、价值平等原则
288	六、维护价值平衡形态
290	七、董事会角色演变
293	八、权力治理模式演变

第四章　活化石——杜邦传奇

- **304** 一、第一个百年——股东价值形态
- **308** 二、第二个百年——精英价值形态
- **314** 三、第三个百年——客户价值形态
- **319** 四、展望未来

第五章　海尔组织形态进化史

- **325** 一、股东价值形态：海尔的张瑞敏时代
- **329** 二、精英价值形态：海尔的经理人时代
- **334** 三、迈向新组织形态：海尔的转型时代

第六章　现代启示录

- **346** 一、企业危机路线图
- **350** 二、第一次发展"瓶颈"
- **352** 三、第二次发展"瓶颈"
- **354** 四、面对历史转折点

- **357** **附录：一张表概括组织形态进化规律**
- **365** **后记：何谓"道"？**

第一章

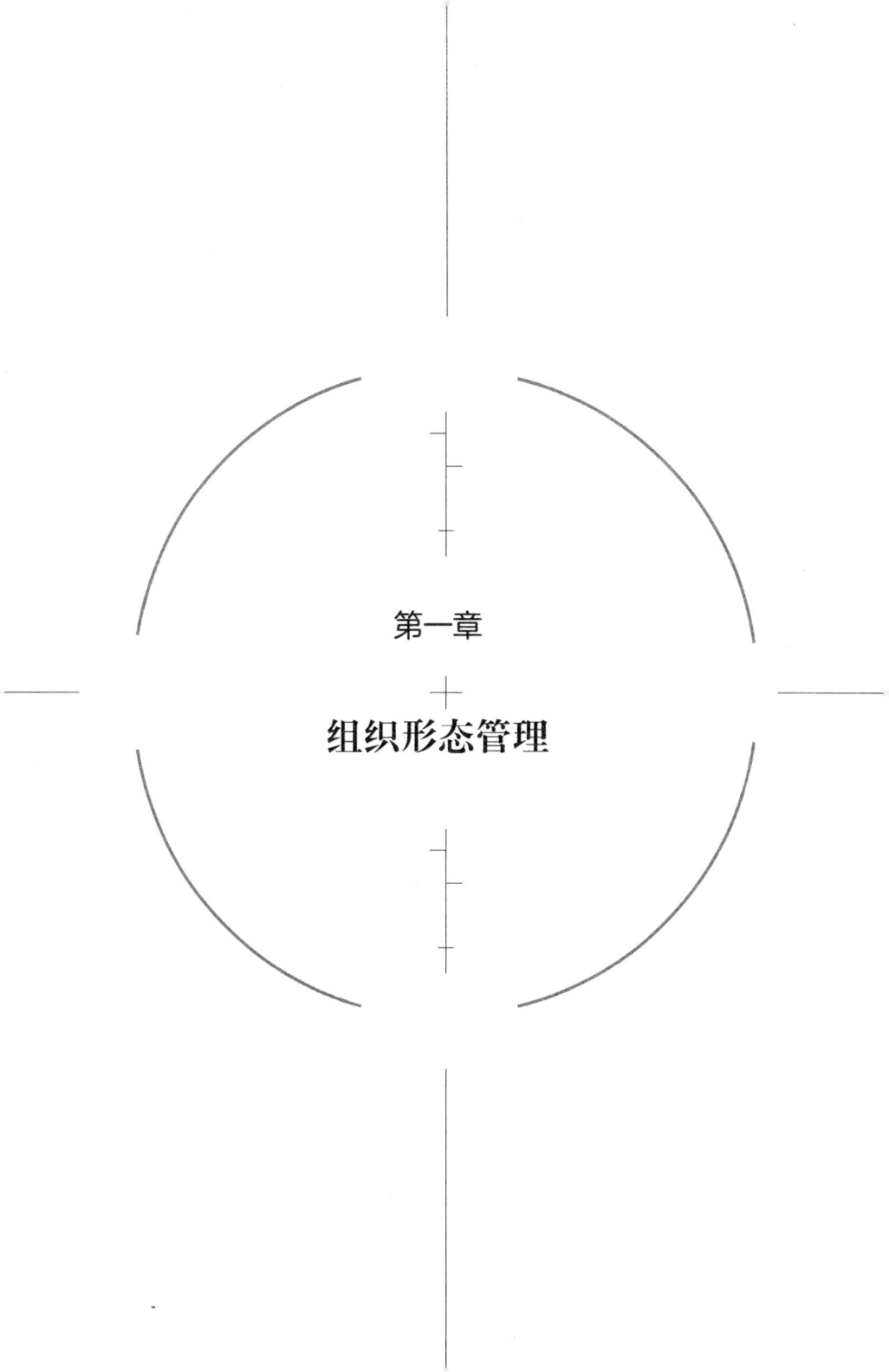

组织形态管理

科学上的新理论、新发明的产生，新的工程技术的出现，经常是在学科的边缘或交叉点上，重视交叉学科能够促进科学本身向着更深层次、更高水平发展，这符合自然界存在的客观规律，管理学就是一门综合性的交叉学科。

20世纪60年代以后，西方管理学进入了现代管理理论阶段，人们不仅仅用运筹学来分析组织管理中的具体问题，而且借助自然科学与社会科学两大领域的综合性交叉科学来进行研究，涌现了众多管理流派，形成了"百家争鸣"的繁荣。组织形态管理理论也以这种思想为指导，通过对组织形态的研究探索管理的规律。

在作者看来，生态、组织、人其实都是一种价值系统，以某种形态存在特定时空中，三者形成一种必然联系，这种必然联系归根到底是人性。伴随着人类的发展，任何生态、组织的诞生、发展和消失都是为了满足人性的需要，人性把生态、组织和人联系在一起，只有在理解人性的前提下，组织管理才能变得有规可循。组织形态管理是以人性为基础，站在组织的视角，研究组织与生态、组织与人的价值关系，塑造组织存在的最佳形态。

组织形态由不同的结构组成，结构特征决定组织功能特征，内、外部环境的变化会引起内部结构的改变，导致组织功能发生变化，因此可以通过组成结构与功能特征之间的联系探知组织形态的进化规律，不但可以发现组织的成长痕迹，还能推测组织的发展方向，为组织变革提供理论依据。

传统的分析方法是以运动中的组织作为研究对象，以动态的视角审视静态的组织现状，形态管理则是以静止中的组织作为研究对象，从静态的视角研究动态的发展过程，探寻组织从低级到高级形态的进化规律，使组织发展与变革有规可循。组织作为生态中的一个价值个体，将随着生态的发展而不断进化，组织管理是为了符合"适者生存"的生态法则，因此组织变革最终是为了组织进化。基业长青的组织都在不断地进化中，形成组织与生态、组织与人相适应的组织形态，才得以持续发展。

组织形态管理理论与西方管理学的思想殊途同归，只是对组织的研究角度不同。西方管理思想从人类进入工业时代到今天经历了三个阶段：古典管理理论阶段、行为科学理论阶段、现代管理理论阶段。从古典管理理论开始，西方管理学逐渐形成一门系统的学科，在作者看来西方管理学的发展与经济生态的发展、经济组织的演变、人性特征的体现过程一致，而且每一阶段的管理思想都试图描述一个理想的组织形态及其管理功能，任何思想的出现都是为实现最佳的组织形态提供理论依据，因此不同阶段的管理思想具有鲜明的特征，关于这一观点读者可以从西方管理思想中去体会。

最佳的组织形态也是组织与生态、人保持一种相互平衡的价值关系，人性的变化将导致生态、组织、人的价值关系始终处于动态调整过程，组织形态管理就是进行有效的动态调整，实现三者的价值形态的平衡。

第一节　人性——人类的价值属性

人性是组织形态管理的一条基本主线，作者认为在人类社会中，人类创造的任何事物都是人性的体现，任何科学、学科都建立在人性的基础上，因此管理学也服务于人性，而管理本身即管理人性。

何谓人性？人性就是人的本性，是人类物种共同的属性，人是人性的载体，人性是人的形态必要组成部分，但是人性特征会随着时间、空间的改变有所变化，当人性特征发生本质改变时，人类物种将改变，人性特征的变化过程也可以视为人类的进化过程。

作者对人性的认知在于人的三维属性：人的复杂性、人的独特性、人的价值性，这是对人性的另一种解读，如图1-1所示。人性的三维属性相互依存、相互作用，共同形成人性特征变化规律，随着人类发展，人性特征指向——具备独特价值的人，人类沿着这个目标不断演变。人的复杂性是指人性的特征多元化，在不同时间、空间有不同的体现；人的独特性是指虽然人类是社会性群体，但是每个人都在追求个性的独特，体现与他人的差异；人的价值性是指每个人都必然对他人产生价值影响，否则其人性根本无法体现，以至于不能认可其存在的意义。

```
        价值性
         /\
        /  \
       / 人性 \
      /_____\
   独特性      复杂性
```

图 1-1　人性的三个维度

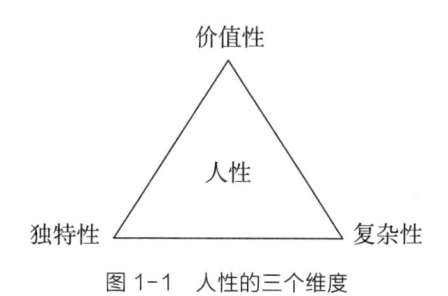

人的三维属性体现在每一个人身上，使人的独特价值能够不断体现。人性特征的演变规律是组织形态管理的基础，尤其是对人价值性的解读，便于理解人类所处的经济社会、所在的各类组织以及人类自身的特征。

人性一直体现在人类所创造的世界中，由于任何事物都是以某种形态存在，因此从价值性角度认知事物时可以统称为价值形态。例如，组织有组织价值形态，人有人的价值形态。当人的价值特征发生改变时，组织的价值形态与人的价值形态就会发生改变。

人的复杂性和独特性相对容易理解，本书将重点介绍人的价值性，作者提出的组织形态管理理论就建立在价值人假设的基础上。

一、人性的三个维度

人类所有活动可以分为两个部分，一是认识世界，二是改变世界，这两个活动相辅相成，随着人类认识世界的程度不断深入，人类改变世界的能力不断加强，在这个过程中人性特征不断发生变化，其体现在人类的思想理念、生存空间、生活模式等众多领域。例如，在中国社会发展变革过程中，诗、词、歌、赋、曲、小说、电影等艺术形式的变化中就传递着中华民族的人性解码，同样在西方社会发展史中也能找到类似的规律。为了能够捕捉人性的信息，人类的思想家对人性进行持续的探索，探索人性是为了更有效地管理人性，这就是人类认识世界与改变世界的过程。

首先从复杂性来探知人性的变化规律，复杂性在中西方管理思想中以不同的形式表述，但殊途同归，通过对照可以进行理解。

（一）人的复杂性

中西方的管理思想都是建立在对人性认知的假设基础上的，如中国古代儒、法、墨、道四大思想系统分别提出性善论、性恶论、可塑论、道性论，西方近代管理学思想也有提出经济人假说、社会人假说、自我实现人假说、复杂人假说等，这些对人性的认知虽然相隔两千多年，但却如此雷同，说明人的本性尚未发生本质变化，只要时间、空间相似，人性的某些特征依旧会出现，但是表现形式会发生很大的改变。

1. 性恶论与经济人假说

中国历史上第一个主张人性恶的是荀子，荀子在其专业论著《荀子·性恶》中就明确提出："人之性恶，其善者伪也"，人们为了满足欲望和需求而会产生争夺，由争夺而衍生邪恶与暴力，因此荀子主张通过教化，限制恶的趋势，使人性之恶向善转化，正是基于人性恶的认知，荀子的弟子韩非在人性恶的假设基础上提倡用"法"来治理国家，并设计了一套依"法"治国的管理体系而被后世统治者充分采纳，韩非也成了法家思想的代表人物。西方近代管理学家提出了类似的经济人假说，也就是"X理论"，认为人天性好逸恶劳，主张采取命令、强制的管理方式，通过物质激励提高人的工作积极性。西方古典管理学理论就是建立在经济人假说的基础上，为人们所熟知的是美国管理学家泰罗的科学管理理论，而泰罗的"计件工资制"的确在当时起到了明显的效果。

"性恶论"和"X理论"两者的核心都是倾向于人性具有自私、懒惰的特征，行为动机源于趋利诱因，因此要注重监督和控制，强化纪律与奖惩，因此以"性恶论"为基础的管理思想侧重于制度规范的建设。

2. 性善论与社会人假说

中华民族对"性善论"的认识可谓根深蒂固，《三字经》第一句就是"人之初，性本善"。儒家的代表人物孟子就明确提出"人无有不善，水无有不下""人皆有不忍人之心"之说，因此孟子主张通过教化、扶植和培养善的萌芽，通过善性来解决现实争端。儒家思想体系就是建立在人性善的假设上，成为道德规范的主要资源，成功地约束人们离经叛道的行为。同样，"X理论"之后西方学者提出了具有针对性的社会人假设，也就是"Y理论"，它指出人性并非懒惰和不可信任，不仅能够承担责任，而且会主动寻求承担责任，如果对某些工作作出承诺，人们为了完成任务能够进行自我指导和自我控制。西方行为科学管理理论就是建立在社会人假说的基础上，为人们所熟知的是梅奥的霍桑实验。

"性善论"与"Y理论"两者的核心都倾向于人性具有积极、向善的特征，行为动机源于对精神境界的追求，因此要注重引导和激发，强化激励和关怀。以"性善论"为基础的管理思想更侧重于道德规范的塑造。

3. 可塑论与复杂人假说

在中国古代战国时期的思想家告子率先认同人性可塑，用"性犹湍水，决诸东方则东流，决诸西方则西流"来形容人性的善与恶取决于人的后天环境，这种人性论在墨家思想中进一步得到了体现，墨子在《墨经·所染》中提出其人性观点"染于苍则苍，染于黄则黄""人性如丝，必择所染"，人性的善恶是根据环境而变化，墨家思想的"十论"就是建立在可塑论基础上。西方管理学者在对"X 理论"和"Y 理论"进行实验分析比较后也得出了相似的结论，即不能简单地用"经济人"和"社会人"来判断人性，进而提出了"复杂人"假设，也称"超 Y 理论"，这是一种主张权宜应变的管理思想，它认为没有一成不变、放之四海而皆准的管理方式，如果管理者要想进行有效的管理，就必须根据其所处的具体环境来选择适合自己的管理理论、方法和技术，实际上是要求将环境、组织、个人、工作等因素综合考虑，做出最佳的选择。

复杂人假说目前很受管理学者的推崇，评价很高，这是因为现代管理理论就是以人性复杂为基础，也因此诞生了众多管理流派，就像是进入了"管理理论丛林"。以"复杂人假说"为基础管理思想没有固定的管理方式，强调全方位的管理系统建设。

4. 道性论与自我实现人假说

道家的思想建立在道性论的基础上，由于"道"概念无法具体化，因此相对于其他人性假说，作者认为也可以称为无人性论或超人性论，但是具有"道"性，强调人性返璞归真，自然无为，遵循"道"来实现管理的目的。与之相似的是西方学者马斯洛提出的"自我实现人"假说，所谓"自我实现人"是一种最理想的人，这时人的自我价值完全体现出来，人感到了最大的满足。这两种人性假说看似相悖，其实非常相似，是人性的两个极端体现，道家思想的"道性论"是把"人"性消灭，完全遵循自然法则，人则彻底属于自己。"自我实现人"则是把"人"性发挥到极致，实现完全意义上的独特价值。这两种人性发展到最后其实将成为一种人性，因为当人完全"自我实现"时，人即无"人"性，同样当人性完全消失时，人即"自我实现"。马斯洛晚年又提出"超自我实现"的概念，也称为"忘我"，充分说明这两种人性假说的相似性。

以"道性论""自我实现人假说"为基础管理思想除了完善的管理机制以外，更强调以价值观为基础的文化管理。

作者认为四种人性假说仅仅是对人性的复杂进行简单说明，为了便于对人性有初步的理解与认知，西方管理思想中最早使用"经济人"与"社会人"两分法体现人性，然后又出现了"自我实现人"，最后只能用普遍意义的"复杂人"来说明，而"自我实现人"其实是绝对"复杂人"的一种体现。人性复杂但不等于没有规律，其变化规律是与独特性、价值性紧密结合在一起，如果能够把握人性的演变规律就能采取有效的管理方法。"自我实现人"不太可能普遍地出现在工业时代，因为工业经济仍然是以满足缺失需求为主的经济系统，但不能说没有，否则不会被发现。从这种人性假说的特征来看，具备这种人性特征的个体要么出现在文明程度极端落后的社会中，要么出现在文明程度极端先进的社会中。从人类社会发展进程来看，具备"自我实现人"的群体呈渐增多的趋势，说明人性越来越复杂，这就是人性的一种演变规律。

人性复杂可以通过人格来体现，如果人性是抽象的概念，人格就是具体的概念，人是人性的载体，人格诠释人性。人性之所以如此复杂就因为每个个体都具有独特的人格，无法以一概之。

（二）人的独特性

人的独特性由独特人格体现。

人格中的"人"是指人性，"格"是指表现出来的特征。人格是对人性的全面具体化，在心理学中，也经常运用"个性"一词表达人格，人格使复杂的人性得到具体呈现。人格在汉语是一个中性词汇，因此谈及"人格"时不应该带有主观色彩，仅仅是人性的具体体现。

人的独特性其实包含了两方面："独"性和"特"性，"独"性是指人的独立性，强调人具备独立人格；"特"性是指人的特殊性，强调人格之间的差异。其中"独"性是"特"性的前提，只有人格独立，人性特征才会稳定，人格不独立，人性特征也就变得模糊，因此抛开独立人格，研究人性显得有些空洞。

人的独特性是针对其他个体而言，单个个体的"独"性没有意义，"特"性就更无从谈起，独特性与所处的空间密切相关，越封闭的系统个体的独特性越不明显，越开放性的系统个体的独特性越清晰，当系统逐渐开放时，个体的独特性也逐渐体现出来。当个体之间的独特性越来越明显时，人的复杂性也会越来越突出，这是相辅相成的过程。

自心理学诞生以来，关于人格的研究一直没有间断过，心理学家试图从不同的角度解析人性，曾经出现过四种、九种、十六种等多种不同的分类方式，近几年比较流行的"九型人格"就是依据人的气质进行划分，如图 1-2 所示。"九型人格"分别为：完美型、助人型、成就型、自我型、智慧型、忠诚型、活跃型、领袖型、和平型。九型人格即九种具体化的人性，可以指导人类在不同领域的活动，如在组织管理中，九型人格可以帮助管理者针对不同人格特征的员工采取恰当的管理行为。

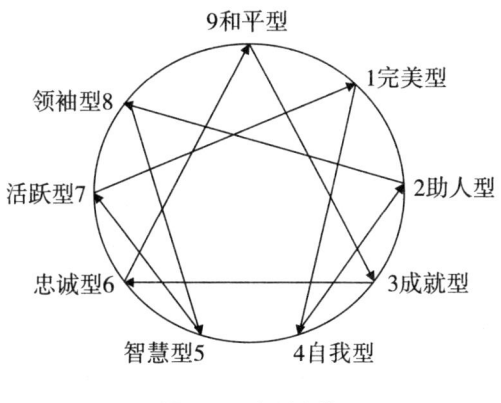

图 1-2　九型人格

人的独特性由复杂性和价值性决定，当人失去独特性时，人的复杂性也就无法体现，人的价值性也降到最低，从人类发展的进程来看人的独特性体现得越来越明显，追求个性解放、独特人格是人性独特的演变规律。

（三）人的价值性

人之所以存在必然有其价值，这就是人的价值性，价值人假设是组织形态管理理论的基石。

何谓价值？通俗地讲就是价值主体对客体表现出来的有用性。

从概念中不难发现，价值以有用性衡量，有用性程度决定了价值程度。在本书中价值是一个中性概念，不带有任何主观色彩，任何有用性都可以称之为价值，而不必强调是否是积极或消极的意义，因而无论"名垂青史""遗臭万年"，还是"不见经传"都是人在历史上的价值体现，人的价值就是体现在对其他人的有用性上，只要存在人性，人的价值就必须体现，这是人在社会价值系统中的基本存在形式。当个体对其他个体没有体现出任何有用性时，其所有活动都体现不出来价值。人们常说的价值观就是人对价值的基本看法，价值观对人的价值特征起到重要的影响作用。

在人类世界中，具有价值性的不仅仅是人，人的价值性将体现在由人构成的组织中，如企业的价值即指对经济生态中其他个体的有用性，这是企业存在的前提，而企业的使命就是研究这个主题。

价值性具有双向性，一个是价值主体，另一个是价值客体，主体与客体相互作用，任何人既是价值主体也是价值客体。人的价值性不能单独体现，人的社会属性决定人必然处于复杂的价值关系网络中，这种价值关系网络在不同领域有不同称谓，如社会、国家、市场、企业……都可以统称为一种价值系统，在研究个体的价值性时，必须把个体放在特定的价值系统中进行研究。

价值性除了具有双向性以外，还具有两面性，所谓两面性是指人的价值性将体现在两方面，一是个体存在价值需求，有获得价值的动机，二是个体进行价值创造，有实现价值的活动及行为，任何价值个体都是由价值需求与价值创造相互作用而成的结合体，在特定的时空中以某种价值形态存在。作为价值个体必然有价值需求，要进行价值创造，因此在一个价值系统中，价值性两方面作用的结果是个体的价值创造能力与价值体现形式相匹配，这时个体处于价值平衡形态，而当价值创造能力与价值体现形式背离时，个体的价值形态失衡，失衡的结果是价值个体必然进行变革，这部分在后面的章节中将详细介绍。

从人类的发展进程来看，个体始终都在追求自身价值的最大化，所谓最大化即对价值客体影响效果最大，这是人的价值性的演变规律，正是这种价值性才能推动了人类的进步。

（四）人性的演变规律

人性的演变体现在"三性合一"的过程，所谓"三性合一"是指人的复杂性、独特性、价值性相互作用，使人性的变化呈现出一种规律性，即人性的演变规律。

人性存在于时间、空间中，根据时空的变化而体现不同。从空间维度来看人性的变化，可以发现空间越封闭，人与人之间的相互依赖程度越高，人的复杂性、独特性、价值性体现越不明显；当空间逐渐开放时，人性开始发生变化，空间越开放，人的复杂性、独特性、价值性体现越明显，当空间完全开放时，人的复杂性、独特性、价值性能够充分得到体现，这一规律体现在人类世界不断融合的过程中。从时间维度看人性的变化，可以发现人性是逐渐体现的过程。在原始社会，人性特征体现最不明显，脱离部落个体几乎无法独立生存，即便进行简单价值创造也需要部落内部紧密配合；在农业社会，人性特征开始得到体现，能够以家庭为单位进行自给自足式的价值活动，个体的价值可以在家庭组织中得到独立体现；在工业社会，机器大生产代替手工劳作，个体可以通过资本、机器、技术等工具实现自己的价值；到了知识社会，必然是个体的独特价值的充分体现，人类一直都在追求自己的独特价值。

在作者看来，人性特征在时空交替中轮回式地体现，只要时空特征具备相似性，人性特征就相似，但是随着人类文明的不断进步，人性最终朝一个方向演变——具备独特价值的人，这个目标使人性的三个维度得到统一，如图1-3所示。具备独特价值的人是人性演变的最终目标，而具备完全意义的独特价值的人即"自我实现人"，这时人性最复杂、人格最独特、价值最大化。从人类发展的轨迹来看，人性特征正向这个目标不断迈进，即便中间出现了一些曲折，但最终都被矫正过来了。人类的发展就是人类追求其独特价值的过程，每个独立的个体都希望能体现自己独特的价值，从人类具备人性开始，就踏上了追求独特价值的历程，当价值创造能力不断提高时，人的独特价值也逐渐清晰。

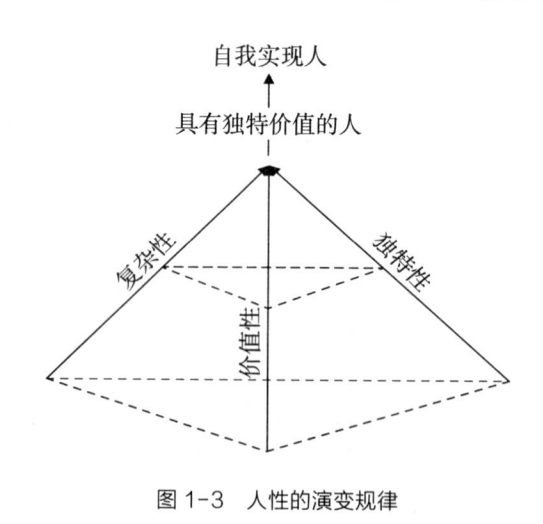

图1-3 人性的演变规律

从历史的发展轨迹来看，多数人体现出所处时代的人性特征，当然也会有一少部分人脱离那个时代的人性特征，这些人通常会显得与众不同，但往往容易被历史记录，认知一个时代的人性特征时不能以这些少数个体作为代表。

人性特征的演变规律与人类认识世界、改造世界的步调一致，这点从西方管理思想发展过程中可以得到印证。早期个体的人性特征并不明显，管理思想更多地是从社会学中寻找解决方案，因此这时管理学家多为社会学家，而后期个体的人性特征逐渐清晰，管理思想开始从心理学中寻找解决方案，因此这时管理学家多为心理学家，可以说人性特征的变化导致组织管理研究角度发生改变。从图1-3可以看出，未来的组织管理将围绕独特人格展开，对人格的研究会更加深入，将会有着更多的研究成果出现，使人们能够更清晰地认识自己。

二、两只"无形之手"

上面提到人的价值性分为价值需求和价值创造两个方面，这两方面相互作用，使人的价值性得到体现，并一直贯穿在人类的发展进程中，这两方面就像是两只"无形之手"，一只"无形之手"是人的价值需求结构的变化，另一只"无形之手"是价值创造链条的统一，两只"无形之手"相互作用，推动人类社会前进，理解人的价值性变化规律需要从理解两只"无形之手"开始。

（一）价值需求结构的变化

人类存在是因为始终存在需求动机，这种需求动机不是杂乱无章，漫无目的，而是通过层次和结构体现出来，这种规律从美国著名心理学家马斯洛的需求层次理论中可以得到印证。

马斯洛提出动机与人格相关理论，也就是著名的需求层次理论，开创了心理学人本主义学派。马斯洛把人的需求分为七个层次（为人所熟知的是五层次），需求层次像阶梯一样从低到高，逐级递升，如图1-4所示。其中，"生存需求""安全需求""归属与爱的需求""尊重需求"属于缺失需求，也称为基本需求，这些需求的共同点就是一旦需求满足，动机就会减弱，甚至不再有追求的动力，而是转向生长需求。生长需求主要包括"认知需求""审美需求""自我实现需求"，这三种需求具有无限性，当需求动机得到满足后，不是减弱而是提出更强烈的需求。

作者在本节中引用马斯洛七层需求理念，希望能把人类需求的层次性和结构性体现得更清晰一些。

马斯洛认为人类首先追求缺失需求，缺失需求得到满足后，再追求生长需求，不断向更高的层次发展。由于生长需求必须建立在缺失需求基础上，因此在作者看来，缺失需求和生长需求应该同时存在，缺失需求动机一旦减弱，生长需求动机就会增强，人类的需求除了具有层次性以外，还是以一种结构形式体现，需求动机的组合即构成需求结构。人类因为存在需求动机而产生价值关系，因此马斯洛提到的所有需求都可以称为价值需求，价值需求层次也是价值需求结构。在人类追求价值需求的同时，必然体现出人的价值特征，因此从人类价值需求结构中能够反映出人的价值特征。

| 第一章 | 组织形态管理

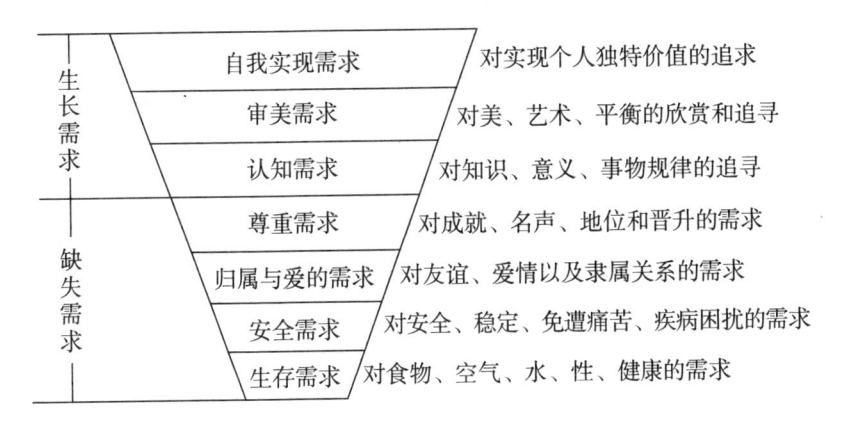

生长需求	自我实现需求	对实现个人独特价值的追求
	审美需求	对美、艺术、平衡的欣赏和追寻
	认知需求	对知识、意义、事物规律的追寻
缺失需求	尊重需求	对成就、名声、地位和晋升的需求
	归属与爱的需求	对友谊、爱情以及隶属关系的需求
	安全需求	对安全、稳定、免遭痛苦、疾病困扰的需求
	生存需求	对食物、空气、水、性、健康的需求

图 1-4　马斯洛的需求层次理论

从价值需求内容来看，马斯洛的需求层次更像倒置的金字塔状，因为价值需求层次越低时，需求越集中、越具体、越稳定、越容易满足，价值需求层次越高时，需求越分散、越抽象、越多变、越难以满足。当人性主要体现生长需求特征时，人类便成为具备独特价值的人，而成为自我实现人时，则是一种完全意义上的独特价值的人。由于需求动机对人性特征影响最大，因此在作者看来，人性特征就体现在这些价值需求中，超出需求层次范围或需求动机彻底消失，人性将发生本质变化，人性就在这个范围内演变，从人类社会变迁就能感知这个规律，不同的经济形态对应以及体现了不同的人类需求动机，工业经济代替农业经济以及知识经济的出现就是很好的证明。人们常说的"名利"都属于缺失需求，而这恰恰是市场生态中需求和创造的主要内容，"名利"其实是这个时代人的主要价值特征。

作为心理学家，马斯洛认为传统科学中忽视了对人性的关注，反对在心理学中把人当作动物和机器研究,而是要关注更高层次的人性特征,重视人的潜能、自由、责任和尊严,强调人性与社会价值的统一,因此在他的需求层次理论中,需求层次越高,人的独特价值体现越明显,需求层次越低,人的独特价值体现越模糊,对于这一点作者认为马斯洛似乎是在诉说如何做"人",但是也要看到当完全成为"自我实现人"时,或者生理需求都无法得到满足时,其实也就逐渐脱离了"人"的境界,这与中国道家思想中提出的"道"性如出一辙。

人类社会发展也必然体现人的价值性变化规律,对价值需求从低到高的追求是人类社会发展的一条主线,人性让这条主线成为"无形之手",引导着人类社会的发展进程。

(二)价值创造链条的统一

人类存在是因为能够进行价值创造,用于满足人类价值需求,同样价值创造也将呈现出一种规律性的变化,这种规律性通过价值创造链条来体现。

价值创造是如何满足价值需求的呢?价值创造满足价值需求分为三个过程:价值创造、价值衡量、价值分配,这三个过程统一称为价值创造链条。

价值创造链的第一个过程"价值创造",是价值创造要素的吸纳与开发,这是价值创造能力与价值创造资源相结合的环节;第二个过程是"价值衡量"或"价值评价",是对创造的价值进行衡量的环节,这是经济生态有序运行的基础;第三个过程是"价值分配",是价值活动结束后,价值主体与客体双方获得价值的环节。

如图 1-5 所示。任何一个价值创造活动必须经历这三个环节，缺一不可，否则不能产生价值。

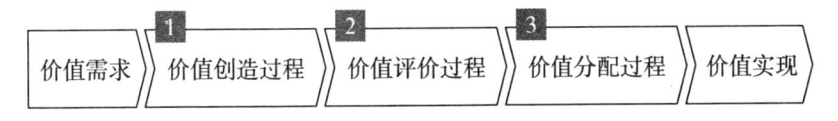

价值需求 》① 价值创造过程 》② 价值评价过程 》③ 价值分配过程 》价值实现

图 1-5　价值创造链条

追求价值创造链统一是人的价值本性的必然要求。所谓价值创造链条统一性可以用三个问题来体现。第一个问题："你的劳动为谁提供价值？"第二个问题："谁来评价你创造的价值？"第三个问题："由谁决定你的价值回报？"如果这三个问题中的"谁"是同一个价值客体的话，则价值创造链统一，否则就错位。例如，很多时候价值并不是由价值客体（获得者）评价，而是由价值主体（创造者）评价，这种自我评价方式导致价值没有真正体现出来，人的价值性始终要求价值创造链条实现统一。在人性特征的演变过程中，价值创造始终与价值需求相对应，最理想的价值活动是发生在价值需求者与价值创造者之间，这时价值创造链条最短，就像是两点之间直线最短的原理一样，将形成最佳的价值创造过程。所谓"最佳"是指价值创造效率最高，价值体现最明显，价值实现最大化。价值需求不断提升的过程，也是价值创造链条不断统一的过程，最后就是价值创造者与价值需求者之间直接对接。

任何价值系统中都存在价值创造链条，当价值创造链条统一时，价值创造者的价值创造能力与价值体现形式相匹配，处于价值平衡状态；价值创造链发生错位时，价值创造效率降低，出现价值浪费，价值创造者的价值创造能力与价值体现形式相脱节，处于价值失衡状态，甚至是崩溃状态。为了维护价值创造者的价值平衡形态，价值系统需要制定一套价值原则，使价值活动与人的价值特征相匹配，价值创造链条尽可能得到统一。

在市场经济环境中，企业是主要的价值创造组织，追求价值创造链条统一性始终体现在企业的发展中，为谁创造价值、谁进行价值评价、谁提供价值回报，这种统一性让价值得到充分体现。企业价值系统的问题都是由价值创造链条错位引起的，任何一次组织变革都是为了实现价值创造链条的统一，价值创造链条的"脱节"与"统一"贯穿在企业发展过程中，价值创造者不断地追求价值平衡形态则成为组织变革的动力。

价值创造链条的统一性不仅仅存在于企业价值系统内，也存在于经济价值系统中，随着人的价值性不断提升，任何影响价值创造链条统一的中间环节，都将被人类的价值创造能力一一铲除，最后就是价值创造者与价值需求者之间的价值交换，因为两点之间直线距离最近，价值体现最充分。传统产业的消失、新兴产业的诞生皆因于此，这是人类经济社会发展的路线图，与人性特征的演变规律一致。

追求价值创造链条的统一性是人类社会发展的另一条主线，人性让这条主线也成为另一只"无形之手"，引导着人类社会的发展进程。

在市场价值系统中，两只"无形之手"相互作用，形成了一种价值原则，这种价值原则被亚当·斯密统称为一只"无形之手"，"无形之手"其实是人类价值性的反映。与"无形之手"相对应的是"有形之手"，"有形之手"则是价值系统内部制定的一套价值原则，带有一定的强制性，"有形之手"体现价值系统的价值特征，"法"即属于这种"有形之手"，"法"扮演着价值评价标准的角色，中国古代思想家管子曾经对"法"有过这样描述："尺寸也、绳墨也、规矩也、衡石也、斗斛也、角量也，谓之法"。法国启蒙思想家孟德斯鸠曾经提出过"三权分立"思想，这种思想其实就是在构建一个清晰的价值创造链条，行政、立法、司法三项功能就是价值创造链条中有三个环节：价值创造、价值评价、价值分配。通过这种价值创造链条使个体价值得到有效体现，实现社会价值系统的平衡与稳定，这个价值创造链条越清晰，效果越佳。

任何一个价值创造组织（者）都将面对两种价值原则，一种是人性的自发反应，即无形之手，另一种是人性的强制反应，即"有形之手"，"有形之手"与"无形之手"相互矫正、相互作用，共同维护价值系统的平衡性以及价值创造组织（者）的价值平衡形态。

三、创造价值的能力

人类之所以能够满足价值需求是因为人类具备创造价值的能力，创造价值的能力即价值创造能力，也是满足价值需求的能力，这是价值创造的基础，在社会学中，人类的价值创造能力也称之为生产力。

人类社会的变革由价值需求与价值创造之间的矛盾推动，这种矛盾主要体现在价值需求与价值创造能力的脱节，无论是价值需求动机落后于价值创造能力，还是价值创造能力落后于价值需求动机都将推动人类社会的进步，从人类脱离原始社会至今为止，主要是价值创造能力落后于价值需求动机。

价值创造能力是人类价值性的最基本体现，与价值特征的变化规律一致。价值创造能力由价值创造者承载，由其价值创造成果体现，对于一个社会经济系统而言，价值创造者是价值创造组织；对于一个价值创造组织而言，价值创造者则是其内部的成员，人类的价值创造能力由这些价值创造者承载。在工业经济系统早期，公司成为先进的价值创造组织，公司的价值创造能力反映出人类的价值创造能力，以"商品"的形式体现价值创造能力，所有劳动者的价值创造能力均凝结在"商品"中。当人的价值特征发生变化后，公司的价值创造能力也将随之发生改变，同样劳动者的价值创造能力也将发生改变，关于价值创造能力的变化规律，将在第二章第一节中详细介绍。

对于一个价值创造组织而言，价值创造能力是决定其价值形态特征的DNA，不同的价值创造能力将决定不同价值形态的特征。在后面章节中作者提出企业的四种价值创造能力：资本收益力、精英领导力、团队创新力、企业人格力。这四种价值创造能力分别由不同的价值创造主体承载，在不同的发展阶段以不同的形式体现，对企业价值贡献不同，同时也体现出人类的不同价值特征。在特定的市场环境中，企业之间的竞争即价值创造能力的竞争。

当人们具备了价值创造能力，能够进行价值创造，满足他人的价值需求时，自身的价值又该如何体现呢？这是价值性的必然要求。

四、价值如何体现？

价值创造能力毕竟是一种内在的、无法直观呈现出来的东西，需要有外在的体现形式，从而能够被认知其价值，表明个体对其他个体的有用程度，这就是价值的体现形式。

什么才是价值主体的价值体现形式？其实价值体现形式始终伴随着价值创造者，并且耳熟能详，这就是人们常说的责、权、利。个体的价值形式来自价值系统的价值原则，任何价值个体要想体现价值，都需要遵守这种价值原则。

责、权、利是责任、权力、利益三种价值关系的简称，在一个价值系统中由价值需求和价值创造相互作用而产生，如图1-6所示。责任是个体之间在价值活动中应承担的义务关系，双方需要履行这种义务；权力是个体之间在价值活动中形成的地位或角色关系，这种关系能够影响对方做出反应；利益是个体之间在价值活动中的需要关系，主要指彼此之间的价值需要，这三种关系共同构成了个体在价值系统中的价值体现形式，每一个个体都是责任、权力、利益集合体，三种关系相辅相成、相互作用。在今天的价值活动中，价值主要通过市场价值交换实现，价值交换结束后就会形成某种价值形式，这是市场价值系统基本运行法则，无论是个人还是组织都将遵守这个法则。

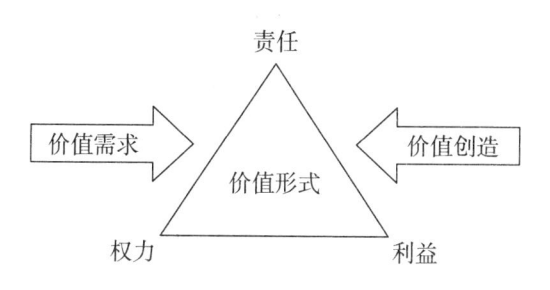

图1-6 价值体现形式

任何一个价值主体，其价值创造能力与价值体现形式都同时存在，以某种价值形态出现在价值系统中。对于一个组织而言，其价值形态也是由价值创造能力与价值体现形式共同构成，组织的价值形式即组织在市场价值系统中的责、权、利。

五、价值何所"求"？

个体的价值创造能力与价值体现形式相互依存、相互作用，共同构成一个价值形态，当价值创造能力与价值体现形式相匹配时价值主体处于价值平衡状态，当两者脱节时个体价值形态失衡。人性决定价值主体始终追求价值的平衡状态，这是人类生生不息的泉源。

价值平衡状态也是个体的"责权利统一"的状态，这种状态通常还被称为"责权利对等""责权利一致"状态，但是抛开了价值创造能力，价值形式则无从谈起，因为如果价值创造者的责、权、利没有建立在价值创造能力的基础上，将始终无法实现统一、对等、一致等状态，也就是说价值形式不能脱离价值创造能力而独立体现。

当价值创造能力与价值体现形式匹配时，个体价值形态平衡，这时个体的价值得到充分体现，当个体的价值创造能力与价值体现形式脱节时，个体价值形态失衡，严重时价值形态崩溃，要么从价值系统中消失，要么以崭新的价值形态出现。一般而言个体的价值形态始终处于失衡状态，因此价值个体普遍处于变化当中。

价值个体为了追求价值平衡状态，一般通过两种方式解决：一是改变自身的价值创造能力适应价值形式现状，二是改变价值体现形式符合价值创造能力现状，通过这两种方式都能使个体形成新的价值平衡形态，无论哪一种情况发生都将对价值系统的平衡性产生影响，这是价值系统变革的动力。当价值系统处于某一特定时空节点时其价值总量一定，个体的价值形态失衡将引发个体之间的价值冲突，人们经常听到的"利益冲突""权力冲突"都属于价值冲突，解决价值冲突只有通过变革实现，通过变革使价值系统与价值个体重新处于平衡形态，变革其实是人类价值本性的一种具体体现。

当人类的价值创造能力与价值体现形式脱节时，人类社会形态处于失衡状态，价值冲突产生，变革将导致新的社会价值形态形成，在人类价值性的作用下，今天的人类正在摆脱工业经济时代，迈向知识经济时代，美国学者丹尼尔·贝尔则把这个阶段称为后工业时代。

人的价值性演变规律始终体现在人类世界中，任何由人组成的价值系统都将体现这一规律，这也是组织形态管理理论的基础，企业的价值性将是本书重点探讨的内容。

第二节　生态——人性的价值系统

研究任何一个事物个体都离不开两方面，组成事物的元素以及由事物组成的系统，所有事物的变化规律都与这两方面密切相关，后者就是本节的内容——生态。

"生态"最初是指一切生物的生存状态，生物与环境之间以及他们之间环环相扣的关系，现在"生态"一词使用得更为广泛，可以泛指个体之间、个体与系统之间相互协调的存在关系，这让经济生态、经济组织、价值创造者之间建立起联系，组织形态管理是从管理学角度研究生态、组织、人三者之间的这种协调关系。

任何个体都处于生态中，并且是另外一些个体的生态。例如，组织由人构成，组织是人的生态，组织与组织又构成另一个更大的组织，这个更大的组织又是一个生态系统，可以说从不同的角度研究都会面对生态、组织、人三者之间的这种关系，如图1-7所示。既然三者具有共同的特征，同时存在一定的必然联系，因此需要把三者结合在一起研究。

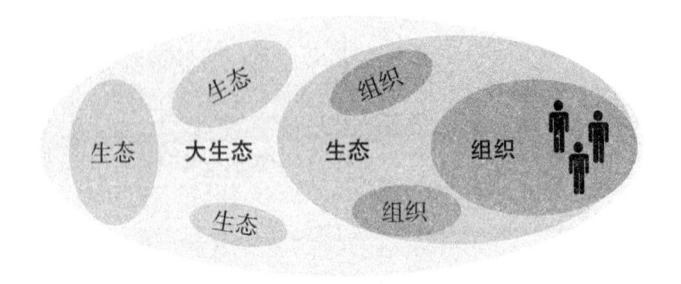

图1-7 生态、组织、人之间的关系

是什么把生态、组织、人联系在一起建立起必然联系的呢？答案就是上一节所说的人性，在人类发展过程中，人性始终是一条主线，在不同的领域人性的体现方式不同。例如，社会学研究群体的人性与活动特征之间的关系，经济学研究人性的需求与供应之间的关系，管理学研究人性的差异与一致的关系，心理学研究动机与人类行为的关系，历史学研究人性变化与历史事件之间的关系……虽然这些学科属于不同领域，但都是通过对人性的研究探知人类的世界。生态、组织、人的相互关系最终将体现在人性特征的变化中。

如果把人类所处的经济系统看成生态的话，那么，这个生态就是由价值需求与价值创造构成的价值系统。人性的演变使人类经历了原始经济、农业经济、工业经济三个阶段，未来将迎来知识经济。两百多年前，人类从农业经济生态进入了工业经济生态，当市场成为经济生态中资源配置主导方式时，也可以把今天的经济生态称为市场生态。以地区特征划分市场生态可以称为经济体，以产业划分市场生态可以称为产业生态。市场生态之间相互交错，相互作用，不断形成更大的市场生态，最大的市场生态是全球化的经济生态圈，最小的市场生态就是产业生态，因为一个产业可以完成一个基本的价值创造过程，满足人们某类具体的价值需求。各类经济组织则是经济生态中的物种，也是价值系统中进行价值创造与价值交换的基本单位。

有了"生态"，自然就会有"进化"，进化论是人类认知世界过程中里程碑式的理论，组织形态管理将重点介绍工业时代企业组织的进化规律。

一、经济生态发展规律

在人类的发展过程中，只要是人类的价值创造成果都将体现人性特征，经济生态的演变即人性特征的演变结果。

1990年，经济合作与发展组织（OECD）把人类的经济形态划分为四种：原始经济、农业经济、工业经济、知识经济，与之相对应的是四种社会形态：原始社会、农业社会、工业社会、知识社会。对于一个国家的国民经济而言，农业经济是第一产业、工业经济是第二产业、知识经济是第三产业，三个产业的构成关系就是一个国家的经济结构。由于经济生态的发展规律与人的价值性演变规律一致，因此一个经济体的经济结构现状也能够反映出其成员的价值特征。

原始经济形态的人类不断追求最低层次的缺失需求，结果爆发了农业革命；农业革命后出现农业经济形态，满足了最低层次的缺失需求，然后追求较高层次的缺失需求，结果又爆发了工业（科技）革命；工业革命后出现工业经济生态，满足了人类较高层次的缺失需求，继而人类又追求更高层次的价值需求，知识经济生态将实现这个目标，从人类价值性演变规律来看，在知识经济全面到来之前，还会爆发一次划时代的生产力大革命。

随着人类的价值特征不断提升，经济生态也不断向前发展，与价值需求结构相对应的是经济结构，农业经济、工业经济与知识经济同时存在于经济生态中，只不过以工业经济为主体。不同的经济形式发挥不同的价值作用，相互之间通过产业价值链进行链接，形成一种网络状的经济形态，如图1-8所示。

在工业为主的经济生态中，价值创造活动主要还是为了满足较高层次的缺失需求，属于价值需求金字塔的中间部分，由于经济体之间发展不平衡，全球经济生态出现一种多样化的格局，少数发达的经济体开始追求低层次的生长需求，而落后的经济体还停留在较低层次的缺失需求之中。经济生态的特征与人的价值特征相对应，理解人性特征也可以通过理解经济生态特征来实现。

经济生态发展程度一般用"发达"与"落后"来评价，"发达"的经济生态主要满足人们较高层次的价值需求，靠近在图形顶部的位置，"落后"的经济生态主要满足人类的较低层次的价值需求，靠近在图形底部的位置。

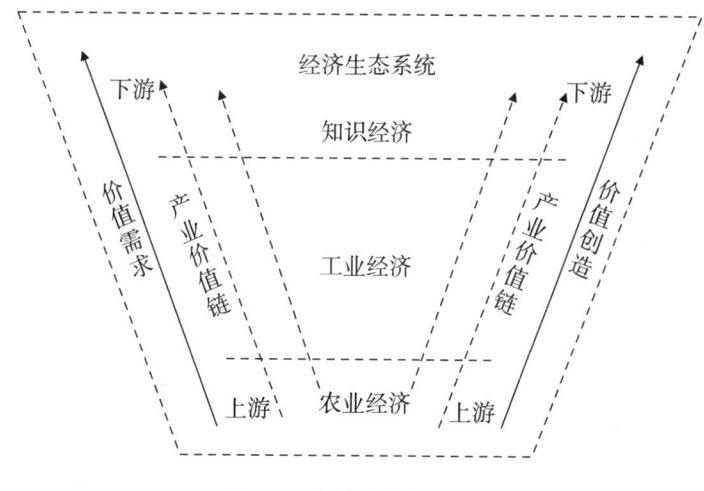

图 1-8　经济生态发展规律

从经济生态的发展趋势来看，全球经济一体化的格局已经非常明朗，这种趋势主要是通过两种方式、经历四个阶段实现。在这两种方式中，一是通过产业价值链不断地向下游延伸，从农业经济迈向知识经济，这是纵向的发展格局；二是通过经济体之间相互融合而不断扩大，通常是发达的经济体带动落后的经济体，这是横向的发展格局。在经济生态发展的四个阶段中，首先是自由经济发展到垄断经济，其次是经济体之间联盟与合作，再次是稳定经济共同体的产生，最后就是一体化经济生态形成，两个方面、四个阶段相互交错、同时进行，使不同的经济生态融合逐渐成为一个经济生态圈。近年来经济共同体成为经济生态的主要发展方向，欧洲经济共同体就是一个典范，这个过程与人类的价值特征变化同步，是人性演变的必然结果。

经济生态的特征能够反映人性的特征，当人类的价值需求层次不断提高时，经济生态结构也会随之发生变化，知识经济生态取代工业经济生态是大势所趋。

二、产业是最小经济生态

在自然生态系统中各种生物之间由于食物关系而形成的一种联系，被称为食物链，低级生物群体成为高级生物群体的食物，能量从低级生物向高级生物流动，这个规律在经济生态中也得到了体现。

在经济生态中经济组织之间是通过价值交换形成的一种联系，被称为产业价值链。经济组织之间传递的是价值，价值沿着产业价值链从上游向下游流动，在产业价值链下游的经济组织价值体现得更明显。

作者之所以把产业作为最基本的经济生态，是因为一个产业能够完成一个最基本的价值创造活动，人类的价值需求与价值创造能够在一个产业中得以实现。当人类的价值需求出现后，一个产业价值链出现，当价值需求改变或被其他需求取代时，产业价值链将消失，有些需求是人类的基本需求，将会长期存在。例如，服装、食品、建筑、交通等行业，分别代表人类的衣、食、住、行四种基本需求，这些产业在农业经济出现时就存在，只不过其形式随着人类价值特征的变化已经发生改变。

产业价值链具有明显的层次。产业价值链越靠近上游，越接近农业经济，为产业经济活动提供必要的资源，价值创造活动相对简单，产业价值链越靠近下游，越能为产业经济活动提供先进的技术，价值创造越复杂，从产业价值链上游到下游，也是价值不断增加的过程。一个产业价值链可以向两端延伸，产业价值链向下游延伸称为"产业结构升级",能够获得较高的价值,一般处于产业价值链上游的经济组织需要向下游延伸;产业价值链向上游发展是为了获得稀缺资源,一般处于产业价值链下游的经济组织需要向上游延伸。

在自然生态中,越是处在食物链低端的物种,食物来源越单一,越是处在食物链高端的物种,食物来源越复杂,因此自然生态中形成一个复杂的食物链网。同样经济生态也是一个复杂的产业价值链网络,网络上的经济组织彼此相互依存,相互作用,下游的经济组织其价值建立在众多上游经济组织的价值创造基础之上。不同的经济生态通过产业价值链不断融合,最后形成全球性的经济生态系统。产业价值链网络构成越复杂,经济生态抵抗外力干扰的能力就越强,产业价值链网络构成越简单,经济生态就越容易受到冲击和毁灭,这是经济生态保持稳定的重要条件。

产业价值链的发展与人的价值特征相对应,价值需求层次越低,价值创造过程越简单,产业生态活动越落后、越粗放,多数处于产业价值链上游位置;价值需求层次越高,价值创造过程越复杂,产业生态活动越先进、越精细,多数处于产业价值链下游位置。人类价值性的不断提升将导致产业价值链不断向下游延伸,经济形态也将随之发生改变,知识经济在经济结构中的比重会越来越大。对于经济生态中的价值创造组织而言,必然会体现出与价值特征相似的变化规律,这就是组织形态的进化。

三、企业组织是一种物种

有了生态就会有物种。在经济生态中,主要物种是各类经济组织，物种以种群形式出现在生态中。由于经济生态也是价值系统，因此经济组织都是其中的价值个体，具备价值形态。

经济组织是市场生态中按一定方式进行价值创造和价值交换活动的单位。在市场经济生态中，经济组织概念更为广泛，如政府是一种经济组织，学校是一种经济组织，医院是一种经济组织，最常见的经济组织是企业，本书是以公司制企业作为研究对象，研究经济生态与企业组织之间的价值关系。

在人类的发展过程中，不同的经济生态中存在不同形式的价值创造组织。企业组织是伴随着工业经济的到来而出现的，企业是工业经济生态中专门从事价值创造的经济组织，而且企业的价值需求就是为了价值创造，是人类价值性演变过程中阶段性的产物，作者认为在以工业为主的经济结构中企业将经历四种典型组织形态，由于形态特征之间具有一定的规律性，因此也称为进化，第五节将介绍四种组织形态，如图1-9所示。

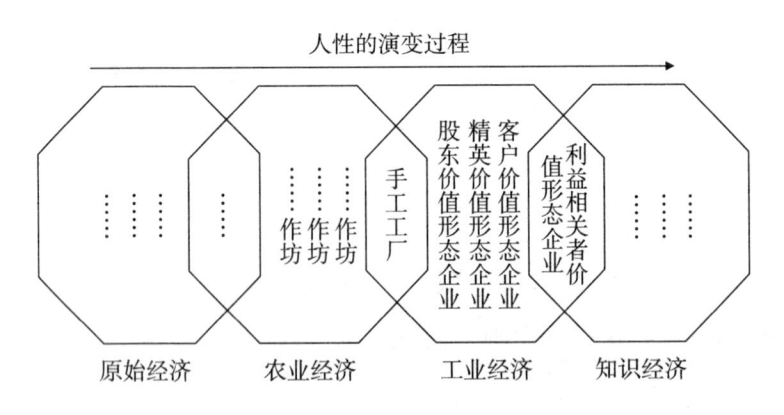

图 1-9 工业时代价值创造组织的演变

企业组织进化是人性特征演变、经济生态发展的必然结果。在以农业为主的经济生态中,主要的价值创造组织是作坊。手工作坊也经历不同的组织形态,最后发展到手工工厂,而这时农业经济开始向工业经济转变,企业是由手工工厂进化而来,如图1-9所示。最初的企业经历了业主制、合伙制等形式,然后发展到了公司制,今天的企业多数都是公司制企业。作坊与企业分别是不同经济生态中的价值创造组织,都是为了满足人类的价值需求,承担人类价值创造的使命。从作坊转变为企业不仅仅是人类价值创造能力的飞跃,也是人性的一次飞跃,使人类进入了现代文明时期。

企业组织广泛分布在产业价值链上,处于不同位置的企业其价值定位不同,在产业价值活动中扮演着不同的角色。产业价值链并非一蹴而成,始终处于不断发展的过程,而企业形态则沿着产业价值链的延伸而进化。"进化"一词来源于拉丁文evolutio,原义为"展开",一般用以指事物的逐渐变化、发展,由一种形态过渡到另一种形态。与生物进化类似,企业形态的进化也是从简单到复杂、从低等到高等的过程,呈现出一种进步性的发展趋势。

四、生态、组织、人

生态、组织、人是一种什么关系?在作者看来,生态、组织、人其实是同一种事物,都是人类价值需求与价值创造的结合体,都是一种价值系统,都是人类价值特征的必然反映,因此必然具有相同的变化规律。

经济生态由某群人的价值需求和价值创造构成,伴随人类从原始经济生态走向知识经济生态;经济组织由某些人的价值需求和价值创造构成，在不同的经济生态中以不同的组织形态进化，人则由具体的价值需求和价值创造构成，在不同的经济组织中进行具体的价值创造、获得具体的价值需求。因此生态、组织、人的价值形态都是人的价值性体现，三者以人性为纽带，彼此相互关联、相互作用，以一种轮回的方式出现在特定的时空中，如图1-10所示，图中的不同图形代表不同的组织形态。在作者看来只要时间、空间具有相似性时，人性特征就会相似，导致生态、组织就会出现相似的形态特征，仿佛是一种"轮回"，因而人们可以读史而明智、知古而鉴今，甚至可以对未来进行推演、预测。

既然生态、组织、人都是人性的体现，必然具有相似的演变规律，只是彼此的形式不同。人性的最终目标是具有独特的价值人，因此生态、组织、人的价值特征都朝这个方向转变，虽然中间会出现迂回，但不会改变总的趋势，人类的历史在一定程度上已经体现出这种规律。农业经济生态使命是满足人类较低层次的缺失需求，手工作坊成为主要的价值创造组织；工业经济生态使命是满足人类较高层次的缺失需求，企业成为主要的价值创造组织；知识经济生态使命是满足人类的生长需求，将出现新的价值创造组织形式取代企业。

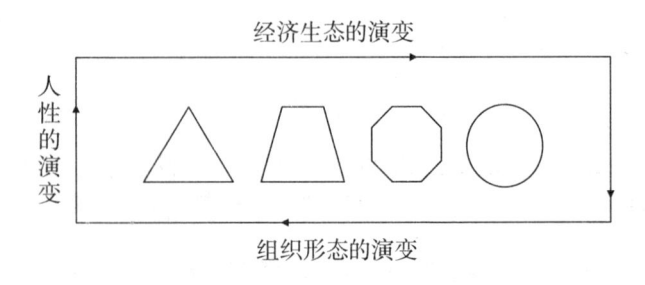

图1-10 生态、组织、人的价值关系

从全球经济发展形势可以发现，人类正在逐步摆脱工业经济形态，向知识经济形态转变，农业经济对人类发展的重要性越来越弱，说明世界范围内已经解决基本需求，"温饱"依然成为问题的经济体越来越少，而知识经济在发达的经济体中已经初步成型。例如，20世纪70年代以后的美国，第三产业迅猛发展，白领工人超过蓝领工人，说明美国开始迈向知识经济社会，而且这种变化陆续出现在越来越多的经济体中。目前，全球产业价值链逐步把不同的经济生态、不同的经济组织连接在一起，在不断融合的过程中，落后的经济体将始终处于"转型期"，即被动的转变经济结构，否则无法与世界接轨，此时中国就处于这样的一个阶段。从生态、组织、人三者之间的关系来看，不仅仅是经济发展处于关键的历史时期，中国企业、中国人的人性特征也将面临一个新的转折点。

第三节　组织——组织的人性特征

一直以来人们都在争论组织到底有没有人性特征，其实这个问题没有标准答案，但是越来越多的管理者发出了"做企业就是做人"的感叹，而作者认为人创造的世界都将具有人性。这些年来越来越多的学者把组织当成一种有机生命来看待，尤其是组织表现出和人一样的生命特征，除了具有生命特征以外，人性特征也越来越明显。例如，企业发展从追求收益、解决生存到塑造品牌、提升商誉的过程就是企业价值性的演变过程，反映了人的价值特征从低层次向高层次转变。

在作者看来每个组织都是一个有机生命体，由成立到消失就是其生命的历程，组织不仅仅能够体现出生命特征，还能够通过组织人格认知组织的人性。组织人格即组织人性的全面具体化，组织人格主要通过组织的使命、价值观及其稳定的行为风格体现，具备独特人格的组织其生命才更加有意义。

使命使组织出现信仰，让组织有了存在的意义，而组织价值观使组织有了固定的思维方式，这是组织最明显的人性特征体现。组织人性特征最初是由其成员的人性特征所体现，在组织发展过程中逐渐稳定并固化下来，当组织人性特征成熟时，其成员的人性特征反而会受到组织人性特征的影响。组织的思维方式直接影响到组织的行为，从组织行为中也能反应组织人性特征。西方管理学中企业文化理论就是对组织意识领域的系统研究，而企业品牌则是组织独特人格的集中体现。从人性特征的演变规律可知，文化管理将是未来组织管理的主要方式。

组织人性也体现出人性的三个维度，组织的复杂性是指不同的时期表现出来的特征不一致。例如，产业生态发展初期企业本性"利己"，生存下来是首要目的，到了产业生态成熟时期企业本性"利他"，通过实现客户价值成就自己，在这里"利己"与"利他"并不是"善"与"恶"的区分，而是复杂程度的体现，"利他"比"利己"更加复杂；组织的独特性是指每个组织都有自己的特性，从创建到成熟，组织独特性不断地体现，最后成为市场生态中一个独特的组织，组织发展始终都在追求自己独特的价值；组织的价值性是指在价值系统中的每个组织都必须对其他组织产生有用的影响，否则就会失去存在的意义，企业能够进行价值交换就是因为具有价值性。人性把生态、组织、人联系在一起体现出规律性的变化，对组织管理的研究必须建立在人性的基础之上。

从经济组织的进化历程来看，只有在工业经济形成后，经济组织才具备人格，首先是法律上赋予组织法人资格，这是农业经济中的价值创造组织所不具备的。在市场生态中，具备人格与具备独立人格存在本质区别，独立人格与独特人格也存在本质区别，从具备人格到具备独特人格贯穿于企业生命历程中，这个过程伴随着企业形态的演变。

一、组织的生命特征

作为迄今为止最有效的价值创造组织，公司的出现被称作"人类伟大的成就"，尤其是股份制公司惊人的崛起和当前无可争辩的统治性地位，被公认为是现代历史中最引人注目的现象之一。美国哲学家尼古拉斯·巴特勒曾经说过："现代社会最伟大的发明就是有限责任公司！即使蒸汽机和电气的发明也略逊一筹。"

公司为什么被称为人类最伟大的成就？因为人类创造了一个独立的社会有机生命体，这是组织人性特征的起点，就像人性的起点首先是存在。

公司能够像人一样，有信仰——使命；有思维方式——价值观；有生长周期——生死，有生命特征——企业行为，还有成长计划——战略。这个有机生命体能够成长，规模从小到大；可以繁衍，有子公司、孙公司。除此之外，在某些领域还超越了人类，公司通过兼并重组进行生命再造、建立分支机构突破组织边界，其活动范围可以同时遍布世界各地，更重要的是还能够通过进化不断激发生命力。人类创造了一个甚至是超越人类某些特征的有机生命，这难道不是人类一项伟大的成就吗？

与历史上其他价值创造组织相比，公司这个生命体成为经济生态中的主角，完全是为了适应人类的价值特征转变。公司的出现使人类能够主动地创造价值，终于可以摆脱最低层次价值需求的束缚，去追求高层次的价值需求，由于公司的出现，人类创造了前人无法比拟的财富，人类文明就此翻开了崭新的一页。

关于对组织生命特征的研究最典型的是企业生命周期理论。"企业的生命周期"是指企业创建、成长、成熟、衰退直到消失的过程。虽然企业的寿命有长有短，但企业在生命周期的不同阶段所表现出来的某些特征却具有共性。早在20世纪60年代，就有很多学者对企业生命周期进行了系统研究，其中美国著名管理学家伊查克·爱迪思可以说具有代表性。他在《企业生命周期》一书中，把企业成长过程分为孕育期、婴儿期、学步期、青春期、盛年期前期、盛年期后期、贵族期、官僚初期、官僚期以及死亡期共十个阶段，如图1–11所示。

后来，很多学者从不同的角度对组织生命周期理论进行了补充和说明，使企业的生命特征逐渐清晰。作者对企业生命周期的关注点在于企业的独立性，只有处于成熟期的企业才能实现真正意义上的独立，只有在独立的企业中人性特征才会明显。与人的生命历程一样，如果组织不独立，则始终不会进入所谓的成熟期或盛年期，只有在幼年（成长期）和老年（衰退期）才不具备独立性，这一点从中国企业中就能看出来，很多企业始终无法进入成熟期，直接从成长期转型衰退期，因为这些企业始终没能实现独立发展，在市场生态中犹如一颗流星。

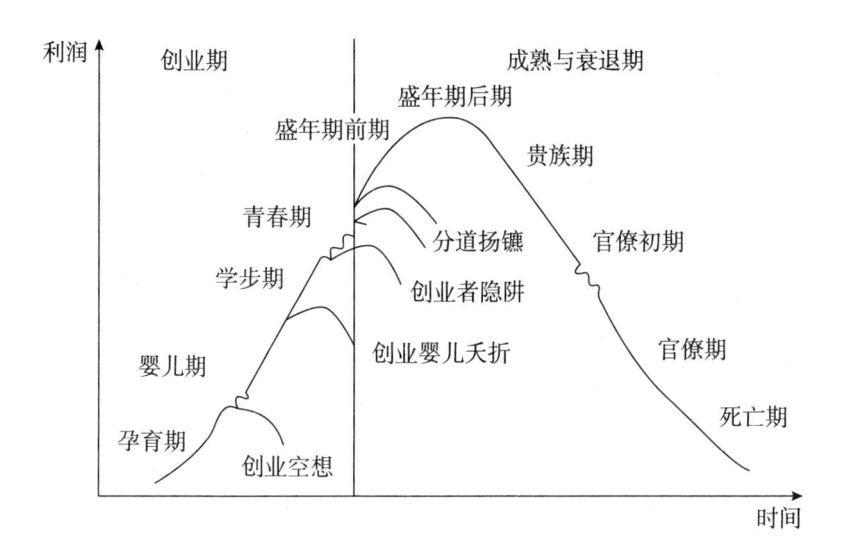

图 1-11 伊查克·爱迪思的企业生命周期理论

也有一些人把产品的生命周期当成了企业的生命周期，认为产品的成熟意味着企业成熟，这是一个极大的误区。客户是价值需求的载体，而产品是价值创造的载体，企业存在的意义在于通过创造价值满足价值需求，在客户价值需求多变的时代，产品的消亡是必然的结果，把企业的失败归为产品的失败，这种企业不消失反而会违背人性的演变规律。

企业组织有"生"必有"死"，"生"与"死"都是人性演变的必然结果，当工业经济时代取代农业经济时代时，企业组织出现，当知识经济时代全面到来时，企业也将消失，如同企业取代作坊，新的价值创造组织也将取代企业，继续为人类的价值需求进行价值创造。

二、人格、独立人格、独特人格

人格是人性的具体化形式,是人们所具有的与他人相区别的稳定的思维方式和行为风格。

组织人格是指组织具有稳定的思维方式及行为风格,体现组织的人性特征。最初,组织人格体现个别人或少数群体的人格特征,随着组织不断发展,组织人格将由其多数成员人格共同作用形成,这时组织具备独立人格,在组织独立人格的基础上,组织进一步形成独特人格,人格独特性越明显,对组织成员人格影响越大,以至于所有成员都将具有这种组织人格特征。任何组织消失,最终都是组织人格与成员人格之间严重偏离的结果。组织的独特人格即组织独特价值的体现。

西方管理学中的企业文化理念就是对企业人格的系统研究。企业文化中最核心的内容就是使命与价值观,这是企业人性特征的体现,当企业的使命、价值观与企业行为结合在一起时,企业人格正式体现,当企业能够自己决定未来发展方向时,独立人格体现,当企业能够与其他组织形成鲜明对比时,独特人格体现。

认知企业人性特征首先从使命开始,使命承载着组织的信仰,让组织所有成员对组织充分认同,被组织本身所吸引而凝聚一起,并不是因为与组织内某个或某些成员的人格特征相似,或者是存在某种依赖或交换关系所吸引。使命决定企业价值观,而价值观将直接体现出企业在发展、经营、管理、人才、产品、客户等众多领域的基本价值观点,这是组织的思维程式。当使命、价值观与企业行为脱节时,很容易导致企业人格分裂,典型的表现就是言行不一。

企业文化理论出现是市场生态不断发展与完善的结果，只有市场生态不断开放时，企业的独特性才能凸显出来。20世纪60年代以后世界出现两大阵营对峙局面，西方市场生态加快了融合的脚步，一些先进企业纷纷走上国际化发展道路，面对更广阔的市场以及更多的竞争对手，独特人格的重要性终于体现出来。企业文化理论就是出现在这个时期，开始系统地对企业人格进行研究，而且相对于传统的管理方式而言，把文化管理作为一种高级管理形式，从那时起越来越多的企业重视企业文化的塑造。

企业人格特征也是企业品牌，企业品牌不是产品品牌，产品品牌可以是单一品牌也可以是复合品牌，而企业品牌只有唯一性，正是因为这种唯一性才能体现鲜明的人格特征，在市场生态中很容易与其他竞争对手进行区别，一个企业品牌中包含着多种的人性元素，可以生动地阐述其中的内涵，品牌即企业价值特征的集中体现。

三、法律率先赋予人格

组织人格首先在法律领域得以体现，这就是法人资格。法人制度的出现是经济生态发展的必然结果。

法人是被法律所认可的具备人格的经济组织，可以独立享有民事权利、承担民事义务。法人是世界各国规范经济秩序以及社会秩序的一项重要法律制度，各国法人制度内容虽然不尽相同，但具有共同的特征，都是对组织人性化的解读。

法人何以与自然人一样成为独立的民事主体？对此问题的解释也是对组织人格的理解，因为在历史上先后出现了三种法人假说：法人否定说、法人拟制说、法人实在说。这三种法人假说就是对组织人格的三种认知。

法人否定说认为法人并不是实际存在的民事主体，法人只不过是一定人的集合或财产的集合，如果有人格，那么其要么属于自然人，要么属于财产，这是组织不具备人格的观点。

法人拟制说认为自然人才是权利义务的主体，法人只不过是出于某种特定需要，法律将其拟制为自然人以确定组织利益的归属，这是只有法律需要时组织才具备人格的观点。

法人实在说认为法人既非法律虚构拟制的，也并不是没有组织意识和行为，而是有其社会实在意义，法人本身就是客观的独立主体，这是组织具备人格的观点。

法人实在说最晚出现，符合人类价值特征的演变规律。由于法人人格否定说和现实脱节严重，已经不能作为公司法的立法基础，但是个别法律条款中还存在身影，目前法人实在说是国际上的主流，不仅赋予组织人格，而且强调人格的独立性，这将是未来公司法修订的主要方向。

中国直到1987年的《民法通则》中对法人作了明确规定以后，才开始建立法人制度，这是当时计划经济向市场经济转变的必然要求。由于市场体系建立较晚，中国企业对组织人格的认知更多地停留在法律领域，并没有落实到企业管理活动中，也就是说未能把企业真正当成独立的价值个体对待，其实在管理实践中更需要理解组织的人性特征，只有这样才能更好地把握组织变革与发展的规律。

由于对企业人格理解的偏差，在现实中企业与企业所有者之间的关系仍然处于混沌状态，这一直是中国企业管理中最重要但也是最容易被忽视的领域，很多问题都由此而产生。企业人格不独立导致人格特征无法体现，因此无论文化系统如何塑造，总体来看中国企业都很相似。人格不独立将成为中国企业未来发展的一大阻碍，目前一些行业领先企业已经面临这种危机。

四、首先追求独立人格

人性的演变规律导致组织最终塑造独特人性，但是在此之前首先追求独立人格。

组织人格的"特"性需要建立在"独"性的基础上，只有在组织能够自主决定未来的发展方向时，人格特性才会明显，同样组织人格特征鲜明时，组织也必然是一个独立的个体。

公司虽然在法律上具备了人格，但是在现实中不一定能够体现独立人格。市场生态的价值原则建立在财产所有权的基础上，产权清晰且独立体现是人格独立的前提，只有具备独立人格的法人组织才能够承担有限责任，否则有限责任从何而来？产权是法定主体对财产所拥有的各项权能的总和，它包括财产的占有权、使用权、收益权和处置权等，中国企业改革的核心就是产权改革，这是建立现代企业制度的基本要求。

公司法基本原则是公司必须独立承担法律责任与义务，否则将追究公司控制者的责任，因此对公司具备独立人格的要求始终体现在公司法中。从中国《公司法》的规定中就能发现到这一点，下面举例说明。

《公司法》规定可以设立一人有限公司，一人有限公司就是只有一个自然人股东或者一个法人股东的有限责任公司。但一人有限责任公司的股东不能证明公司财产独立于股东自己的财产的，应当对公司债务承担连带责任,必须能够证明个人未用公司财产满足个人的消费,如果不能证明这一点,则须承担连带责任。可见公司产权不清晰导致人格不独立,公司就不会承担有限责任。

《个人独资企业法》规定可以成立个人独资企业,但不具备法人资格。个人独资企业是由一个自然人投资,产权为投资人个人所有,投资人以其个人财产对企业债务承担无限责任的经营实体。可见,财产不独立的公司不具有独立人格,同时也不会承担有限责任。

对于国有独资公司也有明确规定,性质上是属于有限责任公司,具备独立法人资格,前提是国家仅以其投入公司的特定财产金额为限对公司的债务负责,而不承担无限责任。

虽然公司人格独立是一项法律基本要求,可惜在现实中并没有得到体现。一些公司所有者认为公司财产即个人财产,把公司财产和个人(家庭)财产的经营、使用混在一起,混淆了个人与组织边界。如果公司不具备独立的法人产权,就会与市场生态基本价值原则发生冲突,问题就会接踵而来。

法人产权表现为对公司财产的实际控制权,保证公司资产不论由谁投资,一旦形成公司资产投入运营,其产权就归公司,而原来的投资者就与现实资产的运营脱离关系。中国市场生态中公司数量已达千万之众,多数公司股权相对集中,控股股东优势地位导致股东人格代替了组织人格,在市场生态不断完善的过程中,法律风险将逐渐爆发。由于担心公司被投资者控制而失去独立人格,利用公司侵害他人合法权益,法律上启用法人人格否定假说的理念,通过否认公司与其背后股东的人格,让公司实际控制人对公司的债权或公共利益直接负责,这一规定在法律上也称为"刺破公司的面纱"。

组织追求人格独立符合人性的演变规律，企业发展史也能够证明这一点，早期的单一业主制企业与合伙制企业都是因为组织财产无法独立于个人财产，而必须承担无限责任，公司制企业形式之所以伟大就是因为具备了独立人格。企业人格不独立只是人性的阶段性体现，人格独立是必然结果，这个过程与人的成长历程相似，幼年时期独立性较弱，成年后独立性得以体现，人类价值创造的黄金时期多数是在成年以后，企业人格不独立就无法迎来它的黄金时代。很多西方现代管理理念都是建立在企业独立人格的基础上，当运用到中国企业管理实践中时，就会发现理论与现实脱节，导致水土不服、效果不理想。建立现代企业制度的核心即让企业体现独立人格。

第四节　组织形态管理——管理新视角

前面作者已提到过"形态"这个概念，本节将重点介绍组织形态管理，这是从一个新的视角审视管理。

什么是形态？形态是指事物在一定时空中的表现形式。形态一词由"形"和"态"两个字组成，"形"指形象、形状，是事物的空间属性；"态"指状态，引申为正在发生着什么，是事物的时间属性。"形态"一词就是事物在时空中的形状与状态的表现，这也说明一个事物形态存在必须具备两个属性：空间与时间，否则这个事物的形态不会存在。

从"形态"的概念也能看出来，生态、组织、人都是以某种"形态"存在，只是分别属于不同的研究领域，他们都具有相同的变化规律。组织形态即组织在时空中的表现形式，如果从价值性角度对组织形态进行定义，组织形态也可以称为组织价值形态，在本书中这两个概念可以通用。

形态是一种结构性要素，不同的元素经过有机地排列组合构成不同的形态。例如，石墨与金刚石的构成元素相同而组成结构不同就形成了不同形态，出现不同的功能，因此研究形态的功能需要对组成结构进行剖析。在市场生态中，组织形态是由不同结构形成的，这些结构就是构成形态的元素，认识组织形态需要对这些组成结构进行剖析。组成结构并不是组织结构，组织结构只是组成结构其中之一。组成结构与组织功能相对应，改变结构将影响组织功能。组织结构之间相互依存、相互作用，形成了一个有机的组织形态，一种结构的变化将导致其他结构的改变，当所有组成结构发生根本性变化时，组织形态将发生改变。组织形态管理是通过对组成结构的研究，来发现组织形态的演化规律的。

作者认为企业形态可以用十类结构描述，十类结构相互作用形成一个稳定的企业价值形态，可以通过十类结构对组织形态进行分析，研究形态功能与组成结构之间的变化关系。

组成结构改变将引起组织形态的演变。在市场生态中，这种演变将有两种表现形式，一种是有序改变，组成结构之间相互调整，最后潜移默化地形成新的价值形态；另一种是突然巨变，组成结构彻底改变，组织以新的价值形态出现在市场生态中。

组成结构在组织形态演变过程中呈现出规律性的变化，通过这些变化可以探知组织形态的进化轨迹，这就是组织形态管理的主要内容。传统分析方法更多地以动态的角度研究企业的发展，组织形态管理则是以静态的角度剖析企业形态。由于组织是一个有机生命体，任何结构变化都将影响其他结构，因此当把企业置于静止状态时，便于分析组成结构与企业功能之间的相互关系，从而判断组织价值形态是否与市场生态、人性特征相匹配，促使企业进行有效变革，调整组成结构形成与市场生态、人性特征相适应的最佳形态。

一、管理学全新视角

当组织能够体现人性特征时，管理学可以借鉴的领域就更广阔了，这些领域的研究成果给作者极大的启发，尤其是生态学和形态学。生态学是研究生物有机体与其无机环境之间相互关系的学科，形态学是研究生物有机体外形和内部结构及其与功能相关的学科。作者把生态学、形态学中的一些思想运用到组织管理领域，用于研究组成结构与功能特征以及生态、组织、人之间的价值关系，促成了组织形态管理理论体系的形成。

传统的管理思想主要是对运动状态中的企业组织进行研究，工业革命之后逐渐确立了市场经济系统，企业组织成为其中主角，这时西方管理学告别早期的管理思想，逐步形成系统管理学学科，到今天为止经历古典管理理论、行为科学理论、现代管理理论三个阶段，这个过程始终与企业组织发展形成良性互动，在企业不断向前发展的同时，新的管理思想也不断涌现，与组织管理实践相互印证、相互促进，从某种意义上来看始终是以一种动态视角研究组织发展变化、功能特征以及与市场生态的关系。

组织形态管理思想主要是对静止状态下的企业组织进行研究，把组织形态锁定在特定环境中，研究组成结构与形态特征之间的关系、形态特征与市场生态之间的关系、形态特征与人性特征之间的关系，寻找组织形态之间的演变规律，依据这种变化规律提出构建最佳的组织形态方案，可以看出组织形态管理即管理组织形态。

无论是以动态的还是静态的角度，其实都是在研究生态、组织、人三者之间的价值关系，只是组织形态管理以一种新的视角来理解组织管理，具有了一套全新的逻辑系统，塑造了一种新管理思维。如果把组织形态置于一个坐标区间中，传统管理思想主要是从横坐标研究组织，组织形态管理主要是从纵坐标研究组织。无论哪种视角，组织在市场中的基本特征相同，如果通过两种视角看企业组织，其形态特征会更清晰。

西方管理学发展经历了三个阶段，这三个阶段的管理思想分别是对三种组织形态的具体描述，为不同的组织形态管理提供理论依据，两种管理学逻辑之间具有密切关联，第五节作者将对此进一步介绍。

二、结构构成形态

形态是由不同元素通过一定排列组合或者编码方式构成的系统，这种排列组合或编码方式就是结构。"结"是结合之意，"构"是构造之意，"结构"就是各组成元素的搭配和排列方式，通过这种方式构成某种形态，任何形态都是由不同元素通过某种结构体现出来。组织功能特征取决于组成结构方式，结构变化将导致形态功能的改变。例如，运行方式、管理措施、文化特征等变化都是组成结构发生改变的结果，研究组织形态功能需要从组成结构开始。

(一)结构的特征

结构的特征体现在三个方面。

首先,结构具有系统性。形态由结构构成,结构是由元素构成的一个复杂的系统,依据元素的特性进行分布与组合,这种分布与组合不是孤立地存在,也不是单一产生影响,而是相互作用、相互影响,并通过一定的有序排列组合形成一个有机系统,这种有机系统就是结构。例如,DNA 就是一种基因组成结构,通过基因的不同组合,形成不同的 DNA。

其次,结构又具有结构性。结构的系统性说明结构也是一种形态,结构依然具有结构性,这种结构性具体表现在构成结构的子结构排列方式上。不同的排列组合构成结构的多样性,从而又导致形态的多样性,世界就是由这种结构关系构成的。

最后,结构具备动态性。结构的构成要素不是一成不变的,当受到内部、外部影响因素作用时,结构的分布与构成会发生变化。这种变化能够通过功能变化感知,结构始终处于动态变化中,因此构成的形态也处于动态的变化中。构成元素的变化到一定程度时,原来的系统性与结构性,这时因为形态发生彻底改变而形成新的形态。

生态、组织、人都具有这三个面的特征,这也是作者一直认为生态、组织、人三者其实都是一种有机系统的原因,都可以运用组织形态管理的思想。

(二)结构的平衡

当构成形态的组成结构相互作用,形成一种相对平衡的状态时，组织形态将处于一种稳定的状态。

从组织的动态性可知，组织形态一直处于动态的变化中，在特定的环境中，有什么样的组成结构就有什么样的组织形态，同时也会出现什么样的功能特征，从而形成一种必然结果，这就是所谓"有因必有果"，从某意义上说这种"果"即一种平衡形态，只不过这种"果"既有正面性也有负面性，组织危机就是一种典型的负面平衡状态。

组织管理问题存在必然有其合理性，合理性来自组成结构的相互作用，随着时间的变化，这种合理性将日趋稳定，就会形成一种相对平衡的状态，就像人体中出现了某些对身体有害物质，当长期存在时，将与身体形态相适应，与整个身体组成结构形成一种新的平衡，反而成为身体形态的一个必要组成部分。因此在解决组织管理问题时，需要进行系统的思考，管理本身是一盘棋，当新的平衡形态已经形成时，组织变革更需要的是一整套解决方案，可以"一点突破"或"以点带面"但不能"以点盖面"，否则治标不治本。

组织不存在完全的平衡状态，但是一直都在追求平衡，完全平衡形态既可能是最佳组织形态，也可能是最差组织形态，在本书中更多地是指最佳的组织形态，作者在第五节将用四种平衡形态阐述企业的进化历程。

三、十类结构构成企业形态

研究组织形态需要剖析其组成结构，通过对组成结构进行剖析，发现组织形态的功能特征，探索组织形态的进化规律，不仅可以了解组织的过去，还能改造组织的现状，甚至可以推演组织的未来。

组织形态本身是一个结构系统，究竟由多少组成结构构成一个组织形态受制于对组织的认知程度，目前只能从已知的知识系统中寻找。作者认为可以通过十类结构描述出一个企业的基本形态，这十类结构分别是价值创造能力结构、股权结构、治理结构、组织结构、人才结构、管理基础结构、价值单元结构、客户结构、产品结构、文化结构，如图 1-12 所示。这些结构之间相互关联、共同作用，构成企业形态主要框架，可以通过这十类组成结构对企业形态进行分析。十类结构代表了十类组成元素，一直以来都是管理学比较关注的领域，对组织发展影响较明显，因此这些领域的研究成果相对丰富，当作者把这些结构整合起来进行研究时，发现结构之间存在着某种必然联系，这种必然性建立在人性基础上，其变化规律与人性的演变规律密切相关，不同的结构组合形成不同的价值形态，能够让人们感知到其存在的价值。

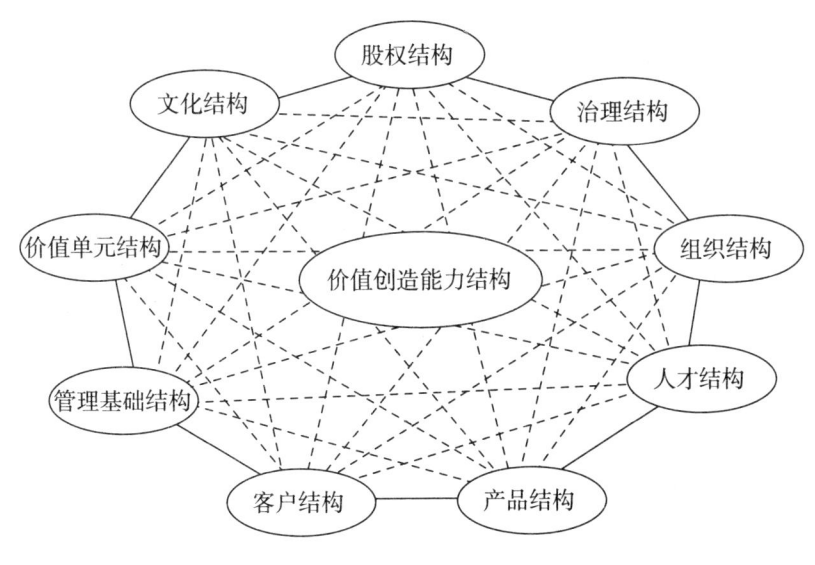

图 1-12　10S 企业价值形态分析模型

在这十类结构中,价值创造能力结构是决定企业形态特征的主要因素,是企业价值形态的 DNA,其他九种结构都是价值形式在不同领域的体现,十类结构相互作用共同构成企业组织价值形态。作者在第二章、第三章中分别对这十种结构相互之间的关系以及变化规律进行介绍,通过对这十种结构的剖析,分析企业价值形态的特征,这种分析方法作者称为"10S 企业形态分析模型"。

通过"10S 企业形态分析模型"对企业组织进行分析可以发现,企业进化将经历四种典型价值形态,面临三次发展"瓶颈",每次"瓶颈"都需要通过"变形"才能突破(详见第六章"企业危机路线图"),"10S 企业形态分析模型"提供了一种新组织形态分析方法论,可以广泛地适用于不同类型的企业组织之中。例如,很多大型的集团企业由众多不同形态的成员企业组成,在这样的集团组织中只有采取不同的组织形态管理策略,才能实现集团以及成员组织的价值平衡形态。

四、形变始于结构改变

组成结构之间相互作用形成一个组织形态,当组织处于平衡状态时,组成结构之间完全匹配,即十类组成结构能够有机地契合在一起,理解组成结构之间的变化关系,有助于组织顺利实现变革。

组织形态的改变取决于组成结构的变化,当某类结构发生变化时,企业形态的某项功能随之发生改变,并影响到其他组成结构,导致其他功能也发生变化,这就是"牵一发而动全身"的道理,当组成结构都发生改变时,将形成新的组织形态。

组织价值形态由价值创造能力与价值体现形式构成,价值创造能力是"本",是决定形态的本源,价值体现形式是"标",是形态的表象,"标"与"本"共同构成形态。当"标"与"本"相互匹配时,组织处于相对平衡的价值形态,"本"与"标"共同变化的过程就是组织价值形态演变的过程。

组成形态的变化取决于内、外部影响因素的共同作用,外部是经济生态的改变,内部是人的价值特征的改变。当组织形态受到影响时,如果仅仅是某类结构发生变化,组织某些功能将出现反应,但不会导致企业形态的本质变化,因为组成结构之间相互作用,个别组成结构变化还无法立刻引起其他组成结构的改变,甚至还有可能在相互作用下恢复至原来状态,个别组成结构变化只能起到对组织形态产生影响作用,但是当影响因素不断加强时,将会对其他组成结构产生持续的影响,推动其他组成结构的变化,这时就有可能出现"一点突破"的结果,最终实现组织形态的改变。

很多组织习惯于以"一点突破"的方式实现组织变革,但是前提是"一点"具有足够的力量,才能够"以点带面",如果力量不够,反而会被组成结构之间的相互作用矫正回来,忽视组织形态的系统性,往往治标不治本,最多是对组织造成一定的影响,但不会有实质性的改变。从生态、组织、人三者之间的平衡关系来看,变革措施超前或滞后对组织都会产生不利的影响,因为并没有使组成结构有机地结合在一起,无法处于价值平衡状态。

所有组织形态的改变都不能脱离价值创造能力这个"本",组成结构的改变最终都要实现价值创造能力结构的改变,如果价值创造能力结构没有改变,组织价值形态则不稳定,一旦影响因素重新出现时,企业又会处于危机之中,不但无法顺利实现进化,甚至还会有"退化"的可能,但是经过这一轮折腾,组织损失了一次变革的时机，因为现实中每一次组织变革的失败都将会提高下一次变革的难度。只有当企业的"标""本"都能够发生改变，并且"标""本"之间相互协调时，组织形态才会顺利改变，并且能够形成价值平衡形态。

五、改变是对传统的挑战

形态的改变是组成结构发生本质变化，不再是"吐故纳新"，而是"破旧立新"，形态变化越大，变革难度越大，因此对改变的认知意义重大。

人类的价值需求与价值创造始终相互促进，相互作用，当人类进入工业时代后，两者变得更加活跃，经济生态、组织形态随着人的价值性提升其变化更加频繁，这一点从人们生活模式的改变中就能体会到，这种变化也将反映在人们的认知领域，新的思想、新的概念不断涌现，但很快也会成为传统，因此敢于挑战传统才能认知变化中的世界。

从管理思想的发展过程就能看到这种变化，当管理理念研究背景发生了改变时，理论与现实脱节，而新理念的出现将对传统理念形成一种冲击，但不能认为传统理念错误，只是因为环境发生了变化。

在这里，作者介绍两个具有代表性的管理理念：分别是"二八定律"与"长尾理论"，这两个理论都是对形态特征的说明，但是在不同的环境下结论截然相反。

"二八定律"又名帕累托定律，由 19 世纪末 20 世纪初意大利经济学家帕累托发明，他认为事物主要特征是由内部的一小部分决定，约 20%，其余 80% 的尽管是多数，却是次要的，因此解决问题的重点需要从"一小部分"开始。这个经验性法则适用性很广，包括在经济、管理，甚至是生活领域。例如，"80%的公司利润来自20%的重要客户（产品）""20%的人才创造了80%的企业价值""80%的社会财富由20%的人占有"等，这是一种不平衡的结构布局，"二八定律"成为这种不平衡结构的简称，而不管结构是否恰好为80%和20%。

"长尾理论"被认为是对传统"二八定律"的彻底颠覆。

"长尾理论"这一概念是由美国人克里斯·安德森在2004年10月的《长尾》一文中提出。"长尾理论"认为由于成本和效率的因素，几乎任何以前看似需求极低的产品，只要有人卖，就会有人买，这些需求和销量不高的产品所占据的共同市场份额，可以和主流产品的市场份额相比，甚至更大。这种现象恰如以数量、品种二维坐标上的一条需求曲线，拖着长长的尾巴，尾巴向代表"品种"的横轴尽头延伸，长尾由此得名。"长尾理论"也是一种不平衡的结构布局，数量大但不重要的累积在一起将发挥决定性作用。"长尾理论"彻底改变了人们对影响事物的决定性因素的认知，如图1-13所示。

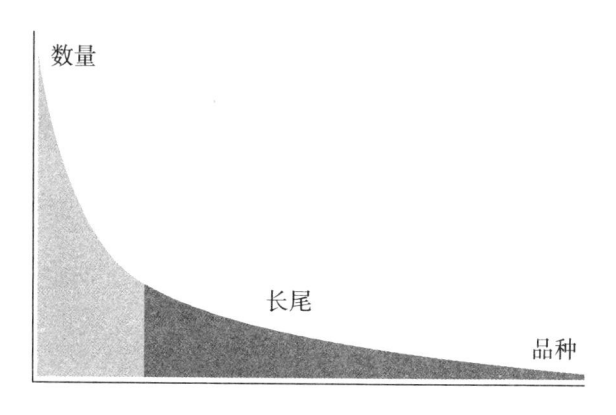

图1-13 长尾理论

介乎于"二八定律"与"长尾理论"之间的结构布局叫"正态分布",这正好是两者的中间状态,数量多且重要的部分决定主要形态特征。在管理学中关于环境变化与形态特征之间关系的理论并不少见,从这些理论中可以发现,形态为了适应内外部环境的变化必然发生改变,如"二八定律"适合于相对封闭的环境,"长尾理论"适合于相对开放的环境,基于网络经济而产生的长尾理论也正说明了这点,而正态分布则恰恰是一种中间状态。

在作者看来,认知与现实之间始终相互印证,因此只有变化的规律而不存在永恒的真理。"长尾理论"没有出来之前,"二八定律"就是主流认知,但是认知与现实对应,当现实发生变化后,新的认知就是对传统的挑战,如果不敢于挑战传统,就无法改变,传统反而就会成为现实的阻力。

组织形态管理虽然研究静态中的组织,但目标是认知组织动态的变化规律,即组织形态的进化,因此更强调以创新的视角思考组织的变革与发展,不拘泥守成,能因势利导、与时俱进,使组织与生态、人始终保持最佳的价值关系。

第五节 企业形态进化规律

就像"罗马不是一天建成"的一样,今天的企业形态也不是市场经济建立伊始就是这个形状,肯定经历了一个进化过程。

西方经历两百多年的历史发展到今天的企业形态,其中三次工业革命为企业形态进化起到了至关重要的作用，由于全球经济发展的不平衡性，也留下不同的企业形态可供研究。作为后起之秀的中国，经历了从计划经济向市场经济转变，从封闭的经济生态走向开放的经济生态，由于经济基础与经济结构的独特性，导致不同形态的组织同时存在，甚至手工作坊，业主制、合伙制形式的企业依然存在，中国的市场生态就是一个组织形态的博物馆，可以从这所博物馆中探索组织形态的演变规律。

任何一个形态都具有时间与空间属性，因此研究组织形态进化规律需要从时空属性开始。作者从价值性角度定义组织形态，以"时间"为轴把企业形态分为四种：股东价值形态、精英价值形态、客户价值形态、利益相关者价值形态；以"空间"为轴把企业形态分为两种：封闭型价值形态和开放型价值形态，其中，股东价值形态与精英价值形态属于封闭型价值形态，客户价值形态和利益相关者价值形态属于开放型价值形态，不同的组织价值形态演绎企业在市场经济生态中的进化轨迹。

为了便于直观地理解组织形态的进化规律，作者用四种图形分别代表四种价值形态：三角形代表股东价值形态、梯形代表精英价值形态、八边形代表客户价值形态、圆形代表利益相关者价值形态，这四种图形的形状与组织价值形态的特征具有一定的相似性，以图形作为组织形态的符号，便于理解组织形态的特征。

四种价值形态中的管理系统构成四种典型的管理模式，作者认为这四种组织形态以及管理模式具有一定的普遍性，只要是由人类构成的系统都有可能出现，因为这是人性特征的体现，人的复杂性说明人性特征始终存在，只是不同的时空环境中表现形式不同。当所处的时空具有相似性时,人性的某些特征将具有趋同性,因此人们会发现现实与历史具有惊人的相似性,但同时也会发现随着历史的车轮滚滚向前,人类始终追求一个目标——独特价值的人,这一点可以通过企业组织的进化来感知人性的演绎过程。

正常状态下,组织形态的转变并非一蹴而就,而是需要经历一个过程,同时在演变过程中始终保持着一种相关性与延续性,因为人性的演变并非无章可循。例如,农业经济即将结束时手工工厂出现,在工业经济时代到来后,股东价值形态的企业与手工工厂非常相似,管理模式也非常相似,这种规律始终体现在企业形态的进化中,并为组织变革与发展提供有力的依据。

一、企业时空形态变化

由于形态具有时间、空间属性,因此作者从时间、空间角度划分组织形态,通过研究企业形态在时间、空间的变化规律,为组织形态管理提供理论依据。

(一)时间形态变化

企业形态随着时间的推移不断地变化。

从工业经济形成到如今已经有两百多年的历史,从现存的少数长寿企业可以发现组织形态已经发生很大的变化,这就是企业的进化。

既然是进化,企业组织就会有"前身""今世""未来"。所谓"前身"是指企业组织的历史形态,从延续性角度可以追溯到农业时代;所谓"今世"是指企业组织的现实形态,研究其构成及功能特征;

所谓"未来"是指企业组织的未来发展方向,直到企业组织消失,甚至是再以新的面貌出现。研究企业形态进化规律目的是让企业形态符合经济生态、人性特征的客观变化规律,完成为人类创造价值的使命。

在不同的时间点静止分析企业形态,能够发现其组成结构呈现规律性的变化,通过组成结构的变化规律,可以发现企业形态进化的轨迹,并能够推测出未来企业形态的功能特征,通过对企业形态进化的认知,使企业管理变得有章可循。"物竞天择、适者生存"是市场生态的法则,进化是为了企业更适应生态系统的变化,掌握组织形态的进化规律,就可以使组织明确变革方向,采取有效措施实现顺利演变。

企业形态变化是人类社会发展的结果,归根结底离不开人性,组织形态的进化遵循着人性特征的演变规律,根据人性的特征采取相应的管理措施,使管理达到企业组织需要的效果,这是组织形态管理的核心思想。

(二)空间形态变化

人们对企业时间形态的进化比较熟悉,而对空间形态的变化相对陌生。组织空间形态变化规律只有一种形式:从封闭走向开放,而且是不断从封闭走向开放,这也是人性演变的必然要求。

人类发展是从一个封闭空间向开放空间不断迈进的过程,在新领域发现之前所处的空间相对封闭,当新领域出现之后又变成一个封闭的空间,只不过范围扩大一些,不是人类没有处于开放的空间中,而是人类一直没有摆脱封闭的限制。当人类的生存空间从"洞穴"进化到"地球村"时,以为人类处于一个开放的空间,但是面对浩瀚的宇宙,身处地球的人类还不依然是"穴居人"?

这种变化规律从三次工业革命对人类生存空间的影响可以得到体现,第一次是蒸汽革命,人类开始全球范围内的殖民地扩张,可以用"抢地盘"来形容;第二次是电力革命,人类开始争夺地球表面能源,可以用"占能源"来形容;第三次是新能源与信息革命,开始探索太空和虚拟世界,可以用"建空间"来形容。可以说每一次工业革命都带来空间领域的扩展,如果第四次是生物技术革命的话,将实现对生命体的改造,可以用"造生命"来形容,那时人类将获得更广阔的生存空间,甚至有可能导致人类物种进化。

空间形态的变化一直都在沿着两个方向发展:一是外部空间不断扩展与融合,二是内部空间不断开放与融合,这是两个相辅相成的过程,但人们往往对外部空间变化感知更明显而忽视内部空间的变化。例如,今天的人类把触角伸向太空的同时,虚拟空间也被打开,使人类生存在一个立体式、多元化的空间中,人类不同群体之间的接触变得更加频繁与便捷,各种交流障碍正在被逐一打破,科学技术的进步使世界各个角落的人们越来越接近,这些都说明内外部空间处于同步变化中,都是从封闭到开放的过程。组织的空间形态的演变就是不断地从封闭型组织转向开放型组织。

内外空间的开放导致个体的活动范围扩大,这时个体的独特价值显得越来越重要。

时间、空间变化决定人性特征,从经济人到自我实现人、从共性到独特性、从缺失需求到生长需求的过程也是人类从封闭到开放的过程，人类的发展史不可避免地体现人性的演变规律，今天人类的活动正在印证这一规律。

企业形态在时间与空间领域的变化同步进行，与市场生态发展、人性特征的演变步调一致。在这个过程中，将出现四种典型的组织形态，通过这四种组织形态可以形象地勾画出企业进化的路线图。

二、四种典型企业形态

在市场生态中，企业将以四种组织形态进化，从低级到高级他们分别是股东价值形态、精英价值形态、客户价值形态、利益相关者价值形态，体现了组织价值特征的演变规律。

（一）股东价值形态

股东价值形态由股东的价值创造能力与价值体现形式共同构成，也可以称为资本价值形态。企业价值创造能力主要体现在资本收益力。

资本让企业成为工业经济生态中主要价值创造组织，使人类第一次能够有效地聚集社会资源主动地进行大规模的价值创造活动，人类的价值创造能力得到极大提升，创造了前所未有的物质财富，使人类逐渐摆脱了低层次缺失需求的特征。但是资本无法直接创造价值，只有劳动才能创造价值，资本只能以间接的形式创造价值，这种间接性体现在资本能够在市场中获取独特资源，从而使资本收益力为企业创造主要价值。

股东价值形态首先出现在西方工业革命初期,股权结构高度集中,股东及其代理人是主要的价值主体,用于维护和体现股东的价值,企业多数以直线型组织结构为主,普遍规模较小,客户多数为被特殊资源所吸引的群体,提供的产品相对简单和成熟。

股东价值形态是产业生态初期的产物,资源的独特性让资本有了创造价值的机会,随着产业生态的不断开放,市场机制将逐渐完善,竞争的公平性越来越明显,资源的独特性将越来越弱,资本的价值创造能力会变得越来越不稳定。在股东价值形态下,企业价值主要取决于资源独特性能够长期存在与充分发挥,资本对独特资源的长期占有,随着资源独特性的降低,劳动者的价值创造将逐步体现,资本和劳动者之间的价值冲突逐渐明显,在股东价值形态后期主要体现在股东与精英群体之间的价值冲突。由于中国市场生态建立时间较短,股东价值形态普遍存在。

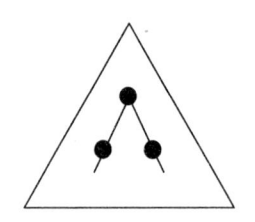

图 1-14 股东价值形态示意图

股东价值形态可以用三角形来代表,如图 1-14 所示,通常采用单人决策模式的直线型组织结构。

(二)精英价值形态

精英价值形态是由精英团队的价值创造能力与价值体现形式共

同构成。企业价值创造能力主要体现在精英团队领导力。

"精英"一词最早出现在 17 世纪的法国,意指"精选出来的少数"或"优秀人物"。精英理论认为,社会的统治者是社会的少数群体,但他们在智力、性格、能力、财产等方面超过大多数被统治者,对社会的发展有重要影响作用。在组织中"精英"一般是指那些管理权威以及专业权威,也是少数群体,这些精英对企业发展起到重要的作用。

精英价值形态出现在社会化分工逐渐明显的时期,市场生态系统初步成型,企业在规模化发展过程中出现了职能分工,精英获得崭露头角的机会,企业所有权与经营权开始分离,精英团队掌握经营权,直线职能型组织架构保障精英团队价值的体现,精英群体的领导能力、专业能力在不同职能单元中得到发挥,使企业有了迅猛的发展。拥有精英团队的价值创造能力,企业产品逐渐丰富且具有一定的创新技术含量,正好与逐渐提升的人类价值需求相对应。

精英价值形态是精英团队为企业创造主要价值,主要通过精英之间的职能分工与专业化合作实现,以精英为代表的劳动者的创造价值能力终于得到了体现,虽然仅仅是少数群体,也象征着资本收益力退居其次,因此这是组织形态的一次进化。

精英价值形态后期,组织管理问题主要体现在精英与员工的价值冲突,尤其是那些在价值创造活动中承担主要角色的员工,通常被称为骨干人才,这些群体人数较多,是价值创造活动中的核心力量,两部分群体的价值冲突将推动组织形态继续进化。

精英价值形态用梯形来代表,如图 1-15 所示,通常采取团队协作决策模式,梯形上端代表的就是精英团队,一般会有团队领导者。

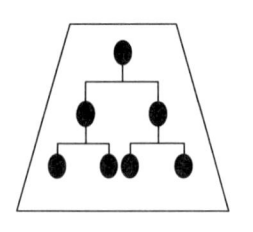

图1-15 精英价值形态示意图

三角形与梯形的组织形态可以统称为金字塔形状,是封闭型组织组织形态的代表,股东价值形态和精英价值形态都是典型的封闭型组织。

(三)客户价值形态

客户价值形态由客户与员工的价值创造能力与价值体现形式共同构成。企业价值创造能力主要体现在客户需求力与团队创新力。

这里的"客户"包含两层含义,一是广义客户的概念,包括外部与内部客户,内部客户是员工,因此客户价值形态是两类价值主体的结合;二是外部客户专指那些价值需求分散且价值需求多元化的客户,这种客户需求特征与成熟的市场生态最相符,人类价值创造应该满足具有差异化的价值需求,作者把需求视为一种力量希望能够突出客户对企业的价值。

客户价值形态出现在市场经济成熟阶段,企业内外部价值交换逐渐频繁,客户需求更加分散,意味着人类的价值需求结构发生了改变，这对企业的创新能力提出较高的要求，这时价值需求必须与价值创造紧密结合才能完成价值创造过程，以客户为导向的流程型组织结构彻底改变传统的运行秩序，此时企业独立人格开始形成，以知识型员工为主的创新团队为企业创造主要价值。由于客户的需求层次提升、需求更加分散，产品更新换代加速，新技术、新工具不断涌现，市场生态中已没有绝对的领导者。

为了满足分散的价值需求，客户必然会走进企业成为企业的一个价值主体，这时的企业形态从封闭型向开放型转变，这种转变不仅意味着组织正式独立与成熟，也意味着市场生态进入成熟阶段。客户价值形态是内外部客户共同为企业创造价值，真正意义上体现了客户的概念，也是第一次由多数群体为企业创造价值。

客户价值形态后期，组织管理主要问题体现在团队与成员之间的价值冲突，团队成员的独特价值不断提升，迫切希望能够独立体现价值，必然与团队产生价值冲突。

客户价值形态用八边形来代表，如图 1-16 所示，组织结构通常采用流程型，纵向管理模式被横向管理模式取代，企业与市场生态的接触范围更广泛，象征着一种开放的组织形态。

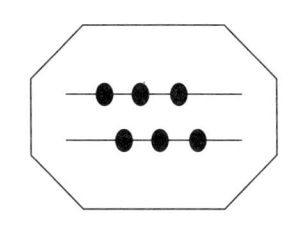

图 1-16　客户价值形态示意图

(四)利益相关者价值形态

利益相关者价值形态是由所有价值创造者的价值创造能力与价值体现形式共同构成。企业价值创造能力主要体现在组织人格力。

利益相关者是指在经济生态中与企业产生价值关系的组织或个人,既包括股东、债权人、管理者、员工、客户、竞争对手、供应商,也包括监管机构、地方政府和工会等,在经济生态中所有能够影响企业价值的都是利益相关者。作者认为企业利益相关者也是普遍意义上的企业价值创造者,因为"利益"也是价值形式的必要组成元素,因此利益相关者价值形态也可以称为价值创造者价值形态,由于利益相关者属于约定俗成的理念,便于读者理解,在本书中将继续沿用。

利益相关者价值形态将出现在市场生态的衰退时期,企业组织空间形态较为开放,内部的价值交换市场已经成熟,固定的业务流程消失,企业内部可以依据价值需求特征即时形成与之相匹配的价值创造链条,众多的价值创造链条构成错综复杂的网络状组织结构。这时人类价值需求从分散转向独特,利益相关者价值形态主要满足人类低层次的生长需求,利益相关者逐渐与企业形成独特的价值关系,企业价值由利益相关者共同创造。

利益相关者价值形态后期,组织管理的问题主要体现在企业人格与个体人格特征之间的冲突。利益相关者价值形态的出现也预示着经济生态开始进化,将成为工业经济向知识经济过渡期的组织形态,第四次工业革命将促进人性特征继续演变,工业经济依然存在但工业时代彻底终结,人类即将进入另一个新的历史纪元。

利益相关者价值形态用圆形来代表,如图 1-17 所示,组织结构是由散点组织成网络状结构,组织形态全面开放。

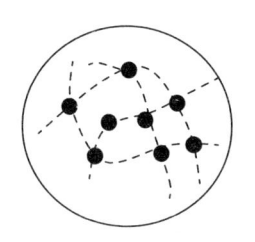

图 1-17 利益相关者价值形态示意图

利益相关者价值形态是作者依据人性演变规律进行的推测,这种组织形态特征在人类早期历史中出现过,未来也将会再次出现,因为人的复杂性始终贯穿于人类历史。

这四种价值形态是从组织的价值性角度划分,在组织形态演化过程中始终存在着两只"无形之手"——价值需求结构的改变与价值创造链条的统一,在这两只"无形之手"的作用下,企业价值形态从平衡到失衡,从失衡再到平衡,演绎着企业生命的进化历程,完成企业组织在工业时代的使命。

在企业形态的进化过程中,从精英价值形态向客户价值形态的转变,也是从封闭型形态向开放型形态的转变,这是组织形态进化历程中的分水岭。从整个市场生态发展过程来看,作者认为客户价值形态是最适宜的组织状态,客户价值形态虽然不是最高级的组织形态,但却是与市场生态最适应的组织形态。

四种典型的价值形态属于静止状态下的理想形态,由于其形态特征非常明显,所以能够清晰地识别,现实中企业形态都是处于过渡形态，特征表现将会比较复杂，甚至会让人感到眼花缭乱，有时低级形态组织中出现高级形态组织的某些功能特征，但这并不能说明其形态的"高级"，在作者看来组织管理的目标是实现生态、组织、人三者之间的价值平衡。

三、企业形态进化历程

由于中国市场经济起步较晚，作者只能从西方经济发展的脉络中寻找企业形态进化过程。

股东价值形态普遍出现是在 18 世纪 60 年代，这时英国爆发了第一次工业革命，用于进行价值创造的能源和材料发生根本性变化，蒸汽机的广泛应用使人类进入蒸汽时代，从手工工厂业进入了机器大工业，价值创造组织通过资本以股东价值形态登上历史舞台，企业组织正式成为工业经济生态中的主角。工业经济生态以其强劲的势头在西方世界迅速蔓延，极大地推动了西方经济社会的发展，西方世界出现了第一次大融合。此时的中国正处于乾隆王朝，进入了专制社会的巅峰时期，当世界开始融合之际，也是中国盛极而衰之时。当一个组织以坚定的封闭形态面对生态的巨变时，结果只有两种：一是因为自身的强大而改变生态，二是因为自身的渺小而被生态改变，中国在那特定的时空节点被定位成后者，西方列强利用坚船利炮打开了封闭的大门，把中国拖进不断变化的世界。这个阶段资本在全世界范围内寻找独特资源，对内搞"圈地运动"，对外搞"殖民扩张"。

精英价值形态大约出现在 19 世纪 70 年代，西方爆发了第二次工业革命，发电机的广泛应用使人类进入电气时代，人类的价值创造能力不断提高，工业经济得以迅猛发展，这时资源的独特性开始降低，人在企业中的价值开始体现，自从美国诞生了世界上第一个职业经理人之后，精英群体逐渐取代资本的价值地位。这时中国在鸦片战争后全面进入转型期，政治、经济、文化、技术等领域全面进行调整，中华民族开始探索在新生态中的发展模式，不停地实践新的价值形态，在这一百年中多数在动荡的岁月中度过。世界各国为了争夺工业发展的必备资源先后发生的两次大规模战争，虽然给全人类带来了巨大灾难，但是也极大地促进了全球经济的融合，精英领导力也发挥到了极限，作者认为精英价值形态是工业时代的典型代表。

客户价值形态大约出现在20世纪60年代以后，西方爆发了第三次工业革命，计算机的广泛应用使人类进入数字化信息时代，人类生存空间呈立体化趋势发展，对宇宙与虚拟世界的探索同步进行，多维空间的出现对人类的创造力提出空前的挑战，创造力将决定人类的发展。这时全球经济系统加紧了融合的步伐，一度形成两大经济阵营，80年代后期由于市场价值原则更符合人性特征而成为主流形式，全球化的市场生态逐步成形，21世纪来临之际人类开始摆脱工业时代的束缚，向知识经济时代挺进。在这个时期封闭的中国终于又一次打开大门，加快脚步与世界经济对接，中国企业积极参与全球范围内的价值创造活动，迈上了西方企业两百多年的道路，虽然困难重重，但厚积薄发，一直保持快速的发展势头，当然中国企业也将面临同样的问题和挑战。

利益相关者价值形态尚未普遍出现，但是西方一些优秀企业出现了某些特征，从组织形态的演变规律来看，第四次工业革命将为这次进化创造技术条件，那时全球化的市场生态圈已经形成，世界范围的价值交换将非常频繁，知识经济在经济结构中的比重逐渐增大，人类从缺失需求向生长需求转变，追求独特的价值将成为人类未来价值性的主基调。

从组织形态的演变规律可以发现，企业沿着产业价值链的延伸而进化，因此高级组织形态首先出现在最发达的经济体中，然后通过带动产业价值链促使上游的企业形态也发生演变。每一次工业革命都会导致经济生态的巨大变化，为企业形态进化创造条件，两百多年来西方先进企业经历两次明显的"变形"，目前正在全面向第三种形态——客户价值形态转变。中国市场形态建立较晚，股东价值形态最多，其中相当一部分企业开始向精英价值形态演变，极少数企业向客户价值形态演变，这与中国企业在全球产业价值链中的价值定位相吻合，每一次"变形"都将遇到一个发展"瓶颈"，在第六章作者将介绍中国企业的两次发展"瓶颈"。

作者提出四种典型企业形态，并不是说仅有这四种形态，只是由于这四种形态特征较为明显，可以通过这四种形态描绘出企业形态进化轨迹，多数企业都处于中间的过渡形态，具有相邻两个形态的某些特征，如图1-18所示。例如，在股东价值形态与精英价值形态中间还有一种组织形态——老板价值形态，股东兼精英团队领导人，资本收益力与领导力共同为企业创造价值，这种组织形态的特征可以通过组织进化规律描述出来。

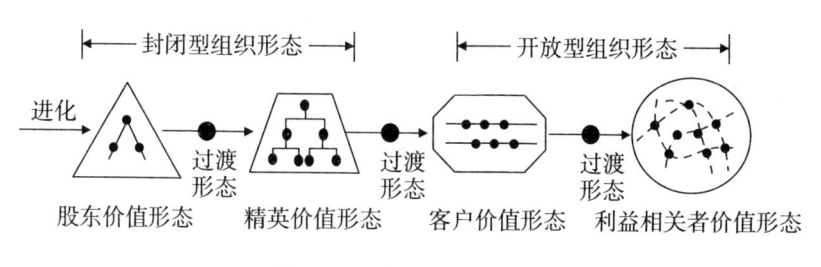

图 1-18　企业形态进化规律

作者希望通过这四种典型的组织形态来研究企业形态进化过程，以及组织管理规律，为企业的变革与发展提供理论依据。

四、企业形态进化规律

组织形态进化是生态、组织、人三者之间相互作用的结果，组织将始终处于动态的进化过程，作者只是用四种典型形态说明这个动态过程，便于研究这种进化规律，组织形态在进化过程中体现出以下几方面的规律。

进化使组成结构从简单到复杂。作者用十类结构分析企业形态，当企业形态发生变化时，组成结构也发生改变，这种改变是从简单到复杂，如组织结构在股东价值形态下是直线型，在精英价值形态下是直线职能型，在客户价值形态下是流程型，在利益相关者价值形态下是网络型，组织结构逐渐复杂化。这种规律也体现在其他组成结构的变化中，利益相关者价值形态，其组成结构最复杂，组织形态功能更加先进。

进化使组织形态从低级到高级。所谓高级与低级之分是依据人的价值特征，而不是盈利能力，虽然有时低级组织形态的盈利能力超过高级组织形态的盈利能力，但是人的价值创造能力体现并不明显。当人性不断追求高层次的价值特征时，产业价值链将不断向下游延伸，高级组织形态将会依次出现。在一个成熟的产业生态中低级组织形态需要依附于高级组织形态而体现自身价值，高级组织形态甚至可以影响到产业价值链的发展。当然，"高级"与"低级"都是相对而言，而且不能脱离产业生态发展阶段，当一个新型产业诞生时，出现的都是低级组织形态，这时低级组织形态就是"高级"的代表，企业发展史也说明了这点。

进化使管理活动从内部向外部扩展。企业从空间形态上分为封闭型和开放型两种，从封闭到开放的进化过程，也是管理活动从内部到外部的扩展过程。封闭型形态下主要是协调组织内部价值主体之间的价值冲突，管理活动更多地在内部展开，而在开放型形态下除了协调内部价值冲突以外，还要协调组织与生态中其他个体的价值冲突，管理活动从内部向外部扩展，组织管理更加复杂化。

进化使组织从"有形"到"无形"。所谓"有形"是指组织固定存在，能够直观地感受到其形状。在企业进化过程中，价值创造能力的提升将使企业不断突破活动空间、资源供给、技术壁垒、人才获取等局限，组织形态不断与市场生态融合，组织边界将越来越模糊。股东价值形态的企业有必要的场所、稳定的资源、固定的价值创造者等，但是这些"有形"的生产资料与劳动者将逐渐趋向于"无形"，信息技术让企业活动空间范围不断扩大，全球化企业将越来越多，生物技术的突破将导致人类摆脱低层次的价值创造活动，组成结构日趋复杂，最终将与生态融合在一起，组织边界消失，组织发展虚拟化，那时人类将全面进入知识经济时代，世界经济全球化、资源利用智力化、资产投入无形化、知识利用产业化……

组织形态的进化与生物进化一样，也会表现出一些复杂情况。除了正常的进步性进化以外，也存在特化和退化，特化是指组织与某种特殊的市场生态相适应，表现为其某项功能超乎寻常地发达，而退化则是指组织在市场生态中没有进化到高级形态，反而回到原来的低级形态，如精英价值形态也会退化到股东价值形态。特化与退化不会普遍发生在正常发展的市场生态中，因为从人性的演变规律来看，人类始终追求成为具有独特价值的人，组织也将不断向更高级的形态演变，特化与退化也仅仅是个别现象。

五、组织形态的价值定位

人类的价值需求与价值创造的相互作用推动经济生态的不断发展，四种组织形态将沿随着产业价值链的延伸而逐一出现。当世界逐渐进入后工业时代时，作者认为前两种组织形态在世界范围内已经成熟，因为精英价值形态是工业时代的典型组织特征，而客户价值形态在一些发达的经济生态中逐渐成型，利益相关者价值形态特征则初见端倪。

在全球产业价值链中不同的组织形态扮演的不同的角色。股东价值形态通过资本收益力创造价值，满足现实存在的、成熟的价值需求；精英价值形态通过精英领导力创造价值，满足具体的、标准化的缺失需求；客户价值形态通过团队创新力创造价值，满足分散的、多变的价值需求；利益相关者价值形态通过组织人格力创造价值，满足独特的价值需求。当全球化的市场生态进入成熟期时，将形成一种封闭的经济生态价值系统,形状如倒金子塔,这个形状与人类的价值需求结构相对应。四种组织形态将相互依存,构成一个完整的产业价值链,在金字塔底部是产业价值链的上游,分布着股东价值形态,在金字塔顶部是产业价值链的下游,分布着利益相关者价值形态,在产业价值链中价值将从上游流向下游,高级组织形态的价值建立在低级组织形态的价值基础之上。

在这样的经济生态价值系统中,四种组织形态有四种价值定位,股东价值形态是资源的提供者,提供价值创造的资源;精英价值形态是需求标准化的制造者,依据价值需求特征进行标准化、规模化的价值创造;客户价值形态是需求具体化者,依据价值需求特征进行多样化、具体化的价值创造;利益相关者价值形态是需求创造者,为人类创造价值需求,如图1-19所示。在一个产业价值链条上,利益相关者价值形态创造价值需求,客户价值形态使价值需求具体化,精英价值形态依据具体化需求进行标准化制造,股东价值形态为价值创造提供独特资源,这样形成一个完整的价值创造活动,满足人类某种具体的价值需求。不同价值定位的组织都有其存在的必要性,都是市场生态中不可缺少的组成元素,组织形态的高低之分是以价值性体现原则划分,而不是盈利水平。

随着经济生态不断发展,产业价值链上的企业形态依次出现,以不同的方式进行价值创造,满足人类不同的价值需要。在利益相关者价值形态出现之前,人类价值特征主要以缺失需求特征为主,在利益相关者价值形态出现之后,生长需求特征逐渐明显,届时不同的组织形态在经济生态中相互依存、相互作用,共同推动经济生态的发展。

图 1-19　组织形态的价值定位

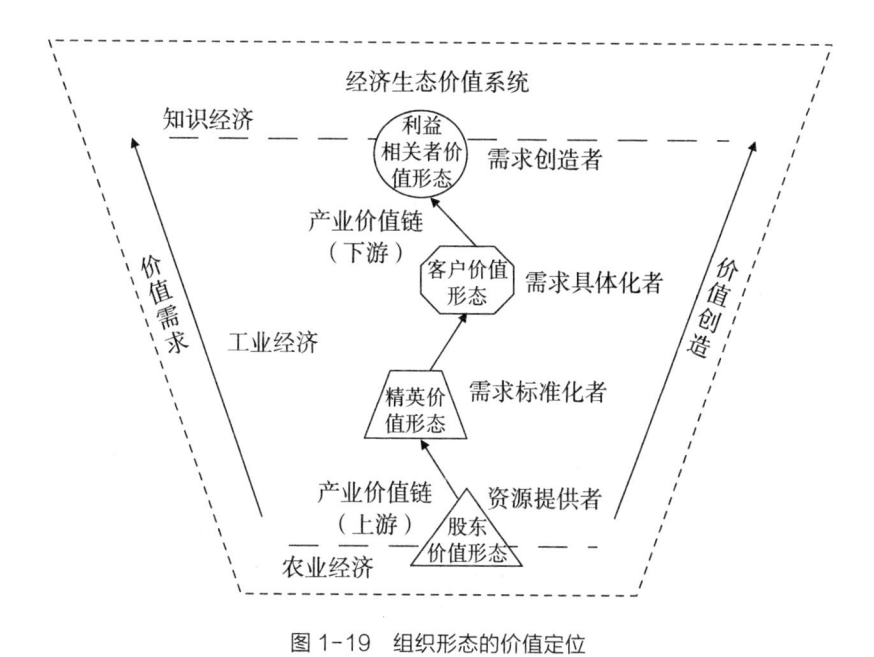

今天，企业为了实现价值最大化，往往不是以单一形态出现，而是多种组织形态共存的集团企业。集团企业中出现不同价值定位的成员组织，如何实现有效管理成为一个新课题——集团管控，而集团构成的复杂性决定了集团管控的复杂性。在作者看来，集团组织形态管理主要体现在两个方面：一是集团主体形态需要体现高级组织形态特征，只有高级组织形态才能控制产业价值链的价值流向，同时能够保证集团形态的平衡性；二是采取与成员企业形态相匹配的管理模式，如果采取同一种管理模式势必导致成员组织形态与其价值定位发生背离，影响成员企业形态的平衡性，这两方面也构成了集团管理的黄金法则。

人类的价值特征的演变将导致产业价值链继续向下游延伸，未来知识经济在经济结构中占主导地位，而利益相关者价值形态也将增多，那时人类所处的经济生态将全面进化，企业组织的使命将终结。经济结构始终与价值需求结构相对应，当人类的价值特征改变时，经济结构随之改变，这一点从货币的演变也能感知，黄金之所以能够成为货币是因为与人类缺失需求的特征相似——具体、稳定、稀缺，在工业经济生态初期黄金依然可以是国际货币，但是当经济结构不断改变时，黄金的货币使命将逐渐终结。

经济组织进化到今天，多数都是有形组织形态，因为人类的需求动机具体且明确，当利益相关者价值形态出现时，组织形态开始变得松散，因为生长需求本身模糊，必须具体化才能进行价值创造。当人类的价值特征以生长需求特征为主时，利益相关者价值形态也将进化为无形组织，这符合人性的演变规律。在中国市场经济建立初期曾经出现过"皮包公司"这种带有贬义的概念，这种组织与当时人们的价值特征相悖，必然无法存在于市场生态中，但是当人性特征发生变化时，未来这类公司将会被赋予新的含义。

六、西方管理理论支持

西方的管理思想为组织形态的进化提供了强大的理论支持，从古典管理理论开始与组织形态的演变进行对接，每一次组织形态进化都能找到相应的理论、方法、工具，要么是理论在实践中得到印证，要么就是实践从理论中获得依据，西方管理思想从来没有离开过组织形态的进化规律，到目前为止西方管理思想发展的三个时期正好与三个典型的组织价值形态相对应，如图1-20所示。

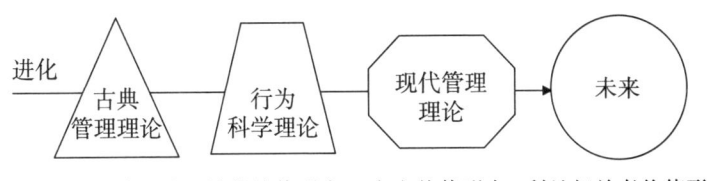

图 1-20 西方管理学发展过程

西方管理思想也是从人性角度对生态、组织、人之间的价值关系进行解读，因为这是管理学的研究基础与发展主线。

股东价值形态的管理思想体现在古典管理理论阶段，这时资本为企业创造主要价值，管理思想建立在经济人假说基础上，企业管理强调纪律与效率，以奖惩为主要管理手段，早期泰罗的搬生铁实验、计件工资，甘特的甘特图等都是为提高工作效率而提供的理论与工具。德国管理学家马克斯·韦伯对组织管理模式进行了系统研究，提出官僚型组织模型，法国管理学家亨利·法约尔从经营管理角度提出了一般管理原则，这些理念都是对组织与人两者关系进行了探索。古典管理理论后期出现一位管理学家，看到了组织的人性特征，提出融合统一理论，为生态、组织、人三者之间建立起桥梁，她就是玛丽·帕克·福莱特，这四位大师成为西方近代管理学的奠基人，至此西方管理学基本研究框架形成。这个阶段心理学科从哲学中脱离，德国心理学家冯特于 1879 年在莱比锡大学建立世界上第一个心理学实验室，首先从人的生理特征上对人性进行探索。

精英价值形态的管理思想体现在行为科学理论阶段，梅奥德霍桑实验拉开了这个时代的序幕，管理思想主要建立在社会人假说基础上，强调职能分工与专业化协作，维护精英的管理权威地位，这与中国的儒家管理思想具有一定相似之处。在这个阶段的管理思想主要以管理者的领导力为核心，对管理原则、权力关系、领导关系、协作关系、等级关系、组织结构进行系统研究。贝利和米恩斯的委托代理以及两权分离理论奠定了精英的价值基础，而巴纳德的系统组织理论与经理人的职能、西蒙的决策理论、穆尼和赖利的组织设计原理都为垂直型组织管理模式提供了强大的理论支撑。这个时期心理学得到了迅速发展，著名的心理学家马斯洛开创了人本心理学流派，系统地研究动机与人性特征之间的关系，提出著名的需求层次理论。

客户价值形态的管理思想体现在现代管理理论阶段，管理思想主要建立在复杂人假说基础上，也因此出现众多的管理流派，可谓百家争鸣。迈克尔·哈默与詹姆斯·钱皮的流程再造理论彻底把组织内外部价值创造活动连接在一起，客户价值得到前所未有的重视。迈克尔·波特的竞争战略、价值链等理念更深刻地揭示了企业在市场生态中的生存发展之道。这个阶段以职能分工与专业化合作为核心的传统思想逐渐被以业务流程为核心的职能统一、系统性管理思想取代，同时以客户价值为导向的管理理念、技术、工具不断涌现，ERP（资源计划系统）、JIT（准时生产方式）、TQM（全面质量管理）、ABC（作业成本法）、BSC（平衡计分卡）、WORKFLOW（工作流管理）、WORKTEAM（团队管理）等都体现了这一目标。这个时期心理学家麦克利兰的"能力素质"、丹尼尔·戈尔曼的"情商"等理念更加系统、深入地研究人与价值创造活动之间的关系。

利益相关者价值形态的管理思想应该是未来管理学的研究领

域，阶段管理思想主要建立在自我实现人假说基础上，管理学与心理学的关系更加紧密，心理学中对人格特性的研究将会有更大突破，对人格的价值评价技术与工具将会陆续产生。这个阶段管理思想将通过对人性的认知为组织管理提供理论依据。

早期管理思想是从社会学、经济学中汲取的，后期管理思想主要是从心理学中获得的，从这个过程中也能看出生态、组织、人三者之间的关系与发展脉络，管理学从古典管理理论到现代众多的理论流派，这只是一个"分"的过程，后期管理学应该会经历一个"合"的过程，随着人们对人性演变规律认知的深入，很多管理理念将开始融合或集成。

相对于西方管理思想而言，组织形态管理理论提供了一个新的视角审视组织形态以及组织管理。

七、理论与实践脱节

理想的企业进化状态是组成结构之间同步演变，企业将处于价值平衡状态，但是事实却并非如此简单，这让企业形态的特征表象变得复杂，在分析企业形态时，经常会发现组成结构之间出现错位现象，企业其实始终处于失衡状态，正因如此，变革才成为企业发展的主旋律，中西方企业都在变革中不断前进。

西方管理思想已经有两百多年的发展历史，积累了大量的理论和丰富的实践成果，对于后起之秀的中国企业而言，创立之初就已经存在着大量的理论与工具，加上中国传统的管理思想，可以说中国企业发展根本不缺乏理论指导，反而缺乏对自身正确的认知，只有先认清自己才能做到扬长避短、厚积薄发，这也是作者提出组织形态管理的出发点。

管理理念与管理系统的脱节是中国企业的普遍问题,主要体现在两方面:一方面是某些组织功能被市场生态强行改变,但组织管理理念却未能及时更新,用落后的理念指导具体实践,导致运行系统效率降低。另一方面是管理理念相当超前,而运行系统相对滞后,擅长"拿来主义"的中国企业虽然把理论拿来得快但吸收得慢,很多理论最后沦为一种概念,不但没有指导意义,反而还给企业造成错觉。

当理论与现实脱节时,将会严重影响企业的健康发展。例如,当资本价值创造能力正处于旺盛时期时,提出"去家族化"、引入"职业经理人"等理念,无疑会加剧股东与精英之间的价值冲突;在创新能力有限的条件下,提出"以客户为导向"的经营理念,很容易出现对价值定位的错误判断;当产品更新换代频率逐渐加快时,依然坚持"做大"原则,走规模化发展道路,船虽然变大但却不容易掉头;在员工的主观能动性没有体现出来时,提出"以人为本"的价值理念,根本无法实现如何向员工交代?管理理念是用来指导企业行为的,当管理理念与实际情况严重脱节时,会导致企业意识系统崩溃,运行秩序紊乱,企业人格分裂。

中国企业多数处于低级价值形态,不宜用过于超前的西方现代管理理念,否则很容易导致"自我迷失",误以为走入先进企业的行列,这一点通过将经营理念与组织形态特征进行对照就能发现问题所在。西方管理学已经进入现代,正是百花齐放的时期,对于中国企业来说既是最好的时代,也是最坏的时代。最好是因为组织从来没有系统地研究过管理,但是可以站在巨人的肩膀上,有众多的管理学思想指导企业管理实践；最坏是因为企业还没有认清自己，到底哪一种管理思想适合自己，一次次先进思想的实践过程同时也是一个个企业牺牲的过程，虽然没有血流成河，但却遍体鳞伤，变革成了企业无法表达的痛苦。

中国企业目前处于管理思想危机时代，不是缺乏管理思想，而是管理思想相对过剩，都经历着中、外、古、今管理思想的交替冲击。对于一些"优秀"企业而言，总是喜欢用"先进"的思想指导"落后"的现实，想要"速成"但缺乏"基础"，每次希望实现飞跃时，却被无情的现实打回原形，最后发现是瞎折腾，雄心壮志换来的只是悲剧英雄。中国企业要想突破"瓶颈"首先需要先认清自身，任何变革都有其发展变化的规律。

第六节　组织形态进化动力

进化论揭示了自然界两个基本进化规律：一是由低级到高级，二是由简单到复杂，让人类对地球上的生物有了全新的认识，同样研究组织形态管理时，可以发现组织形态也符合这种进化规律。

生物的进化离不开两个方面——生物构成的生态系统以及构成生物的组成结构。因此生物进化的外部因素是生态系统的物竞天择、适者生存，内部因素是基因突变、结构再造。对于企业而言，进化同样来自两方面，一是市场生态的改变，属于自然选择，决定企业进化的方向，使组织最终演变为适合市场生态的组织形态，四种价值形态就是自然选择的结果,这是组织形态演变的外部动力,符合物竞天择、适者生存的进化规律;二是价值创造能力结构的改变,这是决定企业形态特征的 DNA,价值创造能力结构改变将引起所有组成结构的变化,从而导致组织形态功能特征的改变,符合基因变异、结构再造的进化规律。企业形态进化动力归根到底还是来自人性的演变,人性的演变规律将不断地推动组织变革,在这个过程中也许会出现企业形态的退化、特化等特殊情况,但总的趋势是向前。

研究企业形态进化需要把其置于生态、组织、人三者之间的价值关系中,组织形态的改变必然与生态、人的改变密切相关。经济生态的发展取决于人类的价值需求与价值创造能力之间的相互作用,当人类的价值特征改变时,经济生态不断向前发展,而企业形态也随之发生演变。企业形态是沿着产业价值链的延伸而发生改变的,就像细胞分裂一样,高级组织形态一般从低级组织形态中逐渐分离出来,成为独立的组织形态,并以其优越性获得强大的生命力。

当生态、组织、人三者之间的价值平衡关系被打破时,组织价值形态失衡,为了追求新的价值平衡形态,组织产生进化动力。当企业组织在市场生态中的价值创造能力与价值体现形式脱节时,市场对企业、企业对市场均提出变革要求;当价值创造者在企业中的价值创造能力与价值体现形式脱节时,企业对价值创造者、价值创造者对企业都会提出变革要求,无论哪种情况,都将要求企业发生变革。变革不一定会导致组织形态发生本质改变,很多时候变革是对组织形态的调整,使之适应生态或者人的改变,但是一旦生态、组织、人三者同时都处于价值失衡状态时,组织必然会发生"形变"。从这个意义上来看，组织变革最终都是为了实现顺利变形。

一、外因：市场生态系统改变

企业所处的市场生态从出现到今天一直处于变化之中，总的变化趋势是开放与融合，首先是产业从自由竞争到垄断竞争，接着是经济体的联盟与合作，然后是稳定的经济共同体，最后将是全球经济一体化，最终将形成一个大的经济生态圈。在这个过程中，有新的产业生态诞生，就会有旧的产业生态消失，这是生态系统的发展规律。价值创造组织将随着经济生态的发展而变化，从原始经济到今天也说明了这点，这种变化由人类的价值需求与价值创造相互作用导致，进入农业社会之后人类的发展是由不断提升的价值需求与相对落后的价值创造能力之间的矛盾推动，这一矛盾也是组织进化的外部动力，由人的价值本性所决定。经济生态发展能够反映人性的演变规律，如果经济生态在一段时间内停止变化，也说明这个阶段人性特征相对固化。

在市场生态中，所谓传统产业都是满足人类早期的缺失需求，与新兴产业相比价值创造活动相对简单，随着人类的价值需求层次的提升，价值创造活动的复杂程度不断提升，新兴产业将不断涌现，随后又将成为传统产业，在产业生态以新代旧的过程中相互融合、共同发展，使市场生态不断扩大，企业形态就是在这种变化中不断进化的，与人类价值特征演变同步，因此生态系统的改变是企业组织进化的外部因素。

市场生态发展的主要驱动力来自发达的经济体，而产业价值链延伸的主要驱动力来自价值链下游的企业，因此人的价值特征变化首先体现在发达经济体与先进企业中，落后的经济体与企业组织由于受到价值创造能力限制而无法发挥主要作用，但是能够起到影响作用，两者相互作用使市场生态发生改变。在全球产业价值链中，价值从上游向下游的流动，下游企业的价值能够率先得到体现。人类的价值性演变规律导致产业价值链不断地向下游延伸，价值创造力不断地提升。在先进的技术不断产生的同时，也将把落后的技术向上游传递，从而推动整个生态系统向前发展。

价值需求与价值创造能力相互作用的过程也是组织空间形态从封闭到开放的过程，每一个市场生态最初都是相对封闭的系统，随着市场生态不断发展，经济系统将逐渐开放。经济系统越封闭企业形态越简单，经济系统越开放企业形态越复杂，精英价值形态向客户价值形态转变，也是从封闭型组织向开放型组织的转变，同时也意味着市场生态正式走向成熟。组织空间形态的变化体现在内部与外部空间同时开放，当企业外部空间不断扩大时，企业的活动范围增大，企业内部空间不断扩大时，价值创造个体的活动范围增大，此时企业对经济生态的价值贡献以及个体对企业的价值贡献逐渐降低。在这个过程中，无论是企业还是个体独特人格都将逐步体现，而企业与个体价值定位的重要性凸显，决定其在价值系统中扮演的角色。

市场生态与组织形态相互依存，相互作用，当生态发生变化时，组织必须与生态相互适应，这种适应主要体现在两方面：一是组织改变生态，二是组织被生态改变，无论哪种都能实现生态与组织相互适应，形成一种价值平衡关系，这是"适者生存"法则的体现。但是能够改变市场生态的只有产业价值链下游的高级组织形态，否则只有被改变的结果,就像人类处于自然生态中,处于食物链的最顶端,可以改变自然生态系统,而其他物种更多的是被动地去适应,当然在改变生态的同时,其实人类也发生着变化,这是相互作用的过程。

二、内因:价值创造能力改变

生态、组织、人三者之间的形态变化存在着必然的联系。生态与组织之间的关系同样发生在组织与价值创造者之间。

组织与价值创造者的价值形态相互依存、相互作用。无论组织形态还是个体价值形态发生改变,都将影响到另一方的价值平衡形态。个体的价值创造能力与价值形式脱节时,个体价值形态处于失衡状态,导致企业内部价值系统发生变化,使企业价值创造能力发生改变,这是企业组织进化的内部因素。当一种价值创造能力取代另一种价值创造能力时,企业形态将会发生改变。

当组织价值平衡形态发生变化时,个体要与组织形态相互适应,这种适应也体现在两个方面:一是组织改变个体,二是组织被个体改变,无论哪种都能实现组织与个体的相互适应,这也是"适者生存"法则的体现。当组织中某类价值主体足够强大时,就可以改变组织价值形态,体现这类价值主体的价值特征,所谓足够强大是指某些价值个体的价值创造能力能够代表组织的价值创造能力,否则只能被组织所改变。

价值创造能力是组织形态的 DNA,决定价值系统的特征。对于产业价值系统而言,产业生态的价值创造能力是其中所有企业价值创造能力的综合体现,由于不同企业形态的价值创造能力存在差异，产业生态的价值创造能力特征将取决于对产业发展贡献最明显的企业形态；同样，企业价值创造能力是其所有成员价值创造能力的综合体现，但是不同价值创造主体的价值创造能力存在差异，企业价值创造能力特征决定于对企业发展贡献最明显的价值创造群体，这个规律导致企业价值创造能力结构依次体现为资本收益力、精英领导力、团队创新力、组织人格力等特征，对应的价值主体分别为股东、精英群体、客户与团队、所有价值创造者。

从生态、组织、人三者之间的价值平衡关系可以看出，当生态、人的价值形态同时发生改变时，组织价值形态必然发生改变，以新的形态与生态、人形成新的价值平衡关系。

中国的市场经济只要与全球经济系统接轨，必然会从封闭走向开放，在逐渐开放的环境中，组织与人的价值形态都会受到影响，与全球经济系统接触越紧密、越频繁，其价值形态变化越明显。在改革开放以来，中国企业、中国人的价值特征已经发生明显改变。

三、两种进化方式

人性的演变规律体现在越接近缺失需求，需求越稳定，越接近生长需求，需求越多变，经济生态的发展已经反映出这一特征，人类逐渐进入知识经济时代，而变化将是组织发展的一种常态。

生物界中进化基本是通过两种方式进行：一种是渐进式的进化，即由一个种群逐渐演变为另一个或多个新种群；另一种是爆发式的进化，这种方式是新型的种群迅速取代原来的种群。一般把前一种称为小进化，后一种称为大进化，小进化是进化中的"跬步"，大进化在多数情况下是小进化"跬步"的积累。同样依据对组织形态的影响程度，企业进化也通过两种方式进行：改革和变革。

改革是在不改变原有根本形态的基础上，在局部进行的改进和改良，是"吐故纳新"的过程，西方学者称之为渐进式变革。这种方式的变革对组织形态的变化影响较小，不利之处在于容易产生路径依赖，导致组织长期不能摆脱传统形态的束缚。例如，当市场生态发生变化时，有些企业调整产品结构、加强激励措施或者大幅度裁员等，这都是改革的内容。改革是对某类组成结构进行调整，引起某些企业功能上的改变，是对影响因素做出的反应，但不会引起企业形态根本变化。改革能够调整原来错位的组成结构，缓解内外部环境变化对企业的冲击，但是由于影响程度不大，因此不会改变企业价值形态。如果想通过改革实现组织形态的改变，则必须强化改革力度且持续进行，从而带动组成结构整体变化，但是这个过程非常缓慢，一旦做不到这两点，不但组织没有实现进化，反而会出现退化和特化的风险，因此只要是改革就不能摸着石头过河，必须具有明确的方向、坚定的信念以及持续的实施步骤。

变革则是打破了原有形态的组成结构，重新建立新的组织形态，是"破旧立新"的过程，西方学者称之为激进式变革。当组织价值形态无法与生态相适应时，通过改革也无法实现预期效果，此时组织需要变革。变革将彻底改变组织中的主要组成元素的构成关系，促使组织发生根本性的形态变化。变革对组织价值形态产生本质影响，由于对组织形态影响较大，可以迅速实现组织形态的转变，当然如果变革措施不当，组织形态也会出现会退化和特化的风险，因此只要是变革就需要精细策划，注重实施细节，制订应变措施及各种预案。

有的时候人们会把改革当成了变革,放大了改革对企业形态的影响力,在某种程度上也反映出人们对改变传统的畏惧心理。相对于改革而言,变革虽然速度快,但是风险也比较大,如果新的组成结构未能实现价值平衡状态,企业形态的再造将失败,严重时甚至会导致组织形态彻底崩溃,对组织来说是毁灭性的打击。无论是变革还是改革都是对传统的挑战,必然存在风险,需要变革者的勇气与智慧。

当市场生态处于有序的开放与融合阶段时,企业形态的演变可以通过渐进式的变革实现,使组成结构的改变处于可控之中,稳步实现预期的结果,当市场生态处于急剧变化时,则需要采取激进式的变革,否则将被市场所淘汰。很多时候经常听到一些行业中所谓的"洗牌","洗牌"就是把不符合生态要求的组织形态"洗掉","洗出"新的组织形态,企业兼并重组、破产清算等多数发生在这个时期。

四、变革最终是变形

企业变革是为了更加适应人性特征与生态系统的变化,使企业获得更强的生命力,因此可以说变革最终就是为了变形,即便是阶段性的改革也是为最终的"变形"做准备。

面对不断变化的环境,企业最后会形成这样一种共识:企业要么在变革中发展,要么在停滞中等待灭亡。但是封闭型组织不具备主动变革的意识,主要原因是缺乏独立性,当低层次的价值需求尚未充分满足之前,其是不会过多地关注更高层次的价值需求的,这与其价值特征相吻合,"主动求变"不符合封闭型组织的本性。对于这些组织而言变革总在危机之后，不到生死存亡之际没有变革的动力。只有开放型组织才能够主动变革，这是由其独立人格所决定的，组织可以决定自己的未来发展，能够主动追求更高层次的价值需求。在中国，由于开放型组织数量非常稀少，因此对于绝大多数中国企业而言，变革与危机虽然是一对兄弟，但不是孪生兄弟，其中危机是老大。

当生态、组织、人三者之间的价值关系失衡时，危机就会产生，组织只有通过变革解决危机，变革使组成结构发生变化，无论是优化、调整，还是形态再造，都是为了满足生态、人对组织的要求，每一次变革都使生态、组织、人相互之间变得更加适应，这是"适者生存"的基本法则。

世界上一些长寿企业已经有两百多年的历史，与初创时期相比，组织形态已经发生了根本变化，这些变化不是在规模上，而是组成结构的彻底改变，除了企业名称没有变化以外，组织形态已经"面目全非"。这些企业之所以能够延续两百多年归根于能在不断变化的生态系统中持续地改革、变革，始终追求与之最适应的组织形态，翻开这些企业的发展史，展现出来的都是一部企业变革史、企业形态进化史。

基业长青的企业一定是能够"变形"的企业，越封闭的企业越愿意坚守传统，越难以变革，面对逐渐开放的市场生态，能够"变形"才是真正的考验，每一次变革既是对传统的挑战，也是对人性的挑战。在两百多年的工业经济发展史中，西方一些先进企业已经进化到客户价值形态，虽然无法知道这些企业在发展历程中经历了多少次变革，但是可以肯定的是每一次变革都是一次痛苦的煎熬，最值得尊敬的企业必然有值得尊敬的事迹。

"基业长期""百年老店"曾经成为中国企业的共同目标,当企业发出震耳欲聋、振聋发聩的呐喊时,首先思考一下是否具备"变形"的能力,企业发展从来都不是建立在呐喊声中的,更不是建立在彷徨之中的,而是建立在实实在在的改变之中。没有一种企业形态、一种管理模式可以在不断变化的市场生态中维持下去,当市场生态发生变化时,是否能够把握住机遇顺利实现形变,对企业来说意义深远。如果中国企业仅用几十年就能完成西方企业两百多年的工业化历程,那将是人类历史上的又一奇迹,变革远非像说的那样简单,变革的最终目的是改变人性特征,如果没有改变人性,有些企业进行了变革,反而加速其灭亡,现实的残酷与人性的考验才是最强大的对手。

中国民营企业的平均寿命越来越短,也说明在市场生态中的"变形"能力有限。

第七节　组织形态管理

生态、组织、人都在不停地变化当中,相互影响、相互作用,因此不存在绝对静止的组织形态,四种组织形态只是理论状态,通过对不同形态的功能特征,研究组织与生态、人的最佳价值平衡关系,这就是组织形态管理的核心思想,符合进化论基本规则——物竞天择、适者生存。

很多时候人们把企业价值与股东价值等同起来,其实这是一个认识误区。同样把股东价值与股东利益等同起来也是一个认识误区。因此常常会发现,把企业价值当成股东利益,追求股东利益最大化便成为企业使命,如果是这样的话,公司存在的意义将会显得狭隘,"人类伟大成就"也会显得苍白很多。价值最大化是指责、权、利最大化,不仅仅是利益最大化、权力最大化,更重要的是责任也应最大化。作者认为这种看法只能适用于股东价值形态,因为这时资本为企业创造主要价值,需要提倡股东的价值第一,否则企业的价值也无法体现。但是当市场生态与劳动者的价值创造能力都发生改变后,如果组织依然以这种意识为指导思想,终将因为价值形态的严重滞后而被市场生态淘汰。

企业组织有自己的价值性演变规律,即随着市场生态发展不断变化,最终成为一个具备独特价值的企业,这既是由组织的价值性决定,更是由人的价值性所决定,企业为了实现这个价值目标,需要不断地"进化",组织形态管理就是为了使企业顺利实现这个目标。

组织形态管理追求的是生态、组织、人三者的价值平衡,让企业保持最佳的价值形态,因此,在不同企业形态中,管理原则也不同,如股东价值形态管理是为了实现股东价值最大化,股东价值最大化即实现企业最佳形态,而到了精英价值形态则是为了实现精英价值最大化,每当组织形态发生改变时,管理原则就需要及时改变,否则无法实现生态、组织、人三者的价值形态平衡。

自然界存在能量守恒定律,市场生态中则存在价值守恒定律,这种价值守恒来自价值系统的封闭性。在价值总量一定的前提下,产业生态中价值是此消彼长的关系，企业之间将会发生价值冲突，冲突导致企业价值形态失衡。同样，企业内部也存在价值守恒定律，不同价值创造者主体之间也将发生价值冲突，冲突导致价值创造者的价值形态失衡，无论哪种类型的价值冲突最后都以"竞争"的形式体现，成为企业形态进化的动力。组织形态管理则通过剖析形态失衡原因，提供实现平衡形态的理论依据与解决措施。

在一个生态中存在不同价值平衡形态的组织，组织形态管理追求的是最佳价值形态，因为最佳组织形态即与市场生态、价值创造者最相符的组织形态，其价值体现最明显。价值守恒定律、价值平衡定律、形态最佳定律是组织形态管理的三大原则，这三大原则是"物竞天择、适者生存"自然法则的具体体现。

组织形态管理是从组织角度审视生态与组织、人与组织之间的关系，因此将体现出管理的四种属性：组织性、目的性、差异性、平衡性。这四种管理属性将引发四种平衡关系：组织与个体、过程与结果，差异与共性，稳定与变化之间的关系。这四种平衡关系将一直伴随着组织形态的进化，是组织管理理论的核心内容。

组织形态管理是以人性为基础，遵守三大管理原则、体现四种管理属性，维护四类平衡关系，实现生态、组织、人三者之间的价值形态平衡。

一、管理的三大原则

组织形态管理即管理组织的形态，通过对组织形态的管理，实现组织价值最大化，组织形态最佳。

生态、组织、人三个价值主体都具有相同的特征，从价值性角度来看三者都是一种有机的价值系统,以组织为研究对象可以发现在这个价值系统中存在着三大定律:价值守恒定律、价值平衡定律、最佳形态定律。

(一)价值守恒定律

自然界中存在着能量守恒定律,是指能量既不会凭空产生,也不会凭空消灭,只能从一种形式转化为其他形式,或者从一个物体转移到另一个物体,在转化或转移的过程中,其能量的总量不变。作者认为经济生态中也存在一种守恒定律,只不过是价值守恒定律,所谓价值守恒是指在一个封闭的经济生态中,价值总量不变,是所有企业创造的价值总和,当价值总量改变时,意味着市场生态正在发生变化。因此在封闭的状态下,某个企业价值增加时,意味着其他企业价值减少,这将导致企业的价值创造能力与其价值体现形式脱节,企业之间发生价值冲突,这是市场竞争的根源。

同理,当企业形态处于某一封闭状态时,企业内部价值总量守恒,是所有价值主体创造的价值总和,当价值总量发生改变时,说明企业价值形态正在发生变化。因此在封闭的状态下,某类价值主体的价值增加,意味着其他价值主体的价值减少。这将导致价值主体的价值创造能力与其价值体现形式脱节时,价值主体之间发生价值冲突,这是组织管理问题的根源。

对于价值系统而言,解决价值冲突的方式基本上有两种:一种是内部消化,另一种是外部转移。所谓"内部消化"是改变原来的价值原则促使内部形成新的价值平衡关系,这时需要价值系统具有良好的内部消化能力,由于价值总量相对固定,因此必然出现"取多补少"的现象，很可能产生新的价值冲突。所谓"外部转移"是尽可能向外部生态获取或释放价值，解决内部的价值冲突，同样能够形成一种新的价值平衡关系，但是这种情况将影响到外部生态的价值总量，促使生态发生改变。封闭型组织形态多数采取内部消化的方式，而开放型组织形态多数采取外部转移的方式。

为了寻求组织与生态、组织与人的价值平衡关系，组织变革时需要考虑到外部生态以及组织内部所体现出来的价值守恒定律，这是组织形态管理基本原则之一。

（二）价值平衡定律

这是作者反复强调的观点，也是组织形态管理的基本原则之二。

组织的价值形态由价值创造能力与价值体现形式构成，当两者相互匹配时，组织处于价值平衡状态，这种价值平衡状态由组织的价值性所决定，价值性决定企业的使命是为了满足价值需求而进行价值创造，当组织的价值创造能力与其在生态中的价值形式相匹配时，组织价值性能够得到充分体现。

当市场生态处于一个相对封闭状态时，其价值总量一定，任何企业价值形态失衡，都会影响其他个体的价值形态，从而引发连锁反应，这就是所谓的"竞争"。在追求价值平衡形态过程中，生态、组织、人都在发生变化，从企业组织角度来看，企业价值平衡形态必须同时实现与内部价值创造者、外生态之间的价值平衡，两者缺一不可，因为三者之间存在着必然的价值关系。由于平衡仅仅是一种理想状态，不平衡才是组织发展主旋律，因此组织的价值性决定组织始终追求这种平衡状态，无论是一点突破式的变革、还是全面组织形态再造，都是为了形成新的价值平衡形态，最终推动着生态、组织、人三者共同变化，这就是价值平衡定律。

价值平衡形态下的组织是一个有机的价值平衡系统，这种平衡状态是企业内部各种结构相互作用，相互影响的结果，这种平衡也是由价值创造者的平衡形态构成，当平衡被打破时，无论组织结构还是价值创造者的价值平衡形态都将发生改变。这时组织采取的任何一项变革措施都会对内部的价值平衡关系产生影响，组织形态管理其实也是组织在失衡状态中，寻求平衡的方法。

（三）最佳形态定律

组织的价值平衡形态也是最佳的组织价值形态，追求最佳形态是组织形态管理的基本原则之三。

在生态价值系统中存在很多组织价值形态，最佳形态是组织价值体现最明显的形态。不同组织形态在生态中的价值定位与角色不同，能够充分体现价值的组织都是最佳价值形态，这里的"最佳"针对其在市场生态中的价值定位而言，四种典型的组织价值形态都是最佳价值形态，因为其形态特征与价值定位完全相符，组织价值能够充分体现。但是人的价值性决定组织将始终追求更佳，因此"最佳"的概念并不具有绝对性，最佳组织价值形态始终都将被赋予新的含义，所以在这里作者用"更佳"来体现这种程度。

组织的价值本性将始终追求"更佳"的组织形态，因为"更佳"的组织形态永远是价值最大化的体现，始终处于产业发展最前沿的部分，是最先进的价值创造能力的代表。要想始终处于更佳形态，需要具备与人类的价值特征变化节奏相同的价值创造能力，当生态、人性发生改变时，企业形态能够及时调整，当产业价值链不断向下游延伸时，企业能够与时俱进，并且保持领先位置，只有这样的组织形态才能成为"更佳"。

传统管理思想认为组织管理目标是企业价值最大化，组织形态管理追求的是企业形态最佳，两者并不矛盾，并且殊途同归。从动态的角度来看企业始终追求价值最大化，是与市场生态中其他个体比较而言；从静态的角度来看是企业始终追求形态最佳化，是与历史发展中的自身相比较而言，这是一个问题的两个方面。

因此，企业形态要想实现"更佳"，需要组织不断的进化，始终保持与生态、人的最佳匹配，体现最先进的价值创造能力，在这个过程中即实现价值最大化。

二、管理的四种属性

如果从组织形态的角度给"管理"下定义的话，管理是在市场生态中为了实现价值形态最佳，以组织为中心进行的生态、组织、人三者之间的价值协调活动。

在这个概念中，一共隐含了"管理"的四种属性：组织性、目的性、差异性、平衡性。

组织性是指生态、组织、人都是一个有机的价值系统，也是一个组织，个体必然存在于组织中，只要有组织就会有管理，生态、组织、个人三者其实代表组织与个体之间的关系。一个组织至少由两个个体组成，单一的个体只能属于自我管理。对于一个完全封闭的组织而言，管理研究的重心在于组织与内部个体的关系，对于一个完全开放的组织而言,管理研究的重心转移到组织与生态的关系,研究组织形态管理需要首先明确组织性的含义。

目的性是指管理必然是实现某个目标,指明组织存在的目的以及发展方向,失去目的性,组织存在的价值消失,即便是仅仅为了生存也是一个明确的目的;使命即明确组织在生态中存在的目的,战略则是对目的性的详细解析与落实。生态、组织、个人三者的价值通过目的性连接在一起。美国管理学大师彼得·德鲁克对这个属性有过详细阐述,德鲁克认为并不是有了工作才有目标,而是有了目标才能确定每个人的工作,企业使命和任务,必须转化为目标,企业的管理行为均要服从于目标。

差异性是个体独特价值的体现,企业所有的管理活动都围绕着个体的差异性展开。人性的演变规律决定个体始终都在追求独特价值,但这与组织性、目的性之间存在着一定背离,而管理则是要求个体的差异性符合组织性、目的性,因此从某种意义上来说组织管理也是在管理个体的差异性,通过对个体差异性的有效管理,使差异性符合组织性与目的性。同理,所谓的市场机制则是对企业的差异性进行管理。总之,通过管理个体的差异性实现个体与系统之间价值平衡关系。

平衡性是价值协调活动的主要内容,通过协调与个体之间的差异性,使个体处于价值平衡形态,这种平衡体现的是组织与生态、组织与人之间的平衡关系。平衡性使个体的价值创造能力与价值体现形式相匹配,个体价值得到充分体现。平衡本身是一个过程,因此管理不仅强调结果,还强调过程,而实现平衡性将面临着多种方式、多种方法的选择,也为管理者留下可发挥的空间。

组织形态管理适用于生态、组织、人三者之间的价值关系，任何组织管理措施都是从这种价值关系着手，四种管理的属性相互组合又体现出四组变化关系，这四组变化关系一直贯穿于组织形态进化过程中。

三、管理的四组关系

管理的四个属性衍生出四组关系：组织与个体、过程与结果、差异与共性、稳定与变化。这四组关系也是四组平衡关系，四组关系的平衡与失衡能够反映出企业变革与发展的过程，组织形态管理就是解决这四组关系的平衡问题。

不平衡始终是主旋律，而追求平衡则是组织性形态管理的主要目标。

（一）组织与个体

组织与个体之间的关系是第一组平衡关系。

组织是指人们为了实现一定的目标，互相协作组合而成的集体或团体；个体是能够独立设定的单个对象。组织必须由个体组成，且最少为两个个体。只要有相同性质的组织存在，组织也可以成为个体，由这些组织构成更大的组织称之为生态，由于组织与个体都是独立的价值主体，组织形态管理就是使组织与个体之间处于一种平衡状态。

当组织空间形态相对封闭时，组织中的个体需要依赖组织，这时组织价值是第一位的，个体价值需要建立在组织价值基础之上，组织价值如果不能体现，个体价值均无法体现；当组织空间形态相对开放时，组织内部空间逐渐扩大，组织中的个体独立性逐渐体现，个体对组织的依赖逐渐降低，两者之间的价值关系发生改变，两者之间的平等性越来越明显。

当组织空间形态相对封闭时，外部生态对组织的影响非常稳定，因此组织管理活动主要体现在组织与内部个体之间，组织形态管理重点解决组织与个体以及个体之间的价值冲突，当个体的价值创造能力与其价值体现形式相匹配时，实现组织与个体均能实现平衡形态。当组织空间形态相对开放时，生态对组织的影响加大，组织形态管理除了要实现内部个体的价值形态平衡以外，还要实现组织在生态中的价值形态平衡，而且这两种价值平衡之间存在必然的联系。从人性的演变规律来看，任何一个组织始终从一个封闭空间走向一个开放空间，组织形态管理必然要实现生态、组织、个人三者的价值平衡。

组织与个体之间的关系是组织形态管理中研究的第一对关系，在这个基础上才能探讨过程与结果，差异与一致，稳定与变化这三组平衡关系。

（二）过程与结果

过程与结果之间的关系是第二组平衡关系。

"物竞天择、适者生存"是市场生态的基本法则。当组织在其使命的指引下不断向目标迈进时，过程和结果同时存在相互作用，组织形态进化就是过程与结果的相互交替。一个形态的结束意味着另一个新形态的诞生，周而复始贯穿在人类的发展过程中，在这个过程中组织从低级形态逐渐进化到高级形态，然后又向更高级的形态演变。组织形态管理就是使过程与结果之间处于一种平衡状态。

过程与结果之间的关系,既有相互促进也有相互制约。没有过程的结果,会变得虚无。例如,在企业经营管理中,风险与收益的必然关系就能说明这点,追求收益的同时也获得风险,虽然一段时间内获得较好的收益,但是这个过程中也获得了相同程度的风险,收益越大,风险越大,因为风险是价值的另一种表现形式,无论是通过内部消化,还是通过外部转移,风险不会自动消失。如果不能理性地认知结果,便弱化了过程的价值,当组织片面追求结果时,往往忽视了过程的合理性,为了追求"飞跃"式的结果,必然会出现"大跃进"式的过程,殊不知欲速则不达,"不达"就是因为过程的制约。

反之一样,没有结果的过程变得没有意义。结果是指引过程的方向,如果企业过于担心风险就会裹足不前,丧失提升价值的机会,最终将面临被市场生态淘汰的风险。所谓市场中机遇与挑战并存,主要是说生态在不断发生变化,没有绝对的胜利者与失败者,企业需要适应生态的变化节奏,追求最佳的组织形态,只有这样才能获得最大的价值。

过程与结果伴随着企业形态的演变,组织形态管理的目的是要采取合理的过程获得预期的结果。

(三)差异与一致

差异与一致之间的关系是第三组平衡关系。

差异性即个体的独特性,天然地与组织性存在一定的背离,组织形态管理需要通过协调使个体的差异性符合组织的目的性要求,只有在这个前提下，才能实现组织发展战略，因此需要在差异性和一致性之间寻求平衡。

实现一致性的途径基本分为两种方式，一种是"同一"性管理，另一种是"统一"性管理，这两种方式都能实现一致性的效果，在人类发展的历史上都曾使用过。"同一"的"同"强调的是无差别，完全一样，当组织中的个体无差异时，组织管理相对简单容易，因此当个体的差异性不明显时，多数采取同一性的管理，强调所有个体都相同。例如，树立一个固定的标准，要求个体的差异符合标准，从而实现一致性。基于这个原则组织通常会明确规定个体应该表现的行为，这些行为就是标准行为，与标准行为相悖离时将会被组织价值原则否定，通过"同一"方式可以实现差异与一致之间的平衡。

"统一"的"统"强调的是有差别，求同存异。从不同个体差异性中找到相同部分，管理也相对变得简单容易，因此在个体的人格独特性较明显时，多数采取统一性管理方式，强调不同个体人格之间的相似特征，基于趋同的人格特征引导个体的行为，实现一致性。基于这个原则组织通常会明确规定个体不应该表现的行为，这些行为通常与共同的特征不相符，只不过与这些行为相悖离时将得到组织价值系统认可，这就是通过"统一"方式实现差异与一致之间的平衡。

这两种个体价值判断的方式，无论是"同一"还是"统一"，都能有效地协调个体的差异性，体现出一致性。当组织空间形态从封闭走向开放时，组织内部个体的独特性将逐渐明显，采取"同一"性的管理方式将会不断地增加需要规定的行为标准，直到无法一一列举，因此管理方式必然向"统一"性管理转变，通过寻找个体之间相同或相似的人格特征,引导个体行为与组织行为相吻合。

(四)稳定与变化

稳定与变化之间的关系是第四组平衡关系。

人性的演变规律导致生态、组织、人都处于变化之中,正如古希腊哲学家赫拉克利特的那句名言:"人不能两次踏入同一条河流",仿佛变化成为唯一不变的规律,但是组织管理必须基于某个假设的稳定状态,否则任何管理行为都将失去意义,因此组织形态管理是在稳定与变化这对关系中寻找平衡。

"稳定"是稳固和安定,即没有变动,是一种不变状态;"变化"是个体产生新的状况,是一种变动状态。"变化"一词曾出现在《礼记·中庸》中:"初渐谓之变,变时新旧两体俱有,变尽旧体而有新体,谓之化",可见"变化"分为"变"与"化"两个状态。

稳定并不是说不变化,而是要与变化相匹配,通过管理实现"变"与"化"同步,使组织处于有规律变化状态中。企业经常提到的"稳定发展"其实就是一种稳定地、有规律地、非快速地发展,追求一种价值平衡形态。这里强调非快速,是因为速度过快容易导致形态功能的新体"化",而组成结构仍处于旧体"变"中,这样并没有实现"变"与"化"的同步,这时的组织将处于一种价值失衡状态,当然组织如果能够以较快的速度变化,同时能实现"变"与"化"同步,那是最理想的状态。

有规律地变化就是一种稳定状态,因为这种变化是组成结构与形态特征同步改变,实现生态、组织、人三者的变化节奏相同,而且这种变化过程便于组织形成最佳的价值形态。组织形态管理的目的就是要使组织形态实现稳定地演变，使组织保持最佳形态。

四、价值平衡管理卡

前面作者提到了组织形态管理是以另一个视角思考组织管理，与传统的管理思想殊途同归，组织形态最佳与组织价值最大就是两种不同视角下得出的结论，如果换一种视角就能发现，很多西方管理理念可以有新的解释，最能说明这一点的是平衡计分卡。

平衡计分卡（The Balanced Score Card，简称 BSC）于 20 世纪 90 年代初由哈佛商学院的罗伯特·卡普兰和美国复兴全球战略集团创始人兼总裁戴维·诺顿提出来的对未来企业价值衡量的方法。平衡计分卡从财务、客户、内部运营、学习与成长四个角度描述企业战略，其实也是将企业置于市场生态中，以企业的角度审视生态、组织、人之间的价值关系。平衡计分卡的平衡体现在五个方面：财务指标和非财务指标的平衡、长期目标和短期目标的平衡、结果指标与动因指标的平衡、内部群体与外部群体的平衡、领先指标与滞后指标之间的平衡。

平衡计分卡也可称为价值平衡管理卡，因为体现出四个价值主体的价值诉求，描绘出企业形态的价值平衡关系：财务维度主要体现的是股东的价值诉求；内部运营维度主要体现的是精英团队的价值诉求；客户维度主要体现的是外部利益相关者的价值诉求，以市场中客户的价值诉求为主；学习与成长维度主要体现内部员工的价值诉求。不难看出，平衡计分卡已经尽可能地把组织价值关系体现出来，不愧为"75 年来最具有影响力的管理工具"（《哈佛商业评论》），如图 1-21 所示。

也许有人会认为财务指标也是精英团队的价值诉求，因为精英团队必须完成规定的业绩指标，委托代理关系将导致精英团队只关注目标本身，而不是股东的投资收益，为了完成业绩目标，精英团队经常会刻意压低目标，甚至隐藏业绩便于来年冲抵业绩压力，这是与股东价值诉求具有本质区别的，亚当·斯密曾说过"几乎没有一位领取薪酬的管理者会像照料自己的钱财那样积极地管理别人的财产"，这句话也许可以说明财务指标到底是谁的价值诉求。

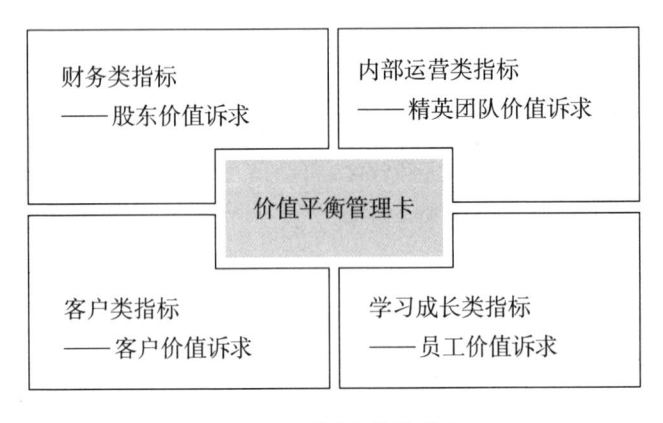

财务类指标 ——股东价值诉求	内部运营类指标 ——精英团队价值诉求
价值平衡管理卡	
客户类指标 ——客户价值诉求	学习成长类指标 ——员工价值诉求

图 1-21 价值平衡管理卡

平衡计分卡四个维度的权重能够说明组织价值创造能力结构特征，如果企业的财务指标仍处于主导地位，说明资本依然为企业创造主要价值，理想状态下的平衡计分卡甚至可以看到企业形态进化的过程，如当财务维度的权重不断降低、内部运营维度的权重上升，说明企业开始迈入精英价值形态阶段，这时内部运营指标更多地集中在组织结构设计、内部流程与制度建设、风险管理、生产标准化等方面。同样当客户维度的权重不断上升时，企业逐渐向客户价值形态转变。

平衡计分卡诞生于20世纪90年代，也是企业形态不断进化的产物，它颠覆了传统的价值衡量系统，外部与内部价值主体均在企业价值系统中得到体现，不仅为企业战略目标的完成建立起完善的执行基础，也使组织找到了价值形态的平衡依据。平衡计分卡之所以能够广泛地应用于众多不同性质的组织中，同时也说明其表达的价值关系普遍存在于组织内部，为组织形态的价值平衡提供了一种管理工具。

从20世纪末本土企业很快"拿来"了平衡计分卡，刚开始平衡计分卡在本土企业中的运用多数不理想，并不是这个管理工具的问题，而是很多中国企业还处于低级组织形态，客户和员工价值难以真正体现，如何能实现全方位的价值"平衡"，更多地体现了"计分"功能，很多客户类、学习与成长类指标成为企业价值平衡关系的点缀，反而不如传统的价值评价方式更有实用性。近几年一些中国企业使用平衡计分卡的效果有了明显改变，通过平衡计分卡让客户与员工的价值诉求变成了现实，从这一点也能看出来，中国的市场生态、组织形态也在发生着变化。

作者在第五节提到过西方管理思想的不同阶段，也是在描述不同企业形态，这一点体现在很多西方管理理念中。

第二章

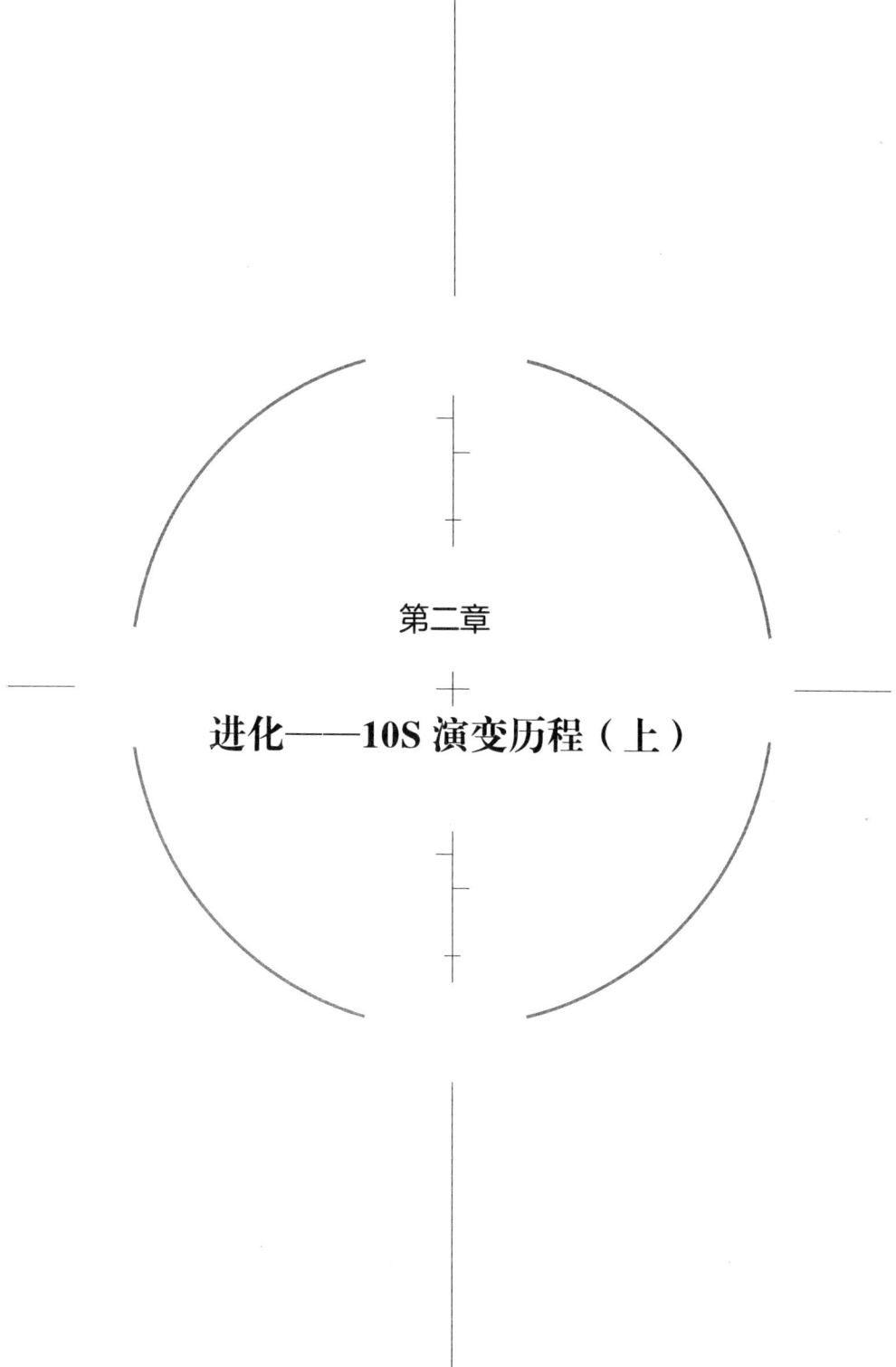

进化——10S 演变历程（上）

组织形态的演变是由于主要组成结构发生改变，因此了解企业形态的进化规律需要剖析企业的组成结构，作者在第一章第四节用十类结构分析企业形态特征——10S企业形态分析模型，见图1-12。十类结构分别是价值创造能力结构、股权结构、组织结构、价值单元结构、管理基础结构、人才结构、客户结构、产品结构、文化结构、治理结构，这十类结构相互作用共同构成企业的价值形态。

组织价值形态由价值创造能力和价值体现形式组成，在十类组成结构中，价值创造能力结构处于核心位置，其余九类组成结构是价值形式在不同认知领域中的体现，需要与价值创造能力结构相匹配，这样组织才能处于价值平衡状态。

在九类组成结构中，股权结构是生态、组织、个体价值形态之间的纽带，是组织在市场价值系统中存在的基础；组织结构是企业内部的运行秩序，价值创造活动通过组织结构进行；价值单元是价值创造的最小单元，完成最基本的价值创造活动；管理基础结构是企业各项管理活动的基础，也是价值形式的体现依据；人才结构是价值创造能力结构的载体，体现不同类型的价值创造者在企业中的分布格局；客户结构是市场生态中价值需求的载体，体现价值需求的变化关系；产品结构是价值创造成果的载体，体现价值创造能力水平；文化结构是企业价值创造意识与思维系统，体现企业的价值理念；治理结构也是企业管理原则，主要维护价值形态的平衡，管理机制需要依据管理原则制定。企业的价值形式在这些领域中得到体现，与价值创造能力结构共同构成企业价值形态，当组成结构发生本质变化时，企业形态将发生改变。作者通过十类组成结构的变化显现企业形态的进化规律，这是组织形态管理理论的重要组成部分。

组织形态演变过程需要以产业生态为背景，即在同一产业生态中，构成企业形态的组成结构体现出一定的规律性，不同产业生态中的企业不具备可比性。在西方管理学中有"对标管理"这一理念，强调企业以行业内或行业外的一流企业作为标杆，从各个方面与标杆企业进行比较、分析、判断，通过学习这些企业的先进经验来改善自身的不足。在作者看来对标管理其实也是不同组织价值形态的比照，通过对比组成结构特征，发现组织形态之间的差距，从而采取变革措施，但是作者认为只有在同一产业生态中组织形态的比照才更有意义。

作者通过第二章、第三章，一共十节的内容逐一介绍十类结构的演变规律。

第一节　价值创造能力结构的演变

价值创造能力结构是不同价值主体的价值创造能力的组合关系，是企业价值创造能力的体现，使企业在市场价值系统中体现出价值性。企业内部价值主体依据其价值创造能力的特征可以划分为股东、精英、员工、客户与其他利益相关者等，由于价值主体对企业共同发挥价值作用，因此可以统称为企业的价值创造者，这些价值创造者在不同阶段对企业价值贡献不同，而且价值创造能力发挥也有主次之分、先后之别，因此形成了四种典型的组织价值形态。

在十类组成结构中，价值创造能力结构处于核心位置，这是因为价值创造能力即人类价值特征的直接体现，决定了组织价值形态的特征，理解价值创造能力特征就能理解企业组织存在意义、功能及其进化规律。

在生物学中，生物基本形态与 DNA 结构密切相关，而基因决定生命的特征。对于企业而言，价值创造能力结构就是决定其形态特征的 DNA，不同价值主体的价值创造能力即组成 DNA 的基因，价值创造能力的不同组合方式导致企业形态出现差异。同时，价值创造能力也会复制与遗传，很多子公司的管理模式与母公司基本雷同，这就是价值创造能力复制与遗传的结果。

依据组织形态的进化规律，作者用四种典型能力组合代表企业的价值创造能力结构,分别为资本收益力、精英领导力、团队创新力、企业人格力,这些价值创造能力由不同的价值主体承载。如图2-1所示。四种价值创造能力构成企业的DNA,与企业的组成结构、形态功能相匹配,研究企业形态变化时首先从价值创造能力结构开始。

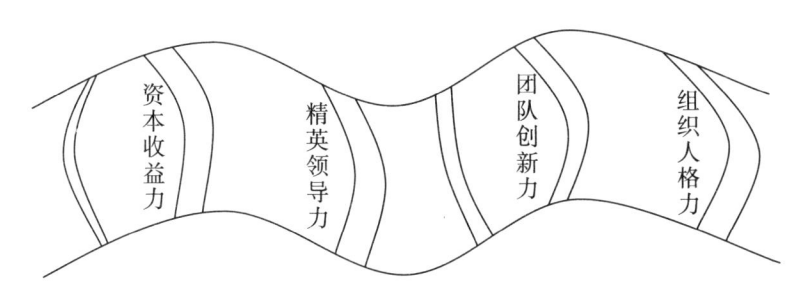

图 2-1 企业形态 DNA——价值创造能力结构

价值主体因为具备价值创造能力才会进行价值创造,价值创造能力其实是价值创造者的一种特质,虽然这种特质与价值创造者自身有关,但是能够改变。从价值特征的演变规律来看,企业形态的进化是因为其价值创造能力不断提高,而员工的成长则因为其价值创造能力不断提升。

对价值创造能力的认知只能通过价值创造者的外在表现,这种表现就是价值形式。价值创造能力需要与其价值体现形式相匹配,这是由价值性本性所决定的。当两者相匹配时,价值主体处于价值平衡形态,两者一旦脱节,价值形态失衡,价值主体便获得了变革动力。渐进式变革是价值创造能力的有序改变,是基因片段的改变,而激进式变革则是价值创造能力的突然改变,是 DNA 的改变。

企业价值创造能力结构由人性的演变规律所决定,人性的改变打破了生态、组织、人之间原有的价值平衡关系，为了适应人性的变化，企业价值创造能力结构不断调整，直到形成新的价值平衡关系，这就是"适者生存"的自然法则，实现这个过程需要通过持续地组织变革，在这个过程中只有对人性进行深入研究，才能采取有效的变革措施，两千多年前中国传统管理思想就是建立在对人性深刻理解的基础上，这一点是值得现代人深思的问题。

一、价值创造能力结构演变规律

市场生态基本的运行规则是以市场为主导的价值交换，通过价值交换实现价值需求与价值创造的结合，在这种规则的指导下，不同的价值创造能力体现出不同的价值形式，这是由市场生态特征所决定的，要想改变责、权、利等价值形式，必须同时改变价值创造能力，否则企业将无法保持价值平衡状态。

在企业形态进化过程中，企业价值创造能力历经资本收益力、精英领导力、团队创新力、企业人格力四个过程，如图 2-2 所示。

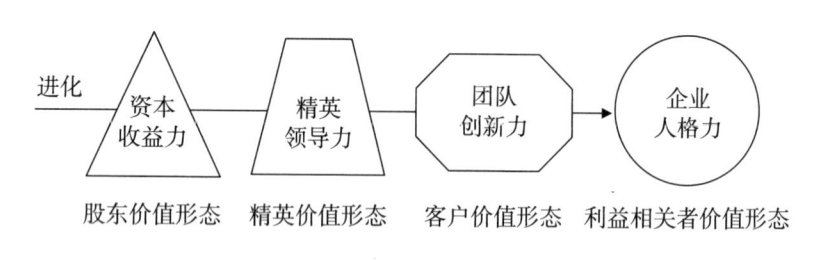

图 2-2 价值创造能力演变规律

股东价值形态出现在市场生态的初期，由资本收益力为企业创造主要价值。资本使经济组织从手工工厂演化到企业组织，企业依靠资本获得了生命力。在市场生态初期没有资本就不会有企业诞生，股东的资本为企业提供了生存与发展的可能。资本之所以能为企业创造价值是因为资本占有独特的资源，这些独特资源与劳动相结合可以创造出满足市场需要的商品。只有资本才能刺激人类的价值创造本能，进行大规模价值创造活动，使人类的缺失需求得到极大的满足，这时其他价值主体的创造能力根本无法与资本的价值创造能力相比。

精英价值形态出现在市场生态的成长期，由精英领导力为企业创造主要价值。当人类的价值性特征改变时，市场生态中出现社会化分工，资本价值创造能力开始降低，劳动者的价值创造能力开始体现。股东与精英团队之间的委托代理关系使经营权从所有权中分离出来，精英成为企业经营者，职能分工与专业化合作让精英团队的领导力在职能单元中充分发挥作用，可以进行较为复杂的价值创造活动，企业价值创造能力得到极大提高，能够满足市场价值需求的变化。为了便于精英团队领导力的发挥，企业开始建立各项管理机制，如制定战略规划与竞争策略、建立组织运行秩序、设计生产作业标准、开发新技术与产品等，此时其他价值主体的创造能力需要通过精英团队领导力体现。

客户价值形态出现在市场生态的成熟期，由团队创新力为企业创造主要价值。企业价值系统中出现外部价值主体，客户之所以成为企业价值创造者，是因为在这个阶段客户与内部价值主体紧密结合、不可分割，是客户与价值创造团队的结合，企业价值创造能力主要由客户需求力与团队创新力体现，这也是为什么作者定义为客户价值形态，却用团队创新力来体现的原因，当客户从企业外部走进企业，企业从封闭的形态转向开放的形态，这是第一次由多数群体为企业创造价值，企业形态发生了根本的改变。

利益相关者价值形态出现在市场生态的衰退期，由组织人格力为企业创造主要价值，这时新的经济生态萌芽开始出现。利益相关者价值形态并不是工业时代的主流形态，在这个形态中所有价值主体都能平等地体现价值，共同形成一种独特的组织人格，企业的价值创造建立在人格特性的基础上。企业因为独特人格得以在经济生态中生存与发展，而不同价值创造者因独特人格聚集在企业中进行价值创造，因此组织人格成为一种价值创造能力。

从企业形态的进化过程来看，企业的价值创造能力经历了由少数价值创造者到多数价值创造者体现的过程，最终是所有价值主体的价值创造能力为企业创造价值，这是人类的价值创造能力逐渐释放的过程，价值创造能力的演变充分体现出价值需求与价值创造之间相互促进的关系。

二、资本与独特资源结合

资本能够创造价值是人类的价值创造能力提高的必然要求，很多学者认为资本本身不创造价值，只有劳动创造价值，作者也认同这个观点。但是在市场生态中资本的价值却是直接体现，而且在市场生态价值系统中扮演着重要的角色。如果资本不能直接创造价值，那么它一定是间接创造价值，而与之相反的是劳动虽然直接创造价值，但只能间接体现价值。

资本是如何间接创造价值的呢？

当资本与独特资源结合在一起时，就可以间接创造价值。对于企业而言，"资源"是各种价值创造要素的总称，既包括土地、森林、矿藏等"硬"资源，也包括人才、技术、信息、人脉等"软"资源。在市场生态中，资本必须与独特的资源结合，否则资本无法间接创造价值。资本通过市场价值交换原则获得某些稀缺资源的所有权或使用权，而资源的稀缺性正好与人类的缺失需求相对应，两者相结合时即可间接创造价值。早期的产业生态诞生，首先出现的多数是股东价值形态，这是资本与独特资源相结合的结果，如果企业成立时不是以股东价值形态出现，反过来也能说明其所处的并不是一个新兴产业生态。

人类的价值需求层次越低，人类的价值创造活动越简单，价值创造活动更多地是依附于资源的独特性，这为资本间接创造价值提供了机会。在第一次工业革命前后，西方列强从国内的圈地运动发展到国外的殖民地扩张，就是资本疯狂寻找独特资源的过程，这个阶段的经济生态主要满足人类较低层次的缺失需求，只要独特资源出现，资本就会闻风而至，此时资源越独特、越稀少，资本价值创造力越强，资本收益率越高，市场生态从自由竞争到垄断竞争使资本价值创造能力达到巅峰。当人类的价值特征发生变化时，资源的独特性降低、资本价值创造能力随之降低，与之相反劳动者的价值创造能力逐渐上升，这个规律始终贯穿于市场生态发展过程中，直到无形资本完全取代有形资本。在一个新兴产业生态中，多数企业是因为获得一些独特资源才得以成立，因此这些企业首先体现股东价值形态的特征，随着资本收益力的降低，企业开始了从低级向高级组织形态的进化历程。

资本的价值创造能力通过资本收益力体现，由于资本始终坚定不移地追求高收益因而产生了资本收益力,在产业生态的初期正是这种力量推动企业不断向前发展。资源越独特、资本收益力越强。资本收益力天然地排斥其他性质资本与其分享收益,因此这时企业股权结构高度集中,股东数量相对较少,多数是以血缘关系为纽带的家族企业出现在产业生态中。只有在资源独特性弱化与资本收益力降低后,股权结构才会逐渐分散,劳动者的价值创造能力才开始体现。随后劳动者的一些特质由于其稀缺性而成为独特资源,如管理经验、领导能力等,这些个人特质将逐渐转化为资本,在资本走向无形化同时,也为企业所有权与个人建立起必然联系。

资本收益力既然是间接为企业创造价值,必然会与直接创造价值但却间接体现价值的价值主体发生冲突,这就是所谓的"劳资冲突",只要资本始终能体现出价值,这个问题就会一直存在,而且随着资本收益力降低、劳动者价值创造能力提高,两者之间的价值冲突越来越明显,为了解决这个问题,市场生态将把劳动者的价值创造能力转化为资本,直到资本与劳动者价值创造能力的性质等同为止。

随着市场生态的不断发展,资源独特性将会变得越来越弱,一是相同的独特资源不断被挖掘,二是可替换资源不断出现,这是人类的价值改变的必然结果,这些因素都将导致资本不停地寻找新的独特资源,在改变传统产业生态的同时,也不断催生新的产业生态。当市场中"游资"逐渐增多时,意味着资源独特性越来越弱,市场经济逐渐走向成熟,这是市场生态发展的必然过程。

公司注册资金的强制要求在一定程度能说明"资源"的独特性程度,注册资金要求越高说明"硬"资源的独特性越强,主要依靠资本创造价值，注册资金要求越少说明"软"资源的独特性越强，主要依靠人的劳动创造价值。如今在一些新兴产业生态中，已经没有注册资金的强制要求，在一定程度上也说明企业的主要价值并不是通过资本收益力创造，企业已经摆脱低层次的组织价值形态。

三、职能与领导力结合

在市场生态中，资本始终喜欢进入高收益产业，导致这些产业中出现"过度繁殖"的现象。"过度"是相对于缺失需求基本特征而言，当缺失需求满足后，需求动机将降低或消失，同时需求动机转向更高层次，"过度繁殖"的结果就是产能"过度"，这将引发生态系统的"自然选择"。资本追求高收益的结果必然使资本收益率整体下降，直到资本收益力对企业的边际贡献为零，这时如果资本不退出，那么就必须调整企业在产业生态中的价值定位，通过改变其价值创造能力结构，适应客户价值需求的改变，以便获得新的市场发展机遇，精英群体在这种背景下登上企业发展的舞台。

当人类的价值特征发生转变时，建立在独特资源基础上的简单价值创造根本无法让人们得到满足，企业需要能够进行较复杂的、技术含量较高的价值创造，而能够实现这一要求的是企业中的精英，精英团队通过其领导力为企业创造价值。在精英价值形态中，精英的专业能力是其领导力不可缺少的一部分，因此可以纳入领导力范畴中。

精英团队的权力来自股东的授权，而财产权是市场生态价值系统的基础，因此股东必须通过法定程序把经营权与企业所有权进行分离，让渡给精英团队，股东与精英之间形成一种契约关系，这种关系通常称为委托代理关系，精英团队受托成为企业的经营者，负责实现企业的有效运行，完成股东的委托责任。

在精英价值形态中，精英要么是管理权威，要么是专业权威，领导力能够成为企业的价值创造能力取决于精英团队的组合效应，主要体现在三个方面：一是能否形成一个精英团队，而不是一个或两个；二是精英是否具备企业所需的领导能力和专业能力；三是精英团队是否能够高效运转。研究表明团队能力并不一定等于成员能力之和，因此精英团队的领导力水平决定了企业在市场生态中的价值创造能力水平。

在企业中，精英是各职能单元的负责人，通过职能分工与专业合作带领员工进行价值创造，这种分工与协作的方式可以满足人类价值需求结构的变化，与股东价值形态相比，企业价值创造活动的复杂性、创新性有明显提升。有了精英价值创造能力的体现，企业可以进行规模化扩张，扩张方式基本有两种：一是通过不断地增加职能单元，使职能分工更加细化，实现企业规模横向扩张；二是通过不断增加职位等级，使职能单元更加深化，实现企业规模纵向扩张。当横向与纵向都得到扩展时，企业规模自然而然会得到扩大，一些巨型企业便出现在精英价值形态阶段。

精英在企业中毕竟还是属于少数，因此其价值创造能力的发挥需要借助企业有效的运行机制，这时企业开始进行系统的制度建设，而管理模式的主要特点是便于精英团队领导力的发挥，通过管理系统使其他价值创造者的价值嫁接在精英团队价值的基础上。

精英团队虽然实现企业价值创造能力的提升，但是依然是少数群体在为企业创造主要价值，因此企业价值创造能力还有进一步提升的空间。随着人类价值特征的再次改变，精英的价值创造能力也会到达边界点，这时需要新的价值主体出现在企业中，当新的价值主体为企业创造主要价值时，企业的价值创造能力结构发生本质变化，企业进化到更高级的组织价值形态。

四、需求与创新力结合

马斯洛的需求层次理论明确指出，当低层次需求满足后，必然向高层次需求转变。需求由低层次向高层次转变的过程，需求动机变得模糊，分散，而且多变，与之相应的价值创造也必然体现出这种特点，如果满足这种价值需求，价值创造和价值需求必须结合在一起才能实现。

组织由个体组成，如果多数成员的价值不能有效体现，那么组织的价值仍然有待提高，因此精英价值形态并不是一种高级组织形态。随着人类价值特征的转变，能够体现多数价值创造者价值的组织形态必将到来，这就是客户价值形态，而这时组织空间形态也从封闭型转向开放型，所处的市场生态也将发展到成熟阶段。

客户价值始终存在于组织形态的进化过程中，只是在股东价值形态、精英价值形态中，客户并没有成为主要的价值主体，直到客户价值形态出现，这时客户的价值需求分散且多变，是管理学上的广义客户概念的体现。这时价值需求和价值创新都成为企业创造价值的动力，因此客户价值形态是客户需求力与团队创新力结合，两者结合成为一种不可分离的企业价值创造能力。

在频繁变化的市场需求面前，精英团队的价值创造能力显得束手无策，企业必须调整价值创造力结构，使更多的价值主体发挥其价值，此时以骨干人才为核心的价值创造团队从职能单元中摆脱出来，成为企业主要的价值创造力量。为了满足人类价值性要求，价值需求者与价值创造者开始直接结合，这时要么客户走进企业，要么团队走出企业，两者的结合不仅仅使企业成为开放型组织，而且其所处的产业生态也达到前所未有的开放状态，可以说客户价值形态的出现是市场生态成熟的标志。

团队创新力来自员工的主观能动性，是人类在价值创造过程中有目的、有计划、积极主动、有意识的活动能力，这是只有人类才具有的本能。主观能动性是一种无形的力量，能够驱使人们不断地创造新的价值，只有价值创造者的主观能动性发挥出来时，才能满足分散且多变的价值需求。在人类的创新力的作用下，更多的价值创造成果将在客户价值形态中产生，在市场价值系统中客户价值形态是价值需求的具体化者，可以把众多抽象的价值需求清晰化、具体化，而这些都无法在封闭型组织中实现。

一直以来，受到人类价值创造能力的限制，单个价值创造者很难独立进行创新活动，因此团队创新力是一种综合能力的体现，不同能力之间相互作用，互相补充形成一种能力组合效果，个体的价值创造能力通过团队体现。客户价值形态通过业务流程把众多的团队连接在一起，进行有序的价值创造。与股东价值形态、精英价值形态的管理模式相比，客户价值形态具有历史性的转变，使传统的垂直型管理模式转向水平型的管理模式，这种改变翻开了人性发展史上新的一页。

客户组织形态虽然体现了多数人的价值创造能力，但依然没有体现出每一个个体的独立价值，这将导致组织形态进化到市场生态中的最高级形态——利益相关者价值形态。

五、价值与独特人格结合

团队创新力虽然满足了人类的价值需求结构的变化，但仍然不是组织价值性的最终体现，因为人类最终目标是成为具备独特价值的人，企业的价值使命并没有完成，利益相关者价值形态阶段迟早会到来，而人类需求动机全面向生长需求转变，这是一种独特的价值需求，只有个体能够体验，也是价值需求高度分散的表现。

人的价值特征在利益相关者价值形态中得到体现，一是企业与价值创造者均体现出独特人格，二是价值创造者能够独立进行价值创造，这时价值特征与独特人格充分结合在一起，企业与价值创造者都成为具备独特价值的个体，这是人类价值特征的分水岭。在工业经济进入成熟期之前这种组织价值形态非常罕见，因为工业经济是以满足缺失需求为主的价值创造系统，而利益相关者价值形态主要是以满足人类低层次的生长需求，与经济生态特征相悖，因此只能出现在工业经济向知识经济转变的过渡阶段。利益相关者价值形态主要依靠个体的价值创造能力，价值创造者本身成为市场生态中的独特资源，从而具备了资本的属性，资本与价值创造者的价值创造力同质，这一变化预示着经济生态开始发生演变。

利益相关者价值形态是企业人格力创造价值，企业人格是所有价值创造者具备的趋同的人格特征，这种人格特征能够让所有个体的价值创造能力得以发挥，因此人格特征即成为一种价值创造能力，而且特征越明显，价值创造能力越强。在客户价值形态下，企业具备独立人格，体现人格的"独性"，而利益相关者价值形态是在"独性"的基础上,又体现出"特性"。企业人格特征也是企业品牌,是企业在经济生态中独特价值的标识,正是这种标识使企业以及价值创造者能够顺利地进行价值创造以及价值交换活动。独特人格象征着企业成为一个具备独特价值的组织,因此利益相关者价值形态是工业经济时代的最高级组织形态。

企业人格强调价值理念与企业行为的一致性,体现价值创造与价值需求特征的统一性,人们可以通过企业人格认知其价值创造活动的特征。目前人们所认知的品牌多数是指产品品牌,而不是企业品牌,产品品牌只能传递产品的信息,还不能诠释企业品牌的内涵,只有企业具备独特人格时,产品品牌才能与企业品牌表达相同的含义,到那时人们可以通过产品认知企业人格特征。之所以人格能为企业创造价值是因为人格中承载了所有个体的价值创造能力,价值交换建立在独特人格的基础上,人格体现企业组织使命,而组织管理的核心就是维护企业这种人格特征,所以文化管理将是这个组织形态的主要管理方式。

利益相关者价值形态的管理思想将建立在"自我实现人假说"的基础上,企业与价值创造者具备生长需求动机,其人格特征将使价值需求与价值创造成为一种基本存在方式。在利益相关者价值形态出现之前,价值需求更适宜用"发现"来描述,因为需求"缺失"才会被"发现",缺失需求的发现者多数通过资本、资源、技术的结合,以低级组织形态的形式出现在产业价值链上游的位置;在利益相关者价值形态出现之后,价值需求更适宜用"创造"来描述,因为需求"生长"才会被"创造",生长需求的创造者通过不断地创造需求,以高级组织形态的形式出现在产业价值链下游的位置。

六、价值创造能力体现人性

企业形态的进化动力源自两个方面：外部因素是市场生态的改变，内部因素是价值创造能力的改变，这两方面因素归根到底都是人性的变化。

人的价值性由价值需求与价值创造构成，一方面价值需求结构特征从缺失需求向生长需求转变，不断地自我超越，追求自我实现；另一方面价值创造链条始终追求统一性，实现价值创造效率的最高，以便最大程度体现价值。马斯洛的需求层次也是人类的价值需求结构，形如倒置的金字塔，需求层次越高，需求越分散、越多变、越模糊，而人类的价值创造活动特征与之相对应，在这个过程中价值创造能力不断提升，价值创造链条不断统一，价值需求者与价值创造者逐渐接近，最后价值需求本身就是价值创造，这就是生长需求动机的特点。

在股东价值形态下，人的价值需求主要以低层次缺失需求为主，这些缺失需求早已存在，并且具体明确，资本只要能够获得独特资源就可以获得客户，因此资源独特性是资本收益力的保障，这时企业的价值创造非常简单，资本疯狂地抢占独特资源，这个时期产业生态从自由竞争到垄断竞争。到了精英价值形态时，人的价值需求层次提高，需要更多更好的产品，精英团队的领导力和专业能力逐渐取代资本的价值创造能力，为了能够应对客户价值需求的变化，这个时期产业生态中也出现企业之间的合作。这两个组织价值形态主要是满足人类较低层次的价值需求，一般是需求在前而创造在后，主要依托少数人创造价值，企业的价值创造能力处于较低水平。缺失需求的特征是需求满足后动机不断减弱，直到停滞，因此市场生态中存在着需求的饱和点，这个边界点也是所谓的"市场饱和"，在这个饱和点资本收益力开始下降，劳动者的价值创造能力开始体现。

在客户价值形态下，人的价值需求主要以高层次缺失需求为主，价值需求内容逐渐模糊，而且变化无常，价值创造朝多元化和创新性的方向转变，企业与客户的价值关系日趋紧密。为了进一步提升企业价值创造能力，这时产业生态中的上下游企业开始结成稳定的同盟，企业之间的竞争演变为"供应链的竞争"。到了利益相关者价值形态时，人的价值需求结构体现为生长需求的特征，企业与价值创造者都在追求独特的价值，价值创造逐渐开始向定制化、个性化方向转变，客户价值与企业价值开始融为一体，这时产业生态充分开放，企业处于一个价值创造网络中。这两个组织价值形态主要是满足人类较高层次的价值需求，生长需求的特征是需求满足后动机会更加强烈，因此市场生态中不存在需求饱和点，需要的是源源不断的、能够体现独特性的价值创造，这将促使企业不断提升创新能力，不断调动价值创造者的主观能动性，直到企业中所有价值创造者都能体现其价值。在这个过程中，需求与创造过程逐渐实现同步，最后演变成价值需求，也是价值创造。

人的价值特征体现在企业的价值创造能力中，随着组织形态的进化而改变，价值人假设是组织形态管理理论的核心。管理学本身就是建立在对人性的解读基础上，出色的管理者不在于管理知识掌握多少，而在于对人性的理解程度，这一点在创业者身上体现的比较明显，因此作者一直都认为管理就是管理人性。

第二节　股权结构的演变

17世纪的荷兰东印度公司是最早的股份公司，公开发行了全世界上最早的股票。自此以后股份公司以惊人的速度崛起，成为市场经济中最活跃的生命体。股份公司的出现具有划时代的意义，不但能够迅速聚集各种独特资源进行价值创造，同时也为私人资本向社会资本的转变创造了条件，资本从此插上了自由的翅膀。公司上市是市场生态发展的必然结果，公众公司往往也是优秀企业组织的代表。

股份公司是把公司资本划分为等额股份，不同性质的股份所占的比例及其相互关系，即股权结构。股权的拥有者就是公司股东，股权是股东价值的重要组成部分。本节中股权也可以简单地理解为企业所有权，财产所有权是市场生态价值系统有序运行的基本形式，主要包括占有权、使用权、收益权和处分权四项权能，这些权能也可归结为所有权和经营权，两权既可以统一，也可以分离。

在市场生态中能够获得公司股权的可以是资金、机器设备、自然资源、知识经验、技能技术、人际关系等，只要经过股东大会合法程序表决通过即可。随着市场生态不断发展，能够获得股权的形式越来越多，如果把资金、机器设备、自然资源看成有形资本的话，那么知识技术、能力素质、人际关系等就是无形资本。无形资本之所以能够获得股权是因为其具有独特的价值，与有形资本的性质相同，在获得股权之后，就可以获得资本收益。随着企业形态不断进化，在资本成分构成中，有形资本比例逐渐萎缩，无形资本比例逐渐增大，当资本彻底无形化时，有形资本的历史使命即结束。

股东价值通过股东大会体现，这是企业组织中最高权力机构，所有公司重大决策均由股东大会以表决的形式决定，尤其涉及与企业产权相关的内容。在市场生态中，企业之间的股权关系如同自然生态中生命之间的血缘关系，使不同的企业之间能够建立起必然价值关系。股权结构对企业人格塑造具有重要影响，当股权结构高度集中时，企业由控股股东控制，企业人格体现控股股东人格特征，当股权结构高度分散时，企业人格体现所有价值创造者的趋同人格，即某种独特人格。

财产所有权意味着所有人对物最充分、最完全支配，是最完整的物权形式，与人类缺失需求动机相对应，是农业时代、工业时代价值系统的运行基础，直到今天人类社会的价值依然主要依托财产所有权体现。企业组织也是一个价值系统，有其特有的价值原则，每一个成员都将面临市场生态与组织内部两种价值原则，这两种价值原则相互作用，共同维护生态、组织、人三者之间的价值平衡关系。两种价值原则相互作用的结果导致所有价值创造者的价值将陆续与企业所有权建立起必然联系，以此维护价值创造者在不同价值系统中的平衡形态，只不过价值创造者获得企业所有权的形式不同，这个过程即资本形式无形化的过程，当价值创造者的人格可以转化为资本时，企业形态将进化到最高级形态。

一、股权结构演变规律

股权的出现意味着公司财产所有权可以不断分散，也可以自由转让与买卖，股份公司与资本市场结合让资本的自由性充分发挥出来，当资本可以自由地寻找独特资源时，越来越多的独特资源可以用来满足人类的价值需求，这种相互作用促进了市场生态的繁荣，同时也让人类的价值创造能力不断提高。

财产所有权是市场价值系统中最基本的价值表现形式，因此股东大会在企业中天然具有至高无上的地位，股权结构的变化不仅对企业形态特征有重要影响，而且也影响到企业人格特征的塑造，在企业形态进化的过程中，股东类型及人格特征有不同的表现形式，如图2-3所示。

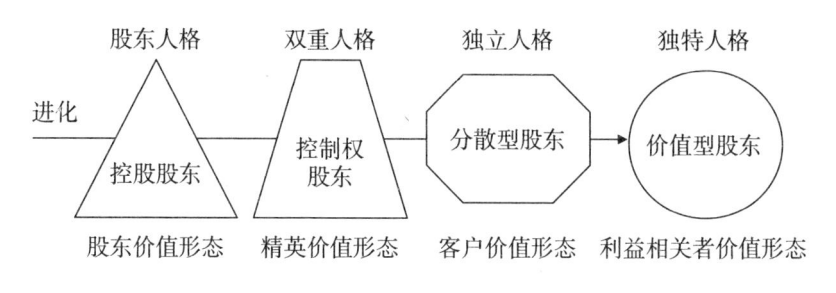

图2-3 股权结构演变规律

股东价值形态下，股权结构高度集中，出现股权比例超过总额50%以上的控股股东，形成资本对资源的独占优势，控股股东对企业组织具有绝对控制权，小股东的价值建立在控股股东价值基础上，"搭顺风车""用脚投票"都是股东价值形态下小股东行为的必然现象，这种现象在市场生态初期尤为明显。这时企业人格就是控股股东人格，企业意识完全由控股股东所支配，企业行为将体现控股股东的行为风格。

精英价值形态下，股权结构相对集中，虽然未出现控股股东，但存在具有控制权的股东，这类股东是企业实际控制人。这时企业所有权与经营权分离，精英团队通过委托代理关系获得公司的经营权，股东委托精英团队完成资本对收益的要求。委托代理关系导致企业组织中同时存在两个主要价值主体，最高权力由股东掌握，主要价值由精英团队创造，这时企业将体现出双重人格特征，为了解决这个矛盾，精英将通过领导力获得公司所有权，使企业人格重新实现统一，同时也为资本无形化打开了通道。

客户价值形态下，人类价值特征的变化导致资源的独特性变弱，资本对资源占有欲望降低，企业股权结构开始分散，这时既没有控股股东也没有控制权股东，而是一种分散型的股东，企业成为市场生态中独立的价值个体，其独立人格得到体现。此时企业依据市场价值需求进行价值创造，市场需求力与团队创新力结合在一起，实现了"以客户价值为导向"。这时资本的价值需要通过组织成员的价值创造能力体现，因此通过全员持股激发价值创造者的创造力。

利益相关者价值形态下，独特资源性质改变，股权性质发生改变，价值创造者自身成为独特资源，其独特人格可以转化为资本，成为一种价值型股东。这时"硬件"资源和"软件"资源同质化，有形资本与无形资本同质化，资本成为价值创造的纽带，企业依据人格特征建立内部价值原则，维系企业形态存在的是趋同的价值理念和行为。

从企业价值形态的演变过程来看，股权结构从高度集中到高度分散的过程，有形资本对股权和影响越来越弱，而无形资本对股权的影响越来越强，最后资本的价值与价值创造者的价值同质化，在这个过程中企业人格分别体现出股东人格、双重人格、独立人格、独特人格等形式。

二、股东人格就是企业人格

18世纪60年代从英国发起的工业革命以机器代替手工工具，使人类进入工业时代，价值创造能力极大提升，同时也积累大量的资本，正是这些资本让企业获得生命，从这个角度来说没有资本就没有传统意义上的企业。股东可以通过资本聚集价值创造的所有资源，进行大规模的价值创造，因此可以认为资本具有价值创造能力，虽然是间接创造价值，但能够直接体现价值。

股东价值形态出现在市场生态初期，由于刚刚摆脱农业社会，因此主要还是满足人类低层次的缺失需求，这些需求客观存在，并且具体、明确。当价值需求普遍存在而独特资源少的情况下，只要占有独特资源就能获得较高的资本收益，因此市场生态初期是"资本为王"的时代。由于资本收益率较高，通常企业股权结构非常集中，必然存在控股股东，家族企业多数是在这个时期诞生。市场生态基本价值原则赋予了控股股东绝对的权力，也让企业组织本身丧失独立性，组织发展完全由控股股东控制，企业人格就是控股股东人格，如图2-4所示。

图2-4 股东价值形态的股东特征

企业作为一个价值系统存在价值守恒定律，当企业价值基本上都被股东所占据时，劳动者的价值就所剩无几。控股股东为了实现资本收益最大化，控股股东将尽可能掌握企业主要权力，因此股东价值形态多数采取单人决策方式，不会也不允许有其他权力主体的出现，小股东价值成为企业价值系统中的点缀是必然结果，这时即便强调小股东的价值地位，也很难影响控股股东的价值活动。

在产业生态的初期，由于市场配套机制建设尚不健全，股东价值形态缺乏内外部监督与制约力量，资本对收益的追求必然使产业发展从自由竞争走向垄断竞争，当产业生态中出现垄断寡头时，就演变成垄断企业控制整体产业生态，无疑违背了市场基本价值规则，严重阻碍产业生态的可持续发展，同时使资本与劳动者的价值冲突达到极致，西方早期产业发展历史已经证实了这一点。

当企业人格体现股东人格特征时，企业行为更多地体现控股股东意志，因此处于这个组织价值形态的公司并不是独立的法律主体，公司法将把控股股东与公司的权益连接在一起，随着市场生态的不断完善，这种关联度将逐渐降低。

三、两权分离导致双重人格

市场价值需求的改变导致资本收益力弱化，资本过于集中会丧失获得其他独特资源的机会，阻碍资本对收益最大化的追求，这时公司股权结构开始分散，机构投资者开始增多，虽然没有了控股股东，但会依然存在控制权股东，此时资源独特性降低但是依然存在，资本创造价值能力变弱，开始寻求综合收益最大化的方式。

所谓控制权股东其实是一种股东联盟，是个别股东之间通过联盟或合作的方式占据表决权上的优势，这些股东价值理念趋同，而单个股东影响力有限，只能通过这种方式获得企业控制权，以便最大程度地体现共同价值。从控股股东到控制权股东，是股权结构分散的过程，如图2-5所示。

双重人格

控制权股东

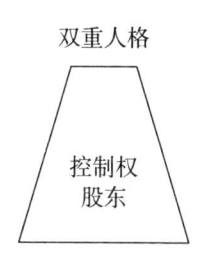

图2-5 精英价值形态的股东特征

股权结构分散导致单个股东不能也没有必要承担所有股东的价值诉求，这为所有权和经营权的分离创造了条件，股东需要找到合适的人选承担委托代理责任，这时精英群体开始崛起，精英的领导力和专业能力弥补了资本价值创造能力的不足，为企业的发展提供了有力支持，企业的价值创造能力结构发生根本改变。

所谓两权分离即企业所有权与经营权分离，也就是说财产的所有者不是自己管理财产，而是委托他人完成管理任务。20世纪30年代美国经济学家贝利和米恩斯提出了"委托代理理论"，提倡企业所有者把经营权让渡给精英团队，由更专业的管理团队进行经营管理，这样有利于企业的发展。在股东让渡经营权的过程中，企业的价值系统发生改变，股东价值诉求受到了限制，而精英获得了更多的价值提升空间。

精英团队成为股东的委托代理人，需要完成股东委托的责任。

委托代理关系的本质是通过精英团队的价值创造实现资本对价值的要求，当精英团队获得经营权后，企业出现了两个价值主体，一个是股东群体，通过财产所有权掌握着企业的最高权力，获得资本收益；另一个是精英群体，通过领导力获得企业的经营权，保障企业能够有效运行，两个价值主体的价值诉求既对立又统一，这是精英价值形态的典型问题。企业所有权与经营权的剥离是一个过程，随着市场生态的不断发展，资本价值创造能力将持续降低，而精英群体的价值创造能力将不断提升，两者属于此消彼长的关系，最终经营权从所有权中彻底剥离，在这个过程中企业股权结构逐渐分散，为了追求综合投资收益的机构投资者数量增加，当精英团队完全获得企业经营权时，精英价值形态正式成熟，这时企业必须建立一套能够维持股东群体与精英团队之间价值平衡的原则，公司治理理论出现。

股东与精英团队之间委托代理关系其实并不符合市场生态的价值交换原则，因此企业所有权与经营权必将又融合在一起，经营者身份将置换成股东，精英通过个人的领导能力获得公司的股权。两权从分离到融合意味着资本性质多元化、无形化时代的开始，当精英以股东的身份经营企业时，传统的委托代理关系瓦解，精英价值形态开始从成熟走向衰退，接下来不仅仅是资本价值创造能力持续降低，而且精英团队价值创造能力也开始弱化，企业价值系统中又将增加新价值主体。

两权分立导致企业出现两个主要价值主体，因此精英价值形态下的企业人格将体现出双重性，精英身份置换就是为了解决这种双重人格给企业带来的弊端。资本与劳动者的价值冲突一直伴随着企业形态的演变，为了解决这个问题，价值创造者将陆续以不同的形式与企业所有权建立起必然联系。

四、股权分散获得独立人格

当精英团队价值创造能力也无法满足人类的价值需求时，资本更不会留恋独特价值所剩无几的资源，这时股权结构更加分散，机构投资者、个人投资者不断增多，控制权股东也从企业中消失，只有众多的相互独立的分散型股东，股东构成多元化，股东投资意愿来自对企业价值创造能力的信心。

由于没有任何力量可以控制企业，企业的独立性开始体现，企业成为市场生态中具有自我意识的价值创造者，独立人格开始体现，如图2-6所示。股权结构分散导致企业内部价值主体发生变化，固定的精英团队在企业中消失，任何类型的价值创造者只要能够为企业创造价值，就可以成为价值主体，获得企业赋予的责、权、利。

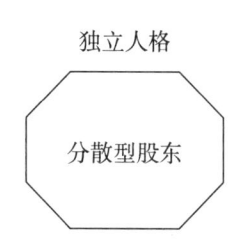

图2-6 客户价值形态的股东特征

在客户价值形态下，企业组织结构发生根本转变，职能分工与专业化合作消失，职能型组织结构转变为流程型组织结构，以业务流程为基础的职能统一以及系统化管理是体现客户价值的必然要求，企业的价值创造活动围绕客户价值需求进行。

企业股权结构分散是市场生态发展到成熟阶段的体现，资源独特性不断减弱导致资本价值创造能力持续下降，资本从直接体现价值转变为间接体现价值，自由资本不可能停留在资本收益率较低的地方，因此资本在不断让渡财产所有权的同时，必须寻求新的独特资源，不停地催生新的产业生态，而留下的则是对企业具有强烈信心的资本，而这些资本的价值将通过价值创造者间接得到体现。在市场生态之间的融合速度不断加快的大趋势中，资本只能通过分散组合的形式获得综合收益，这将导致企业的股权结构更加分散。当价值创造者与客户共同为企业创造主要价值时，其身份也会发生改变，全员持股是客户价值形态的典型特征，这也是由市场生态的价值规则所决定的，价值创造者通过企业所有权与市场生态价值系统接轨，而资本收益率完全取决于企业的价值创造能力。

当没有任何一类价值主体可以对企业产生实质性影响时，企业可以独立思考未来的发展。作为市场生态中的价值创造组织，只有满足人类的价值需求，企业才能得以生存与发展，能够决定企业未来命运的是客户和价值创造团队，一个代表价值需求，一个代表价值创造，客户的价值需求力和团队的创新力相结合形成企业的价值创造能力。这时企业从封闭型过渡到开放型的组织形态，企业价值第一次由多数群体创造，依据价值守恒定律可知企业内部价值呈正态分布，绝大多数价值创造者的价值得到了体现。作者认为客户价值形态是市场生态中最佳的组织形态，因为其最符合市场生态的价值特征。

资本市场的繁荣与企业股权结构分散度密切相关，从企业形态特征可以看出，上市企业的最佳形态应该为客户价值形态，这样能够与资本市场形成良性互动，"上市"意味着资本将处于开放空间中，如果封闭型企业不释放出资本，资本市场始终无法繁荣。

五、无形资本塑造独特人格

如果把资金、机器设备、自然资源称为有形资本的话，那么知识、经验、技能、人际关系、创造力等就是无形资本，无形资本的共同特征与人的特质相关联，随着市场生态的不断成熟，这些特质能够在市场生态中进行价值交换，有形资本、无形资本、独特资源越来越同质化。

市场生态的发展也是资本无形化的过程，人的特质越来越多地可以转化为资本，之所以能够转化是因为个体特质本身也是一种独特资源，能够与资本相结合创造价值，当个体的独特性完全具备资本的性质时，利益相关者价值形态就会出现，这时股东都是价值型股东，如图 2-7 所示。资本的无形化导致个人可以通过专业技能、职业经验、人际关系等获得公司股权，而企业则可以通过技术、品牌等获得其他公司股权，而不必以货币、自然资源等形式获得。到了利益相关者价值形态时，公司股权结构高度分散，资本逐步演变成为连接价值创造者的纽带，价值创造者因为追求独特价值而成为企业所有者，而资本收益也从企业逐渐转移到价值创造者。

图 2-7 利益相关者价值形态的股东特征

资本无形化后，价值创造者本身就是资本，资本的趋利性体现在价值创造者对自我实现的追求，价值创造者为了实现独特价值而进行价值创造。利益相关者价值形态严格意义来说不再是一个盈利组织，这里所说的不盈利是指企业不需要再为未来进行盈余积累，因为企业价值来自所有价值创造者，将由价值创造者获得价值，而企业价值体现在无形资产的积累——品牌价值，此时企业与个人实现了价值统一。利益相关者价值形态虽然是市场生态中的高级组织形态，但也预示着企业组织将走向终结，这个阶段必须通过某种独特人格维系企业形态，人格特性成为企业在市场生态中进行价值创造和价值交换的基础。

当有形资本、无形资本和独特资源逐渐趋同时，说明市场生态中可用于价值创造的资源相当丰富，资源独特性反而降低，全球产业价值链将把不同的市场生态连接在一起形成一个完全开放的生态系统，价值创造所需要的任何资源都可以找到并且有可能获得，只有在这种条件下利益相关者价值形态才能出现，企业人格力成为主要价值创造能力。

利益相关者价值形态出现在产业价值链的下游，具备高层次的价值特征，是人类价值需求的创造者，能够引导产业生态的发展方向，这种形态的企业只有在产业生态成熟后才会逐步出现。作者把利益相关者价值形态定义为市场生态中高级的组织形态，是因为形态特征与其使命最接近，企业因人类价值需求而诞生，通过价值创造体现存在的意义，企业由不同的价值创造者构成，价值由所有价值创造者共同拥有，这既是独特人格的体现，也是自由人格的体现。

当组织实现其使命时，也是组织生命即将结束之时。从人性的演变规律可以判断取而代之的是无形组织,当价值需求出现时,价值创造组织出现,当价值需求满足时,价值创造组织消失,这时组织运行成本最低、效率最高,无形组织使价值需求与价值创造充分结合,更符合未来的人性特征。

六、自由资本天性逐利

理解股权结构的进化规律需要对资本的属性进行剖析,作者认为资本具有三方面的属性,这既是资本的本性,也是人性特征的组成部分。

首先,资本追求收益最大化,这是资本第一属性。俗语说"资本最听利润的话,哪里有利哪安家",资本天性逐利,有利则来,无利则去。无论是有形资本还是无形资本,只要成为资本就具有这种特点。资本存在的使命就是获得收益,而且是越多越好,为了实现收益最大化,资本具有足够的动力进行掠夺与扩张,这也是作者把资本的价值创造能力称为资本收益力的主要原因,企业在不断追求收益的过程中得到发展,只要资本存在就会存在这种力量,只不过在不同企业形态中表现形式不同。趋利性导致资本在能力范围之内拒绝与其他资本共同分享独特资源,因此在新兴产业生态的初期,多数企业股权结构高度集中,企业中存在控股股东,只有当资本收益力降低时,资本才逐渐与独特资源分离,与其他资本开始合作。利益是价值的必要组成元素,因此也可以说资本具有追求价值的本性。

其次,资本追求自由的流动,每当遇到独特资源时,就会想尽办法获得这些资源,使之成为能够满足价值需求的产品,当资本价值创造能力降低时，资本就会离开独特资源，去寻找其他的独特资源，直到发现新的独特资源为止。正是因为资本这种自由的属性，资本可以不断地被发现，获得独特资源，不断催生新的产业，使市场生态不断地扩展与开放，同时使人们的价值需求尽可能得到满足，一旦资本的自由受到限制，资本趋利性将随之降低。

最后，资本追求价值的平等，资本没有等级之分，只要是资本就会要求具有相同的功能，资本的平等性成为市场生态价值交换的基本条件，让资本可以自由流动、获得等同的资本收益，一旦资本被区别对待，就会影响到企业的独立性。

资本的本性必然导致企业"过度繁殖"，从而引发自然选择的市场规律，这成为市场生态发展的动力。一旦发现在投资收益较高的领域，资本就会蜂拥而至，造成市场繁荣的同时也带来经济危机。面对这种情况，市场生态在发展中开始对资本形式进行优化与调整，资本的无形化、趋同化就是这种调整的结果。

从企业形态进化规律来看，资本的趋利性虽然没有改变，但表现形式出现了变化，在股东价值形态下"有形"资本的趋利性体现最强，在利益相关者价值形态下，"无形"资本的趋利性体现最强，"有形"资本反而成为联系价值创造者的纽带。资本属性的背后其实是人性，资本逐渐无形化的过程，也是人性不断演变的过程，只不过人性一直隐藏其后。在某些特定历史时期资本的趋利性背负着人性的"恶"，但是批评与指责资本并不能证明人性向"善"，人性复杂始终存在，不会因为资本的出现而改变。相反，人们更应该清楚地看到资本的趋利性使人类从被动地创造价值转向自发地创造价值，没有资本的作用人类如何能积极主动地创造价值？资本在追求收益的同时，也让人类体现出自由与平等的人性特征，这是人类发展史上的一大进步。

在市场生态中，资本也是一种独特资源，当资本的独特性消失时，资本的趋利性将不再是第一属性，资本本性也将发生改变，这时新的经济生态将出现。

七、资本的历史使命

人类在250万年前进入原始社会，15000年前进入了农业社会，直到两百多年前才进入工业经济时代，而在短短的两百多年间爆发了三次科技革命，以至于马克思在1848年就说过"资产阶级在它的不到一百年的阶级统治中所创造的生产力，比过去一切世代创造的全部生产力还要多，还要大"。美国经济学家德隆的研究指出："人类97%的财富，是在过去的250年（截止到2000年）——人类的0.01%时间里创造的。"资本出现之前，人类已经经历了漫长的岁月，在历史的长河中，人类也有很多伟大的发明，如中国的四大发明，这些科学技术发明的应用与转化却远不及近二百多年来的价值创造，这是什么原因呢？这不得不让人们认真思考资本的历史使命。在一定程度上，资本的出现弥补了人类躲避甚至放弃主动创造价值的本性，促使人类自发地去改变世界，这是人类文明迅速发展的动力来源，同样当人类把创造价值视为一种自觉行为时，也就不再需要资本了，资本是为了人类能够主动地创造价值、体现独特价值而来到这个世界的。当然，资本因人性需要而诞生，也将因人性需要而消亡。

人的价值永远体现在对他人的作用效果上，人类虽然创造价值，但并非都能直接对他人产生影响，这是因为无法把创造出来的价值独立地呈现，因此无法直接体现出价值。只有当人能够实现独特价值时，其价值才可以直接体现。资本就是人类发展到工业经济时代实现独特价值、直接体现价值的工具，什么元素能够促使人主动创造价值、体现独特价值，什么元素就可以转化为资本，如图2-8所示。

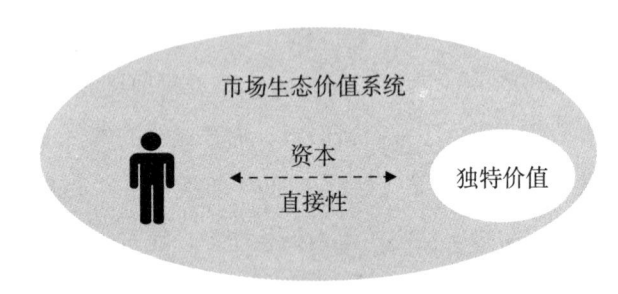

图2-8 资本的历史使命

但是资本形式并非一成不变，而是随着人的价值特征演变而改变，当人类无法实现独特价值时，资本形式只能是货币、独特资源，个人价值也只能间接体现。当人格可以独立创造价值时，说明人已经成为独特价值的人，可以直接对其他人产生影响作用，这时不再需要任何工具，资本的历史使命即结束。

资本能够体现人的价值性与财产所有权密切相关。今天的市场生态主要满足人类的缺失需求，而财产所有权是市场价值系统运行的基本形式，人的价值主要建立在财产所有权基础上，这是当今人类社会的主要价值体现形式。当财产所有权成为人类价值性基础时，无财产即无价值、无财产即无人格，公司由于拥有财产所有权，因而具备了法律人格，也就是这个道理。资本作为一种价值体现工具，只能以通过获得财产所有权的形式体现人在市场生态中的价值性。

早期的股东可以通过货币、自然资源实现独特价值，那么货币、自然资源就可以转化为资本；精英团队可以通过管理经验与专业技能实现独特价值，那么管理经验与专业技能就可以转化为资本；价值创造团队可以通过个人素质组合实现独特价值，那么能力素质就可以转化为资本；价值创造者可以通过人格实现独特价值，那么人格特征就会转化为资本，这些资本形式的共同点在于能够促使价值创造者实现独特价值，使其价值直接体现出来。

这就不难理解在企业进化过程中必然会出现控股股东、控制权股东，分散型股东、价值型股东，也必然会导致不同的价值主体相继转化为股东，因为市场生态价值系统建立在财产所有权的基础上，离开了这个基础，个人价值无法体现，企业内部的价值原则必然要与外部生态价值原则接轨，弥补价值主体在企业组织和市场生态之间出现价值不平衡，这种不平衡将通过企业所有权解决，所谓"股权激励"即一种具体解决方式，总之任何价值创造者最终将通过资本获得企业所有权实现其在不同价值系统中的价值平衡。

从资本形式的变化可以看出，资本经历了从有形资本到无形资本的过程，人格特性就是无形资本的完全体现。资本形式的演变轨迹也反映在近代货币发展史中，因为货币是价值需求与价值创造（供应）之间的媒介，随着人性特征的演变，货币也经历了一个从实物向理念逐渐演变的过程。在近两百多年中，国际货币经历金本位制、金汇兑本位制、黄金非本位制等形式，最后发展到信用本位制，这时货币开始虚拟化。马克思所说的"黄金天然是货币"是由于黄金与人类低层次的缺失需求特征最相似,所以"天然是货币","货币天然不是黄金"是由于人类价值特征终究会发生变化,黄金必然会退出历史舞台,货币形式的变化与人类的价值特征演变保持一致。从资本形式的变化能够推断出人类社会形态的变化、经济形态的变化、企业形态的变化……所有这一切皆因人性而变化。

第三节 组织结构的演变

组织结构是组织运行系统的"框架",是企业内部进行价值创造的秩序,任何一个组织必然有其组织结构,组织结构支撑组织有序地运行。不同组织形态会有不同的运行秩序,在组织形态进化过程中将出现四种基本形式的运行秩序,分别为指令型、职能型、流程型、散点型,这是组织运行的四种基本形式。

指令型是指服从指令、按照指令要求进行价值创造活动,价值创造成果提供给指令发出者,以这种方式设计组织运行秩序是直线型组织结构;职能型是指依据工作性质差异进行分工,不同职能进行不同的价值创造活动,在分工的基础上再进行合作,最后完成整个价值创造过程,以这种方式设计组织运行秩序是直线职能型组织结构;流程型是指通过业务流程把不同的价值创造环节统一在一起,一个业务流程就是一个完整的价值创造活动,以这种方式设计组织运行秩序是流程型组织结构;散点型是指价值创造者自由地分布在组织中,可以依据价值需求特征即时组建价值创造团队,在价值交换的基础上完成一个价值创造活动,以这种方式设计组织运行秩序是网络状组织结构。这四种基本组织结构也是四种企业形态的主体组织结构,目前为人们所熟悉的是前两种形式,流程型组织结构也是近几年才被大家所认知,而网络状组织结构还没有清晰呈现。在所有组成结构中,组织结构最能体现组织形态特征,通过组织结构可以识别组织形态,如中国多数企业以直线型、职能型为主的组织结构,说明中国多数企业处于低级组织形态阶段,封闭型组织形态特征比较明显。

组织结构支撑着企业组织有序运行,每当企业形态改变时,企业运行秩序就会出现明显的改变,而这种改变是为了与价值创造能力的变化相适应,组织结构需要反映出企业的价值如何被创造出来,以及价值是如何被体现。"秩序"最基本的要求是有序性,这种有序性体现在价值创造过程中有效并且有价值产出,衡量"秩序"多数用效率,运行效率高说明组织成员的价值创造能力与价值形式相匹配,价值能够充分体现,而运行效率低说明组织成员的价值创造能力与价值形式有脱节,价值创造过程出现内耗。

由于组织结构是组织形态变化最直观的感知,组织变革首先反应在组织结构变化上,组织结构变化程度也能说明组织变革程度,不是优化或调整,就是重塑或再造。企业通过组织结构建立了内部价值系统,组织结构的变化可以缓解企业内部价值冲突,组织结构变动最明显的部分也是价值冲突最激烈的部分、价值失衡最明显的部分,通过组织结构的改变,使价值主体的价值趋向平衡。当一个企业频繁地进行组织结构调整时,说明组织内部矛盾已经积累到了一定程度,需要不停地采取协调与平衡手段,当组织结构调整无法解决价值冲突时，组织运行秩序将形同虚设，必须重新塑造一套新的运行秩序，这时企业形态必然改变。

一、组织结构演变规律

在企业形态的进化过程中，组织结构经历了四种典型的变化：直线型、职能型、流程型、网络型，这四种典型的组织结构直观地体现出四种组织价值形态基本特征，如图2-9所示。

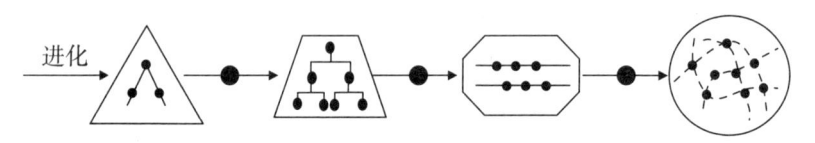

进化 → 直线型组织结构 → 职能型组织结构 → 流程型组织结构 → 网络型组织结构

图2-9 组织结构演变规律

在图2-9中，作者用"点"与"线"把直线型、职能型、流程型、网络型组织结构进行简单描述。直线型、职能型主要是封闭型组织形态采取的组织结构形式，而流程型、网络型主要是开放型组织形态采取的组织结构形式。当一种组织结构向另一种组织结构演变时，往往具有两种组织结构的特点，属于一种混合型的组织结构形式，需要通过对主体特征分析进行识别，由于多数企业都处于过渡形态，因此组织结构多数是这类复杂的形式。

在股东价值形态下，股东及其代理人具有绝对权力，因此以指令型为基础的直线型组织结构是股东的首选。直线型组织结构强调集权，权力集中在不同层级管理者，最后统一服从股东的指令，价值创造严格按照管理者的指令要求进行，便于指令的贯彻执行。采取直线型组织结构的企业虽然一般规模较小，价值创造活动较为简单，但管理机制相对灵活。

在精英价值形态下，两权逐渐分离，企业内部出现职能分工与专业化合作，因此需要以职能型为基础的直线职能型组织架构作为支撑。精英的领导力和专业能力可以在不同职能单元中得到发挥，价值创造活动主要在职能单元中进行，职能分工的细化与职位等级的深化使企业形态可以在横与纵两个方向同时发展，能够实现规模上的突破。事业部是职能型组织结构的最终形式，也是精英价值形态的巅峰状态。

在客户价值形态下，职能型组织结构在市场价值需求变化面前显得越来越僵化，开始向矩阵型组织结构转变，企业内部纵向的运行秩序逐渐转变为横向的运行秩序。流程型组织结构使客户与创新团队结合在一起共同进行价值创造，提高了企业价值创造能力。职能分工与专业分工逐渐被以业务流程为基础的系统化管理所取代，企业规模可以通过业务流程增减进行调节，企业形态变得灵活，更能适应市场生态的变化。

在利益相关者价值形态下，企业空间形态更加开放，内部价值交换市场逐步成熟，个体可以独立进行价值创造活动，固定的业务流程消失，以散点状分布的价值创造者可以根据客户需求即时组建形成价值创造链条，这些纵横交错的价值创造链条构成了网络状的组织结构，组织结构更加复杂，但企业形态更加灵活。

当企业内外部市场逐步融合时，企业边界逐渐消失，企业从有形组织向无形组织转变，无形组织的运行效率更高、运行成本更低，新技术的运用将促进无形组织的发展，这将是知识经济生态的主要价值创造组织形式。

在企业形态进化过程中，组织的运行秩序经历了从简单到复杂，从垂直到水平，从封闭到开放的演变，由于组织结构是企业形态最直观的反映，因此可从组织结构的形式识别组织形态特征。

二、直线型是股东首选

早期的企业组织脱胎于手工工厂，因而带有这类组织的管理模式特征，尤其是组织结构形式，这是一种以指令为基础的组织运行秩序。股东价值形态基本都是采取以指令基础的直线型组织结构，这种组织运行秩序可以使企业充分利用独特资源的优势，把所有价值创造者的劳动有效地聚集在一起，形成一种合力，与手工工厂相比，可以进行规模更大的价值创造活动，能够实现"人多力量大""团结就是力量"的效果，极大地提高人类的价值创造能力，这是市场生态初期出现的企业组织结构形式，今天来看虽然显得比较简单，但是与历史相比具有明显的优越性，这是由当时人的价值特征所决定的。

直线职能型组织结构形状像一个三角形，是一种单一负责人或单一决策者的垂直型管理方式，这是一种高度集权的管理模式，下级只接受一个上级的指令，上级对下级的价值创造活动负全责，便于指令的上传下达，责、权、利在各层级上体现非常清晰，如图2-10所示。直线型组织结构成功地把所有组织成员的价值创造凝聚在一起，充分保障了股东价值的实现，在这种情况下资本虽然没有创造价值，但却能直接体现价值。

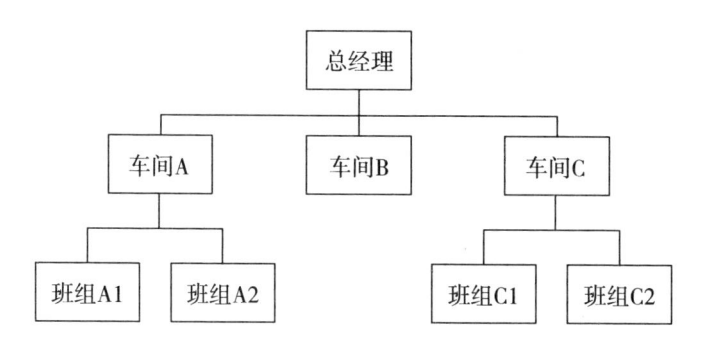

```
            总经理
     ┌───────┼───────┐
   车间A    车间B    车间C
   ┌─┴─┐           ┌─┴─┐
 班组A1 班组A2    班组C1 班组C2
```

图 2-10　以指令为基础的直线型组织结构

直线型组织结构比较简单，因此企业运行系统相对灵活且高效，但是这种组织结构只能进行相对单一、成熟的价值创造活动，适合于规模较小的企业，企业的发展将受制于单一决策者的能力边界。直线型组织结构以指令型管理方式为基础，保证了权力集中在单一决策者，这时指令的正确性决定了企业的运行效能，也决定了企业的发展命运，当指令错误时，执行越彻底，对企业的伤害越大，企业中的"能人"或"强人"也多出现在这个阶段。

随着市场生态不断开放，企业将面对更广阔的发展空间，这时客户价值需求有了明显变化，单人决策的风险不断提升，"能人"也变得越来越"无能"为力，直线型组织结构无法支持企业的有效运行，要想实现突破需要进行职能分工与专业化合作，以团队协作决策模式取代单人决策模式，而这将导致企业形态的改变。

直线型组织结构把所有组织成员的价值创造凝结在一起，无法体现单个成员的价值，这与人的价值演变方向相背离，这个问题的解决方式一直体现在组织结构的演变过程中，直到所有成员能够独立体现出价值。

三、职能型离不开精英

随着人类价值性的转变，价值创造活动日益复杂，社会劳动分工不断细化，催生了职能型组织结构，与其一起出现的是精英群体，分工与协作式的价值创造方式使企业向前迈进一大步。职能分工导致单人决策模式被团队协作决策模式取代，企业需要经过决策团队内部协商才能做出决策，这是一种集体决策、集体负责的形式，因此直线职能型组织结构形状像个梯形，公司经营权由精英团队拥有，精英团队接受股东委托负责企业的经营管理。精英崛起是由于资本的价值创造能力无法满足市场的价值需求，需要人的价值创造能力体现在企业价值系统中，而首先体现的是精英群体。

由于精英价值形态脱胎于股东价值形态，组织结构中依然带有一些原来的特征，主要是垂直型管理模式保留下来，因此精英价值形态多采用直线职能型组织结构，"直线"说明从上到下的垂直管理模式，"职能"说明企业内部有分工与合作，如图 2-11 所示。直线职能型结构使价值创造活动首先在职能单元中进行，提高了专业化水平，然后再由不同的职能单元以合作方式共同形成可以满足客户价值需求的产品，相对直线型组织结构而言价值创造活动更加复杂。为了保障价值创造活动在各职能单元有序进行，职能单元内部形成职位等级，对职位采取专业化、标准化的要求，强调人与职位要求相匹配。直线职能型组织结构保障了精英团队的领导力和专业能力的发挥，提高了企业整体价值创造能力水平，美国钢铁公司就是以这种组织结构形式在 1901 年成为第一个资产达 10 亿美元的企业。

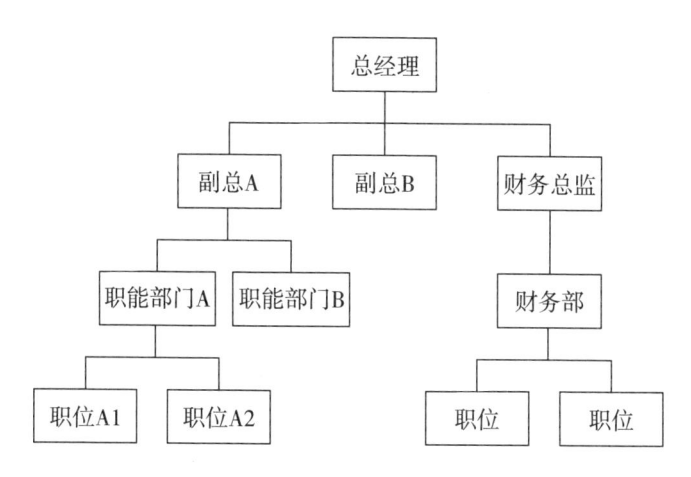

图 2-11　以职能为基础的直线职能型组织结构

直线职能型组织结构也是目前中国多数企业采用的组织结构形式，这种组织结构适用于产品种类相对单一、能够进行标准化、规模化生产的产品。当市场需求不断增加时，企业可以通过增加职能单元、增加职位等级等方式实现规模扩张，通过这种方式可以迅速成长为大企业，当企业规模扩大到一定程度时，以直线职能型组织结构为基础的事业部组织结构出现，大型集团企业形成。

直线职能型组织结构建立在职能分工的基础上，职能单元之间的配合与协作决定企业运行效率，在职能分工不断细化、职位层次不断深化的过程中，"内耗"也将不断产生，最终导致企业患上"大企业病"，这是因为职能分工与等级管理本身是两种互不兼容的管理方式，职能分工需要减少职位层级，实现扁平化管理，而等级管理则需要集中职能，便于统一管理，职能分工与职位等级同时增多时，价值创造活动在职能单元内部以及职能单元之间必然产生消耗，这是精英价值形态发展壮大过程中必然会出现的问题。企业规模越大，组织官僚风格越严重，分工与协作效率越低，当市场价值需求频繁变化时，直线职能型组织结构导致企业运行逐渐僵化。

在直线职能型组织结构中，职能部门是最小的价值创造单元，在个别职能部门之间出现了明显的价值交换活动，一个职能部门的价值成果被另一个职能部门继续使用，但这时企业内部价值原则无法充分体现这种价值交换关系，价值创造链条在职能单元之间没有统一，职能部门不能独立体现价值，因此精英价值无法单独体现，这将导致精英之间产生价值冲突。追求价值创造链条统一是一只"无形之手"，必然会驱使精英追求独立的价值形式，进而催生能够独立核算、自负盈亏的事业部组织结构形式，这是精英价值形态发展到巅峰状态的标志。

四、事业部是巅峰状态

精英为了尽可能独立地体现价值，直线职能型组织结构发展成为事业部型。

事业部型组织结构最早是由美国通用汽车公司总裁斯隆于1924年提出，时隔不久，在日本有"经营之神"之称的松下幸之助也采用了事业部，这种组织架构在当时被视为划时代的组织变革。

事业部型组织结构实际上把企业划分成了上下两个部分，形成母子关系或总分关系。集团总部集中一些共同的、重要的职能，事业部则集中那些能够实现基本价值创造所需的职能单元，这样总部与事业部之间进行职能划分，形成一种母子关系。事业部组织结构使事业部价值尽可能得到独立体现，由于事业部没有战略决定权，因此事业部只能为集团创造价值，成为大型集团企业战略发展中不可缺少的一个组成部分，如图 2-12 所示。

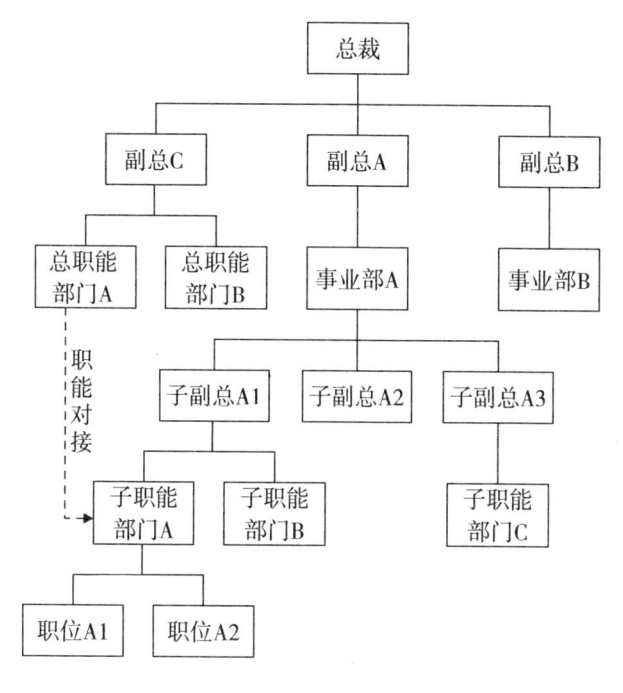

图 2-12 事业部型组织结构

事业部型组织结构适用于规模庞大，产品品种繁多，技术复杂的大型企业，一般以产品、地区或客户等差异划分事业部，将相关的职能单元组合成一个相对独立的事业部单位。其实，事业部如何划分并不重要，重要的是事业部能够把基本的价值创造活动独立出来，其本质是能够独立体现价值，解决直线职能型结构中职能单元价值模糊的顽疾，因此每一个事业部必须能够独立核算、自负盈亏，通过这种方式体现价值独立，同时权力向事业部转移，集团的价值中心开始分散，形成"一大多小"的多核引擎，使集团企业能够灵活地应对市场价值需求的变化。事业部对集团企业而言也是一个职能单元，承担着某项特定的职能，当企业规模达到一定程度时，必须具备多个价值中心才能带动集团庞大的身躯，因此作者认为这将是精英价值形态的巅峰状态。事业部的出现其实是大型企业自我优化的结果，组织形态未发生根本改变，主体结构依然是直线职能型。

在垂直型的管理模式下，事业部的出现又导致总部与事业部对整体组织的价值贡献边界模糊，这就是人们常说的"母子矛盾"。由于事业部没有战略决策权，容易产生本位主义和短期行为，核心问题依然是事业部不能完全地体现独立价值。同时，垂直型管理模式依然会分割事业部之间的价值关联，"子子矛盾"始终还会存在。这两类价值冲突其实都属于精英之间的价值冲突，都是直线职能型组织中的系统性问题，无法在精英价值形态中得到解决，因此组织形态必然还会继续演变，只有通过"变形"才能得到进一步解决。

职能分工、专业化协作与市场生态中的价值交换原则相背离，随着市场生态不断开放，这种背离现象将会逐渐明显，导致企业内部价值创造链条无法统一。为了解决这个问题，精英团队也费劲苦心，企业出现了"模拟利润""内部转移定价"等理念，希望在企业内部建立与市场生态相似的价值交换原则，使不同职能单元的价值能够体现出来。可惜，这个问题在直线职能型组织结构下无法彻底解决，而且企业规模越大，问题越突出，组织结构形式演变到事业部时已经是最优解决方案，精英价值已经尽可能地得到体现，精英价值形态也达到巅峰状态，如果期望得到进一步改善，则必须从根本上改变垂直型的管理模式。

在人性的两只"无形之手"的作用下，组织形态又出现了新的变化，垂直型向水平型转变，企业中出现一种过渡型组织运行秩序——矩阵型组织结构。

五、矩阵型是过渡形式

组织结构从垂直型向水平型转变是适应市场价值需求变化的必然结果，矩阵型组织结构是企业为了实现这种结果而进行的大胆突破，具有划时代的意义。

矩阵型组织结构是在传统的运行秩序中，由来自不同职能单元的价值创造者共同组建成临时性团队，这样就会在垂直的运行秩序中，再增加一种横向的运行秩序，企业中出现了两种运行秩序，但是最初还是以垂直型为主，如图2-13所示。

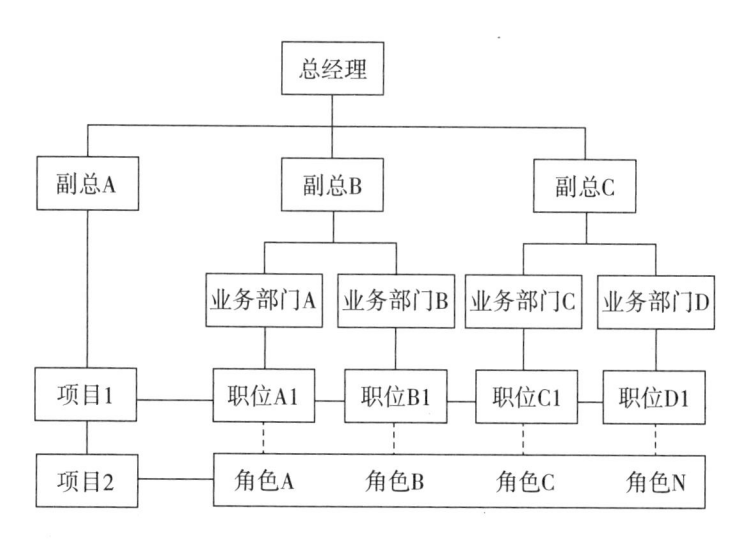

图2-13 矩阵型组织结构

在矩阵型组织结构中，水平管理线条是专门为新的价值需求所设置，这些需求与传统的价值需求具有一定的差别，但对企业未来发展具有重要影响，因此多数是以"项目"的形式体现，由临时性团队完成，水平管理线条就成为一种"项目管理"。这些水平管理线条实际上是相对完整的业务流程，把相关职能统一在一起，进行系统化管理，完成一个项目就是完成一个价值创造过程，因此矩阵型组织结构同时具备了垂直管理和水平管理的双重特征，这样就形成一个矩阵形状。

由于项目团队成员来自不同的职能单元，职位等级系统无法在项目团队中形成，因此团队内部是平等的能力互补关系而不是传统的等级管理关系，有利于调动团队成员的主观能动性，能够高效地完成某一特定任务，实际上矩阵型组织结构已经打破了传统的管理模式。当一个企业中这样的项目团队不断增多时，说明市场价值需求的变化程度不断加剧，直线职能型组织结构越来越无法应对市场生态的改变。西方管理学中的"项目管理"理念出现在20世纪60年代，也是西方一些企业逐渐向客户价值形态转变的阶段，当时项目管理应用范围只是局限于建筑、国防和航天等少数领域，但是到了20世纪80年代则得到普遍应用。项目管理本质是流程管理，也是市场生态发展的必然结果，预示着企业从精英价值形态开始向客户价值形态的转变。

当垂直管理线条中不断增加水平管理线条后，一个企业中就同时存在横、纵两种运行秩序，越来越多的价值创造者将处于两种管理方式中。由于存在两种运行秩序，难免会令人无所适从，因此最初水平管理线条都是临时性存在，项目结束后团队成员各回其位。但是市场价值需求持续变化导致"临时"变成"常态"，企业必然要正视这种冲突。在作者看来,冲突主要是因为支撑两种运行秩序的基础存在本质区别,一种运行秩序是以职位等级为基础,另一种运行秩序是能力差异为基础,如果一个价值创造者"脚踩两只船",如何能进行持续的、有效的价值创造活动呢?矩阵型组织结构必然无法长期稳定存在,企业要么采取垂直型的管理模式,要么采取水平型的管理模式,因此严格意义上说矩阵型组织结构是一种过渡形式。

矩阵型组织结构让业务流程成为另一种新型的运行秩序出现在企业中,这说明企业完全可以采取水平型管理模式,当人类的价值特征发生改变时,直线职能型组织结构就会解体,流程型组织结构就会形成,企业将迎来一个崭新的形态——客户价值形态,流程型组织结构是对传统管理模式的彻底颠覆。

六、流程型是颠覆传统

流程型组织结构是以客户为导向,通过业务流程搭建企业的运行秩序。企业价值创造活动以及价值形式都体现在业务流程上,相对职能型、事业部型组织结构而言,不但变得更加复杂,而且是一种水平型的管理模式。

20世纪80年代初到20世纪90年代,西方许多规模庞大的企业结构臃肿,运行效率低下,难以适应市场生态的变化,出现了所谓的"大企业病"。为了改变这种状况,美国学者迈克尔·哈默与詹姆斯·钱皮提出了企业再造理论,两人联名出版了专著《企业再造》。在书中系统阐述了企业流程再造(即 BPR,也译作"企业流程重组")思想,提出只有通过流程再造才能使企业彻底摆脱传统管理模式的弊端，这一全新的思想一经提出，立刻震动了西方管理学界。

所谓业务流程是由一组价值创造活动构成的一个相对完整的价值创造过程，这组活动有一个或多个输入，输出一个或多个价值成果，而这些价值成果对业务流程上的客户来说是一种增值。业务流程始于客户价值需求，终于价值需求的满足，使命就是为客户创造价值，因此客户价值形态就是以流程型组织结构支撑其有效运行，充分体现客户价值。

业务流程的出现为企业创建了一种新的运行秩序，这是对传统组织运行秩序的颠覆，彻底改变精英价值形态的管理模式，开启组织管理的新篇章，开放型的组织形态正式形成。流程型组织结构形如八边形，相对于三角形、梯形而言，形状变化更为明显。

在流程型组织结构中，职能分工与专业化协作结束，取而代之的是统一性、系统化的流程管理，责、权、利配置在业务流程上，团队成为企业最小价值创造单元，不同的团队完成不同的业务流程，流程之间形成价值交换关系，使业务流程（团队）能够独立地体现价值，这时客户的需求力与团队的创新力共同为企业创造主要价值。在客户价值形态下，股东与精英团队之间委托代理关系结束，固定的经营管理团队被流动的流程管理者所取代，相同的业务流程可以有不同的流程管理者，使流程管理者与价值创造活动结合更加紧密，灵活性更加明显，如图2-14所示。由于企业没有固定的精英团队，团队协作决策模式向多元独立决策模式转变，所谓"多元独立决策"是指每个决策者独立表达意见，多数相同意见为最后决议结果，这是一种集体决策、个人负责的形式。

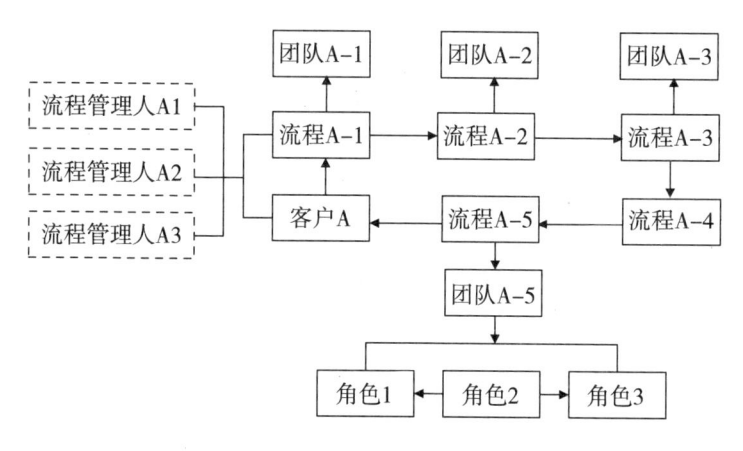

图 2-14 以流程为基础的流程型组织结构

流程型组织结构通过业务流程把不同的职能统一起来，解决了由于客户价值需求不断分散而出现的职能单元之间的协作不畅的问题，同时流程型组织结构能够使业务流程依据价值需求的变化而灵活调整，企业与市场生态的契合度加强，因此流程型组织结构是一种开放型的组织结构，这是封闭型组织不具备的特征。流程组织结构在使分散的价值需求得以满足的同时，也让更多价值创造者体现出了价值，为企业带来了新的生命力，此时的企业才真正成为一个成熟的独立个体，独立人格得到体现。

流程型组织结构需要先进的信息技术支持，使价值创造活动在业务流程之间能够有效对接，使复杂的流程管理变得简单化，从组织结构的演变过程中能够发现，科学技术在管理实践中的运用对企业发展起到推动作用，促使组织形态从低级向高级转变，流程型组织结构也是信息技术发展到一定程度时才会出现在组织形态中。

流程型组织结构以创新团队取代职能单元，业务流程之间的价值交换使团队的价值可以独立体现,但是团队成员依然无法独立体现价值,由于创新团队内部是以能力素质为基础的价值协作关系,这与市场生态的价值交换原则又背离,企业内部价值原则无法使个体的价值创造链条实现统一,因此在"无形之手"的作用下客户价值形态还会继续变形。

七、网络状是万法归宗

利益相关者价值形态终于让个体的价值独立地体现出来,这也说明一直是人性推动着组织形态的不断演变,直到组织中所有个体的价值可以独立体现为止,这是人类最终的价值追求,正是万法归宗。

在利益相关者价值形态下,固定业务流程逐渐消失,因为在客户价值形态下,业务流程毕竟是企业依据事先设计的价值创造过程,业务流程在价值需求出现之前已经确定,价值创造按照业务流程进行,因而这种秩序不一定是最优的价值创造过程,只有依据价值需求特点定制的业务流程才会实现价值最大化,才能实现价值需求与价值创造的充分结合,因此固定存在的业务流程必然会被即时性的业务流程所取代。在利益相关者价值形态下,价值创造者是以散点的形式分布在企业组织中,当客户价值需求出现时,价值创造者可以即时组成一个价值创造团队,完成一个价值创造活动,当一个企业内部出现众多这类业务流程时就构成一种网络状的组织结构,每个业务流程都按照客户价值需求完成价值创造。企业内部没有固定部门、固定职位以及固定团队,完全实现了无边界化,没有了职能"墙"、职位等级"墙"、团队"墙"后,企业运行效率最高,内耗最小。当然要想实现有序的运行，从今天来看其内部复杂程度不言而喻，要想有条不紊地运行起来，需要借助更加先进的技术手段才能实现，这是有形组织的最高级形态，作者用圆形来体现这种网络型组织结构的特点，如图 2-15 所示。

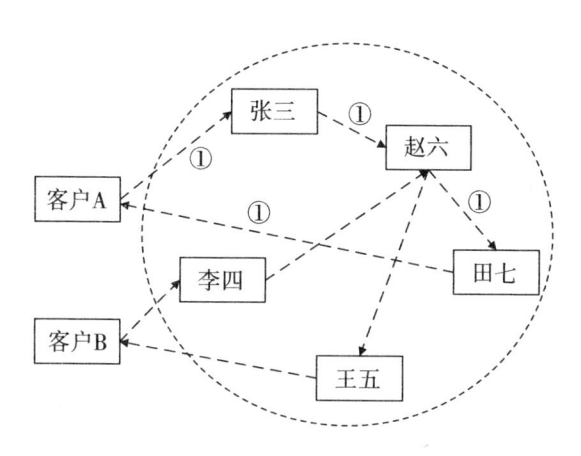

图 2-15　以散点为基础的网络状组织结构

英国著名的经济学家罗纳德·科斯认为，当市场交易成本高于公司内部的管理协调成本时，公司便产生了，公司的存在是为了节约市场交易费用，即以费用较低的企业内交易代替费用较高的市场交易。当市场交易的边际成本等于公司内部的管理协调的边际成本时，就是公司规模扩张的界限。在企业形态进化过程中出现的职能部门、项目团队、业务流程甚至是职位，皆是因为能够降低企业内部交易费用。当企业内部逐渐成为一个成熟的价值交换市场时，这些内部组织形式将随之一一消失，最后价值创造者将直接独立地存在于企业中，这个过程也导致企业空间形态不断改变，使企业从封闭型组织形态转变为开放型组织形态。

利益相关者价值形态可以依据独特的价值需求进行价值创造，企业具有极强的灵活性和市场反应能力，这时企业内外部价值交换更加紧密，能够维系企业形态存在的是企业的独特人格。组织人格不仅凝聚了价值创造者，而且导致多元独立决策模式转变为组织人格决策模式，决策以是否符合组织人格特征为准绳，这种决策形式体现在企业所有价值创造活动中。

网络状组织结构虽然使企业运作效率达到最高、资源消耗降到最低，但必须借助更先进的技术工具才能支撑这种秩序的有效运行，目前的技术水平很难实现，只能期望于未来。

利益相关者价值形态虽然体现个体的独立价值，但是企业与个体之间的人格特征冲突，以及个体与个体之间的人格特征冲突必然存在于这种组织形态中，这是由人的复杂性所决定的，因此利益相关者价值形态依然会发生演变。网络状组织结构将突破有形组织边界，支撑无形组织的运行，价值创造组织无形化使运行效率更高，运行成本更低，更符合未来人性的特征。

八、业务流程就是结构

很多时候会遇到这样一个问题："建立运行秩序，是先有业务流程还是先有组织结构？"

这个问题曾经困扰作者很长时间，直到近几年才发现，原来这是一个伪命题，问题本身就是一个问题，因为这个问题已经把业务流程和组织结构进行了天然分离，使组织结构与业务流程划分为两个不同的领域，基于这种认识，无论如何回答这个问题都会有不同答案。

| 第二章 | 进化——10S演变历程（上）

在一个组织中，必须有发出指令的权力主体，但是没有任何规定必须是按照从上到下的垂直方式，也可以是水平方式，或是其他方式，指令的发出方式与权力的基础密切相关，不同的权力基础就会有不同的权力体现方式，只不过今天的人们习惯于从上至下的传统方式，但是改变从来都是对传统的挑战，没有改变也就没有所谓的进化，当新的组织形态出现时，传统方式也必将改变。业务流程本身就是一种结构，只不过这种结构强调一种横向的运行秩序，价值创造活动在业务流程上进行，责、权、利等价值形式通过价值创造者的能力素质体现，而能力素质则是"人"与"工作"的结合，也是权力产生的基础之一，作者将在第四节、第五节继续介绍。

在企业发展的历史进程中，以直线型、职能型为主的组织结构曾经使企业取得过辉煌成绩，因此在很多人的潜意识中，企业应该采取从上至下的垂直管理方式，单人决策模式或团队协作决策模式是企业发展的必然选择，尤其当市场生态中的企业普遍采取这些方式时，就会让人们认为垂直型管理模式顺理成章，这就是所谓的传统，反映了人的价值特征，但是当市场生态发生变化时，固守传统就会形成阻力，而改变就会成为挑战。

业务流程理论出现后拉开对传统管理模式挑战的序幕，建立在业务流程基础上的一系列先进的管理理念如雨后春笋，有力地推动了西方企业形态的演变。西方世界曾经经历过两百多年的思想启蒙运动，封建等级意识弱化，民主平等意识提升，向开放型管理模式转变较为容易，因此类似流程型组织、学习型组织、生态型组织等新理念能够找到适合的土壤；相比较而言，中华民族受到传统文化的影响较为明显，尤其是强调等级礼治的儒家思想、君权至上的法家思想，与封闭型组织形态相得益彰，因此流程型组织结构的改造相对较难，这也是未来中国企业变革的最大障碍，从精英价值形态向客户价值形态的转变不仅仅是挑战企业家的勇气与智慧，更是在挑战两千多年的中国传统文化，其难度可想而知。

为了适应市场价值需求的变化，在过去的几年中，有相当一部分中国优秀企业开始进行流程改造，尝试在传统的组织结构中实现流程管理的效果，也许一位著名企业家的话能够道出其中的感受："上ERP找死，不上ERP等死"，"找死"一说是因为ERP与垂直型管理模式不兼容，属于自寻死路，"等死"一说是因为垂直型管理模式在日益变化的市场中内耗严重，最终将导致灯尽油枯。几年下来，很多企业的流程再造变成了流程改良，徒有其形而无其效。

到底传统的组织结构是否能够支持以客户为导向的价值创造活动，在这个问题上作者也思考了很长时间，最后得到的答案是否定的，不同的组织形态有其必然的组成结构，客户价值形态依据业务流程进行价值创造，组成结构发生了本质变化，这种形态就是为实现客户价值，在不断开放的市场环境下，其优越性远远超过了传统的金字塔状的组织结构。当企业进行流程再造时，如果只是进行流程改良而没有勇气打破垂直型管理模式，最后依然难以顺利实现"变形"。

美国长青企业——杜邦公司至今已有200多年历史，杜邦公司的组织结构也经过了直线型、职能型、事业部型、矩阵型等典型的组织结构形式，直到20世纪末才开始向流程型组织结构转变，其中也经历了这种痛苦的变革过程，值得中国企业借鉴与思考，作者将在第四章介绍杜邦公司的进化历程。

九、结构稳定如何实现？

组织结构是企业的运行秩序，组织结构的稳定性代表企业运行秩序的稳定性。稳定性也是企业价值平衡状态的体现，说明其价值创造能力与价值形式相匹配，市场生态、组织形态、人性特征三者处于最佳状态。四种组织形态与市场生态发展的不同阶段相适应，同时体现了不同的人性价值特征，但是支撑四种组织形态运行的组织结构是以不同形式体现稳定性的。

在股东价值形态下，直线型组织架构相对扁平化，单人决策模式导致企业没有过多的管理层级，企业类似于三角形，这是一种稳定性较强的结构，有利于股东价值的体现；精英价值形态下，直线职能型组织结构有利于精英团队价值的体现，团队协作决策模式使三角形变成了梯形，这也是一种稳定性较强的结构，这两种结构统称为金字塔型的组织结构，也可以称为封闭型的组织结构。这类结构的稳定性在于减少与外部生态的接触面积，降低风险出现的可能性，强调底部的基础建设，使价值集中在结构的顶部。因而对封闭性组织具有破坏力的风险与危机多数从顶部开始，当危机出现时主要通过内部消化解决，组织规模越大消化风险能力越强。埃及金字塔能千年不垮绝不是偶然，这是人类智慧的结晶，只要内部骨架不散，都能够维持基本形状，其稳定性可见一斑，但是这种结构只适用于封闭的生态环境中，在开放的生态中容易受到多方面且频繁的冲击，多种力量累加在一起有可能超出组织承受边界，从而摧毁这种金字塔式的结构。因此，在市场生态成熟后，客户价值分散且多变，这种组织结构反而会不利于组织发展，运行机制的僵化与保守使企业无法提升价值创造能力，只能定位于生态价值系统的资源提供者与需求标准化制造者，属于低级组织形态，处于产业价值链的上游，为下游的高级形态组织提供资源、输送价值。

在客户价值形态下，流程型结构使企业内部与外部生态建立起良性的互动关系，使内外部价值主体走到一起，共同进行价值创造，这时组织结构类似八边形。在利益相关者价值形态下，内外部价值主体交流更加频繁，为了满足独特的价值需求，价值创造向最优化组合转变，企业内部形成价值创造网络，这时组织结构类似圆形。这两种结构由于企业内外部价值主体价值的相互结合，可以统称为开放型组织结构，这类结构的稳定性在于扩大与外部的接触面积，增加风险的疏通渠道，强调企业应对市场生态的灵活性，当危机出现时企业通过向外部生态转移风险而保持自身稳定。例如，当经济危机发生时，开放型企业首先受到影响，但是能够立刻做出反应，通过转化风险而迅速恢复原状，而封闭型企业则需要较长时间进行内部消化。同样开放型的组织形态只适于在开放的生态环境中生存，这是"适者生存"的道理。当市场生态成熟时，开放型企业将成为生态价值系统中的需求创造者以及需求具体化者，属于高级组织形态，处于产业价值链的下游，价值体现更明显，但是企业边界也开始变得模糊。

虽然企业形态有高低之分，但严格来说没有优劣之别，完全取决于所处的生态环境以及自身的价值创造能力，从组织形态进化过程来看，进化既是主动也是被动行为，生态、组织、人三者始终追求价值平衡，相对于生态和人而言，超前或滞后的组织形态都存在着风险，有时进化得越快反而死得越快，退化反而活得长久。但是，在市场生态逐渐融合的大趋势下，开放型组织结构越来越体现出其优越性，其稳定性也将体现得比较明显，而封闭型组织正好与其相反。

随着经济生态不断向前发展，产业价值链将继续向下游延伸，知识经济的全面到来将导致产业价值链上游一端的简单价值创造活动被新型价值创造工具所代替，如智能机器人的应用，而产业价值链下游一端则成为人类的主要价值创造活动内容，这种变化趋势已经越来越明显。

第四节　价值单元结构的演变

上一节作者提到组织结构是企业内部的运行秩序，有了运行秩序就会有基本的价值单位。什么是价值单元？价值单元是指企业中能够独立完成价值创造活动，价值成果可以用来进行价值交换的最小价值创造单位，不同的价值单元有不同的价值创造形式，而价值单元结构则是价值单元的组成关系。企业的价值创造活动就是由这些价值单元依据运行秩序进行，企业形态的演变也伴随着价值单元结构的变化。

价值单元最基本的特点是进行价值创造、有价值产出，可以用于价值交换，这与经济学中劳动价值理论有一定的关系。劳动价值论起源于英国的亚当·斯密，经英国的李嘉图及威廉·汤普逊发展，终于德国的马克思。劳动价值理论提出商品的价值是由劳动创造，无论是体力劳动还是脑力劳动，都会产生劳动价值。马克思认为"商品"具有二重性,即价值和使用价值,使用价值是指用来满足人们某种需要,而价值是指凝结在商品中的一般人类劳动,因而各种商品价值只有量的差别,而无质的区别。这些经济学家、社会学家的观点是把"商品"作为价值交换的起点,也就是说"商品"这个概念是把企业当成了市场生态中最小价值单元,价值交换以企业为单位,而不是劳动者本身,劳动者的价值需要通过企业体现,因而"商品"中凝聚了企业内部所有劳动者的抽象劳动。

但是随着人性特征的转变,企业形态也发生了改变,尤其是空间形态的改变,企业不再是最基本的价值单元,企业内部逐渐出现价值交换市场,"商品"出现在企业内部的价值创造过程中,那些阶段性价值成果或价值产出可以称为"商品",而企业内部也建立了一套价值原则,这时企业价值创造过程变成一个价值成果交换过程,只不过没有把价值成果定义为"商品",通过组织结构,价值成果从一个环节交换到下一个环节,被下一个环节使用,最后形成产品,当产品走出企业在市场生态中进行交换时就变成"商品"。市场生态中的价值交换原则让商品的使用价值得到体现,同样企业内部价值原则也让价值成果的使用价值得到体现,价值成果在企业内部流转时,凝结的则是抽象的价值创造能力。当企业空间形态相对封闭时,内部无法形成价值交换市场,价值成果不能进行交换,企业就是最小的价值单元,但是随着企业空间形态的不断开放,内部价值交换市场的逐渐形成,价值成果可以在企业内部进行交换,导致价值单元逐渐微型化,最后价值创造者个人成为最小的价值创造单元。从劳动价值理论的研究背景来看,正是西方多数企业处于股东价值形态的阶段。

在股东价值形态下价值单元是企业组织,这是一种集体共同创造价值的形式；在精英价值形态下价值单元是职能部门，这是一种分工协作创造价值的形式；在客户价值形态下价值单元是创新团队，这是一种独立统一创造价值的形式；在利益相关者价值形态下价值单元是价值创造者个人，这是一种即时组合创造价值的形式，当个体成为最小的价值单元时，人的价值性就得到了充分体现。

价值单元承载着基本的价值形式——责、权、利，在企业形态进化中，价值形式随着价值单元结构的改变而变化，价值产生基础以及配置方式也随之发生改变。

一、价值单元结构演变规律

价值单元结构与企业空间形态的变化密切相关，当企业空间形态相对封闭时，企业与市场生态中其他个体价值交换较少且相对稳定，最小的价值创造单元就是企业本身，当企业空间形态相对开放时，不仅企业与市场生态中其他个体的价值交换开始频繁，企业内部也逐渐出现价值交换行为以及价值交换市场，当利益相关者价值形态出现时，企业内部价值交换市场成熟，最小的价值单元是每个价值创造者。在组织形态进化过程中，四种典型价值形态将出现四种价值单元形式，如图2-16所示。

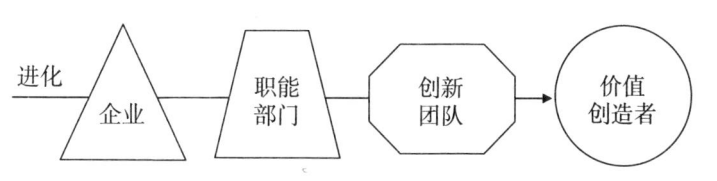

图2-16 价值单元结构演变规律

在股东价值形态中，企业就是最基本的价值创造单元，其特点是集体共同创造价值。资本通过占有独特资源间接为企业创造价值，同时把所有组织成员的价值创造都凝结在"商品"中，便于最大程度地体现资本的价值。直线型组织结构便于集中所有的价值创造活动，使企业成为一个完整的价值创造个体，内部没有任何价值交换空间。

在精英价值形态中，职能部门是最基本的价值创造单元，其特点是分工协作创造价值。职能型组织结构使精英的领导力与专业能力在各职能单元中得到发挥，精英团队价值得到体现，少数职能部门之间开始出现价值交换行为，一个职能部门的价值成果能够被另一个职能部门使用，最后制造出客户所需要产品，虽然内部价值交换关系变得越来越清晰，但是垂直型管理模式导致价值交换原则具有明显的局限性，职能部门价值无法得到独立体现。

在客户价值形态中，创新团队是最基本的价值创造单元，其特点是独立统一创造价值。流程型组织结构把不同的职能统一在一起，在一个流程上能够进行系统的价值创造活动，这时团队创新力为企业创造主要价值。企业内部初步形成价值交换市场，创新团队之间可以通过业务流程进行价值交换，通过建立与市场相似的内部价值交换规则使创新团队（业务流程）的价值得以体现，但是团队内部仍然是价值协作关系。

在利益相关者价值形态中，价值创造者个体成为最基本的价值创造单元，其特点是即时组合创造价值，价值创造者可以依据价值需求特点即时组建价值创造团队，共同完成一项价值创造活动，价值创造者之间以人格特性为基础进行价值交换，企业内部价值交换市场逐渐成熟，网络型组织结构让每个价值创造者的价值得到独立体现。

价值单元结构的演变经历了企业、职能单元、创新团队、价值创造者四个阶段，价值创造形式也经历集体共同创造价值、分工协作创造价值、独立统一创造价值、即时组合创造价值四种形式，在这个过程中人的价值逐渐独立呈现出来，这符合人性的演变规律。随着价值单元结构的演变，企业空间形态逐步发生变化，其内部价值交换市场从无到有，最后成熟，"商品"最初由企业产出，然后到职能部门产出，再到创新团队产出，最后到个人产出，这个过程与市场生态的变化规律一致。

二、集体共同创造价值

人类之所以具备社会属性，其中一个主要原因是个体的价值创造能力无法独立满足价值需求，需要不同个体有机组合提高价值创造能力，这样就会形成稳定的价值创造组织，企业的出现就是价值需求与价值创造相互作用的产物，通过企业把个体的价值创造能力与价值创造资源集中起来，而这一切必须借助资本才能实现，因此资本也顺理成章地成为企业的第一种价值创造能力。在产业生态中首先出现的是股东价值形态，企业成为最小的价值创造单元。

当企业成为最小价值单元时，这是一种集体共同创造价值形式。

在股东价值形态中，资本与独特资源结合为企业创造主要价值，资本的趋利性是追求资本收益最大化，企业内部任何价值交换行为都会造成资本与资源的消耗，因为价值交换行为会产生交换成本，这些成本会降低资本收益，因此最佳方式是使企业成为最小的价值创造单元，把所有创造出来的价值都凝聚在最终的产品中，企业才能获得最大的价值，这与中国古代法家提出的"利出一孔"的思想不谋而合。

由于企业内部没有价值交换，价值创造活动变得相对简单，这也是价值创造者的创造力普遍较低的主要原因，当所有的价值创造都凝结在"商品"中时，个体价值根本无法体现，这时价值衡量标准不是工作时间、劳动强度，而是以结果为导向，通过可以交换出去的"商品"来体现所有价值创造者的价值。价值的本质是对其他个体的有用性，当没有成为"商品"时，所有个体的价值就不会实现，但是成为"商品"时，个体价值也只能被间接地通过集体方式体现，当个体的独立价值根本无法体现时，个体的主观能动性降到最低点，企业严重缺乏创造力，因此这时企业的价值创造成果多数都是对独特资源的简单加工，而股东价值形态多数处于产业价值链的上游，在市场价值系统中是资源的提供者。

资本虽然本身不能直接创造价值，但是却可以通过占有独特资源，聚集劳动者的价值创造成果，通过满足客户的价值需求直接体现价值；个体虽然直接创造价值，但只能间接体现价值，这也就是为什么股东价值形态下，资本与劳动者之间的价值冲突是企业的主要问题。

企业成为最小价值创造单元时，企业形态最为封闭，与市场生态的交流主要是股东或其代理人，多数组织成员被屏蔽在企业内部，集体共同创造价值方式导致企业更多地采取单人决策模式，由股东或者其直接代理人掌握公司主要权力，企业的管理原则完全体现控股股东意志，通过指令把股东意图贯彻到企业的运行系统中，保证股东价值的最大体现，使资本价值创造能力与价值体现形式相统一。以指令为基础的管理方式一般强调组织纪律、重视奖惩等管理手段，直线职能型组织结构成为股东价值形态的首选。

股东价值形态下，人的价值特征主要体现出低层次的缺失需求，其特点是需求明确、相对集中，因此企业价值创造相对简单，提供的产品多数是成熟型产品，企业整体运行机制相对灵活，但无法进行大规模的、复杂的价值创造活动，企业规模扩张将受到限制。当人的价值特征发生改变时，资本的价值创造能力无法推动企业继续发展，这时在企业内部出现职能分工，职能部门陆续建立，直线型组织结构向直线职能型结构转变，企业不再是最小的价值创造单元。

三、分工协作创造价值

人类的价值需求始终都在不断提升，大集体式的价值创造无法满足客户价值需求，这时资本价值创造能力开始弱化，精英群体崛起迎来领导力为企业创造价值的时代，企业进化到了精英价值形态。

社会化分工导致企业内部出现职能分工，企业价值创造需要不同职能单元分工与协作，价值创造成果在不同的职能单元之间流转，企业内部出现局部的价值交换，这时职能部门就成为最小的价值创造单位。

当职能部门成为企业最小价值单元时，这是一种分工协作创造价值的方式。

在精英价值形态中，不同的职能部门分别进行价值创造，然后通过部门之间的协作形成最终的产品，企业依据这种价值创造方式制定相应的价值原则。然而，随着企业不断发展，出现了明显的价值交换行为，一项价值成果由一个职能部门创造出来被另一个职能部门使用，然后再到下一个职能部门，使企业内部出现两种价值关系，由于价值交换无法在职能型组织结构中彻底形成，因此精英价值只能以团队形式体现，这个问题将始终存在于精英价值形态中，而且成为这种企业形态的主要变革动力。在以分工协作创造价值的方式中，职能单元的价值创造能力将影响到最终的价值成果，迈尔·克波特的价值链理论指出企业发展将受制于"职能短板"，而"短板效应"在精英价值形态中体现最为明显。

当职能部门成为最小价值创造单元时，权力配置在职能部门中，两权分离使管理权威与专业权威获得经营权，领导力与专业能力在这些职能部门中得到充分发挥，分工协作创造价值的方式导致企业采取团队协作决策模式。分工协作也是分权协作的过程，高度集中的权力开始分散，分权使企业管理方式向前迈进了一大步，但权力在各职能部门中仍然较为集中，相对于股东价值形态而言，这种权力配置方式促进企业规模有效扩张，同时也分散了决策风险。为了保证领导力的发挥，各职能部门建立以职位等级为基础的标准化管理系统，责、权、利与职位等级对应，以目标为导向的业绩管理成为企业主要管理手段，在职能部门中实现了价值创造能力与价值体现形式的统一。直线职能型组织结构取代直线型组织结构，不仅使职能部门的地位凸显，也为规模化、标准化的价值创造提供有效的运行秩序，但是随着职能分工越来越清晰，职能部门的独立性也越来越强，职能部门之间或者说精英之间的价值冲突也会越来越明显，这时直线职能型组织结构向事业部型转变，在分工协作价值创造方式中力图建立与市场相似的价值交换规则，使职能部门的价值能够独立体现。

职能部门成为最小价值创造单位提高了价值创造活动的复杂性与创新性，但是人的价值性变化不会就此停滞，当低层次的价值需求满足后，将出现高层次的价值需求动机，企业形态为了适应人类价值需求结构的改变，依然会继续进化，这次的进化是历史性的，从组织基本形状的变化也能发现这一点，这时封闭型组织管理模式也将转变为开放型组织管理模式。

值得一提的是美国企业20世纪60年代以后出现的首席官制度，"首席"在汉语中是指最尊贵的席位，当精英价值形态中出现"首席官"时，这是向客户价值形态转变的信号，在价值创造链条统一性的作用下，各职能单元将纷纷要求独立体现价值，各种"首席官"将越来越多，这时组织结构开始向流程型转变，接下来职能分工、专业协作将被统一化、系统化的流程管理取代。如果某个职能领域的"首席官"不能在该领域中获得最尊贵的地位，那么这种首席官制度也仅仅是在职位称呼上有所创新。

四、独立统一创造价值

从股东价值形态到精英价值形态都是少数群体在为企业创造主要价值，但是组织由所有价值创造者组成，组织应该为更多的价值创造者提供价值实现的机会，人类的价值特征的进一步变化将使之成为现实，客户价值形态迟早将会到来。客户价值形态的价值创造能力有了进一步提升，团队创新力为企业创造主要价值，这是人类的价值需求与价值创造相互作用的结果。

市场价值需求的变化对企业价值创造提出了更高的要求，主要体现在价值需求动机开始变得分散、抽象，仅仅依靠少数人的价值创造根本无法满足这种价值需求，必须更多的价值创造者发挥出价值创造能力，这时职能部门开始解体，以骨干为核心的团队逐渐形成，精英领导力则被团队创新力所取代。创新力是一种综合素质的体现，由不同能力有机组合而成，创新力来自人类的主观能动性，建立在人性的平等与尊重基础上，具备创新力的团队一般称之为创新团队。创新团队成为客户价值形态中最基本的价值创造单元，完成基本的价值创造活动，而流程型组织结构为此提供保障。

当创新团队成为最小价值单元时，这是一种独立统一创造价值方式。

客户价值形态以业务流程作为运行秩序，一个核心业务流程就是一个完整的价值创造过程，核心流程又由次级业务流程构成，次级业务流程又能够继续细分，这样就形成一种流程型组织结构。每个业务流程都是一个价值创造过程，由不同的创新团队负责，企业就演变为由创新团队构成的创新组织。业务流程之间可以进行价值交换，能够使不同层级业务流程的价值独立体现。以业务流程为基础的价值创造活动能够把不同职能集中在一起，进行系统化管理，形成一种独立统一的价值创造方式。所谓"独立"是指不同层次的业务流程可以独立进行价值创造与价值交换，而这些流程又"统一"在一个核心业务流程中，最后与客户价值需求对接。

创新团队的出现使多数价值创造者的价值得到体现，独立统一的创造价值方式导致企业更多地采取多元独立决策模式。企业的决策机构与核心业务流程直接对接，便于提高对客户价值需求的反应效率，因此在客户价值形态中只有稳定的决策机构，而没有固定的经营团队，取而代之的是分散的、独立的流程管理者。权力配置在业务流程上，同一业务流程权力相对集中，不同业务流程权力相对分散，业务流程之间能够形成权力制衡。

传统的职位等级压制了人的主观能动性发挥，因此在创新团队中以能力差异取代职位等级，团队角色取代固定职务，团队成员依据不同的能力素质扮演不同的团队角色，强调成员之间能力素质的互补性，领导力、专业能力只是团队创新力中的必要组成部分，价值创造者在平等的基础上共同进行价值创造活动。在创新团队中，成员能力素质主要通过其行为表现，360度全面评价成为衡量能力素质的主要方式。目前360度评价未能在中国企业中普及也是因为价值单元不是以团队形式体现，只能以从上至下的绩效评估方式为主。

独立统一的价值创造方式能够使业务流程依据价值需求特征进行灵活调整，客户价值得到充分体现，价值需求越分散，客户与创新团队结合越紧密，此时业务流程将从企业内部伸向企业外部，要么客户走进企业，要么团队走出企业才能完成价值创造活动。

当最低层次的缺失需求不再困扰人类时，人类将转向对生长需求的追求，生长需求也是一种独特的价值需求，如认知、审美、自我实现。每个人的生长需求动机不同，而且能够不断生长，需要进行具体化才能进行价值创造，当企业主要满足这类价值需求时，企业将演变为一种更高级的组织形态，这时所有价值创造者都能独立地体现价值。

五、即时组合创造价值

当人类的价值需求高度分散时,就成了一个个独特的价值需求,这是人的价值特征演变的方向。作为价值创造组织——企业而言也将进化到利益相关者价值形态,而价值创造者终于能够独立创造价值,成为企业中最小的价值创造单元。

当价值创造者成为企业中最小价值单元时,是一种即时组合创造价值的方式。

利益相关者价值形态下,企业所处的外部市场生态充分开放,企业内部价值交换市场已经成熟,个体可以独立进行价值创造与价值交换,固定的业务流程逐渐消失,个体之间可以依据价值需求的特点即时组建价值创造团队,进行一个完整的价值创造活动。一个价值创造者的价值成果由另一个价值创造者使用,经过价值创造后再被下一个价值创造者使用,直到最后完成价值创造过程。个体成为最小的价值创造单元是企业创造能力的充分体现,个体之间不需要稳定的依存关系,可以有选择地即时组合,能够支持这种价值创造形式的是网络状的组织结构,个体平时散落在企业内部,当客户价值需求出现时,个体可以形成最佳的业务流程。这种价值创造及价值交换方式需要以人格特征为基础,价值创造者需要具备这种人格特征,这是能够共同进行价值创造活动的纽带。价值创造活动之所以能够顺利完成是因为个体之间基于人格特征而相互信赖,并能够创造出独特的价值成果,满足人们的生长需求。

当所有价值创造者共同为企业创造价值时,价值创造者都是权力主体，权力变得高度分散，同时权力配置原则也发生彻底改变，当价值创造活动开始时权力才会出现，价值创造活动停止时权力立刻消失，权力与价值创造活动即时匹配，与其他价值形态相比具有明显变化，实现了人与权力的同步配置。即时组合创造价值方式导致企业更多地采取组织人格决策模式，企业决策机构主要的任务是维护企业的人格特征（品牌），只有维护企业人格的独特性才能使个体创造出独特的价值来。

当个体可以独立创造价值时，并不意味着人类的社会属性将发生变化，即时组合价值创造形式是无形组织出现的前奏，这种价值创造形式也完全可以突破企业的有形边界。利益相关者价值形态出现在人类从缺失需求特征向生长需求特征转变的过渡阶段，低层次的生长需求是认知与审美，高层次的生长需求是自我实现，人们追求的是一种独特价值体验，这种价值需求因人而异，而且能够不断生长，利益相关者价值形态主要满足低层次的生长需求。当生长需求动机不断产生时，仍然需要通过价值创造组织实现，那时有形组织演变为无形组织。

六、一只"有形之手"

作者在前面提到过人的价值性体现在两只"无形之手"，这也是组织价值性的基础，其中一只"无形之手"是价值创造链条的统一，是指当价值创造、价值评价、价值分配的主体、客体一致时，将形成最佳的价值创造过程，价值消耗最低、价值创造效率最高，价值实现最大化。在市场生态中，价值创造链条的统一主要通过价值交换原则来体现。

一般来说企业内部始终存在两种价值关系，一种是价值协作关系，不同的价值创造者共同进行价值创造，相互之间协作与配合，所有价值创造能力共同凝结到最终的产品中，如图2-17所示，价值成果中凝聚了所有个体的价值，个体价值无法单独体现。

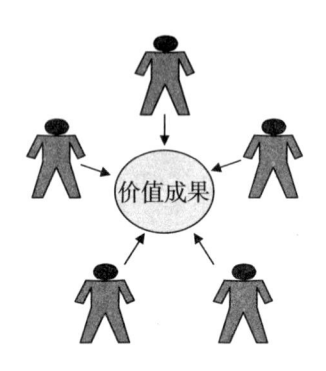

图2-17 价值协作关系

另一种是价值交换关系，不同的价值创造者之间交换价值成果，前一个价值创造环节结束交换到后一个环节，不同的价值创造能力凝聚到最终的产品中，这种价值交换关系便于形成与市场生态相似的价值交换原则，使人的价值形态在组织与市场生态中趋于平衡。如图2-18所示。

图2-18 价值交换关系

由于企业内部存在两种价值关系，为了解决这个问题，企业必须建立一套内部价值原则，使个体价值在企业内部得到独立体现，而这套价值原则必然与市场生态的价值原则存在一定的区别，由于这套价值原则具有一定的强制性，也被凯恩斯称为"有形之手"，这只"有形之手"需要尽可能地使组织中价值原则与市场生态中的价值原则相统一，只有这样才能实现组织与生态、组织与人之间的价值平衡。如何使"有形之手"与"无形之手"相互协调，需要另一类组成结构发挥作用——治理结构，也被称为价值管理原则，作者将在第三章第五节进行介绍。

企业的封闭性导致企业内部可以形成与外部生态不同的价值原则，使价值创造者处于两种价值原则之中。但是，价值创造链条的统一性将促使企业内部价值原则向市场价值原则转变，每一次组织形态的演变都使两种价值原则更加接近，当两种价值原则趋同时，企业形态边界也随之消失。

价值创造基本单元也是价值交换的基本单元，在一个以价值交换原则为基础的市场生态中，价值单元中存在的价值协作关系就显得格格不入，受到市场生态价值原则的影响，或者说是人的价值特征的影响，价值单元必然发生变化，在变化过程中使得越来越多的价值创造者可以独立体现价值，符合市场生态的价值原则。

在股东价值形态下，企业本身是最基本的价值创造单元，价值交换发生在产业生态中，而企业内部完全是价值协作关系，价值创造链条统一性体现在了产业价值链中，因此只有企业价值能够得到独立体现，内部价值原则才能完全体现股东意志。

在精英价值形态下，职能部门是最基本的价值创造单元，部分职能部门之间出现价值交换关系，如研发、生产、营销等环节，而有些职能部门之间还是价值协作关系，如人力资源管理、财务管理、行政管理等环节，只能通过内部价值原则尽可能地体现这些职能单元的独立价值，由于这时以价值协作关系为主，因此那些有价值交换行为的职能单元也无法清晰地体现价值，精英只能以团队形式体现价值，精英之间的价值冲突导致企业不停地自我调整，不断寻求价值创造链条的统一，因此事业部型、矩阵型组织结构相继出现，即为解决这个问题。

在客户价值形态下，创新团队是最基本的价值创造单元，业务流程使团队之间形成价值交换关系，业务流程上价值创造链条统一，团队价值可以独立体现，然而团队内部依然是价值协作关系，成员的个人价值只能以团队形式体现，因此团队内部必须制定一套价值原则让个人价值能够得到体现，但必然有别于外部的价值交换原则，团队成员对独特价值的追求将导致业务流程不断优化，直到固定的业务流程解体。

在利益相关者价值形态下，价值创造者是最基本的价值创造单元，企业内部价值交换市场形成，个人可以通过价值交换独立体现自身价值，由不同价值创造者即时组建的团队能够实现价值创造链条的统一，但是这时的企业价值原则建立在独特人格的基础上，依然与市场生态的价值原则存在明显区别。人性的演变规律导致组织人格与个人人格的冲突不断加剧，使企业内外部价值原则逐渐趋同，企业从有形组织向无形组织演变。

从组织形态的进化过程可以看出，企业内部价值关系从价值协作发展到价值交换，内部价值原则逐渐与外部价值原则接轨，对价值创造链统一性的追求将导致价值单元不断微型化，而企业价值主体则逐渐多元化，不同类型的价值创造者的价值陆续得到体现，直到所有价值创造者都能独立体现价值。

七、价值从何而来？

当人类的价值性主要体现缺失需求的特征时，价值基础离不开财产所有权，因为财产所有权是对物权的充分占有，个体价值直接或间接地建立在财产所有权的基础上，在市场生态中个体的责、权、利终将通过财产所有权体现。但是个体一般都在企业中进行价值创造，而企业在市场生态中有其自身的边界，并有一套区别于市场生态的价值原则，价值创造者至少处于两种价值系统中，为了实现价值形态的平衡性，需要通过企业所有权进行调整，因此在企业形态演变过程中，除了企业内部价值原则不断向市场价值原则靠近以外，价值主体的身份也发生了改变，到了客户价值形态，多数价值创造也是企业所有者。从价值原则的变化能够发现人类价值基础的变化规律，更容易理解人性的演变过程。

个体存在是因为具有价值，通俗地来讲，价值是指个体对其他个体的一种"有用性"，这种"有用性"不是空中楼阁，必然建立在一定的基础上，责、权、利都是来自这个价值基础。所谓价值基础是个体价值建立的依据，是价值产生的来源。价值单元是创造价值的最基本单位，四种价值单元形式具有四种价值创造方式，就会有四种价值基础。

股东价值形态下，企业是最小的价值单元，价值基础就是市场生态的价值基础——财产所有权，股东获得财产所有权，就能在企业中体现其价值，而且责、权、利的形式早已由市场价值原则确定，市场生态将维护这种价值基础，因为这也是市场生态的价值基础，也可以说这是一种通过占有资源而产生价值的形式；精英价值形态下，精英的价值形式通过股东正式授权获得，两权分离使股东与精英团队之间形成委托代理关系，职能部门成为最小的价值单元，这是一种由财产所有权衍生，但需要通过法定授权获得价值的形式，同时精英需要通过领导力创造价值，个人能力也成为一种产生价值的形式，因此股东价值形态的价值基础具有双重性；客户价值形态下，传统的委托代理关系消失，企业价值创造能力由团队创新力体现，团队成为最小的价值单元，团队创新力由不同的能力有机组合形成，这与精英获得价值的形式相似，只不过在客户价值形态中成为主要的价值基础；利益相关者价值形态下，价值创造者成为最小的价值单元，价值创造者基于人格特性产生价值关系，价值创造通过个人的独特人格实现，这是一种通过独特人格而产生价值的形式。

四种价值基础可以归纳为资源占有、法定授权、能力素质、独特人格四种形式，价值基础的演变体现了从完全的"物"到完全的"人"的过程，与人性的演变规律相同，资本无形化的过程也充分说明这种变化规律，作者认为这些也是人类社会价值系统中的主要价值基础形式，人的价值建立在这些价值基础上。通常来说人的价值不是建立在单一价值基础上的，而是一种价值基础结构，随着人性的演变而改变，一直到今天。

权力是价值的重要组成元素，价值基础即权力基础，西方管理学者对权力基础进行过系统的研究，读者可以从中发现异同，如表2-1所示。

表 2-1 西方学者对权力基础的研究

代表人物	权力基础	代表作品
马克斯·韦伯（德）	1. 传统的权力 2. 神授的权力 3. 法律赋予的权力	《政治作为一种职业》
约翰·科特（美）	1. 知识 2. 业绩与威望 3. 相互尊敬、羡慕、了解、义务和友谊 4. 运用权力的技能	《权力与影响力》
约翰·弗伦奇和伯特伦·雷文（美）	1. 惩罚权力 2. 奖励权力 3. 合法性权力 4. 参照性权力 5. 专家权力	《五种权力基础》
约翰·加尔布雷思（美）	1. 人格 2. 财产 3. 组织	《权力的分析》
詹姆斯·伯恩斯（美）	1. 占有资源 2. 动机	《领袖论》

这四种价值基础形式在人类社会发展过程中都出现过，中国五千年的悠久历史也会留下一些痕迹。从农业社会开始，人类的主要价值基础应该是资源占有，土地所有权就是中国封建专制社会中最基本的价值基础，任何重大社会变革都与土地所有权相关，这由人的缺失需求特征所决定，但在不同的历史时期也出现了其他价值基础形式，如以孔子为代表的儒家学说希望恢复西周"礼治"，并

提出"修、齐、治、平"的个人修养方略，说明封建西周的价值基础具有"法定授权"与"独特人格"等形式；以墨子为代表的墨家学说希望回到尧舜禹时代，人们可以通过"治水"的本领获得"禅让"的价值，说明尧舜禹时代价值基础具有"能力素质"等形式；以韩非为代表的法家学说强调"法治"，说明秦专制王朝的价值基础具有"法定授权"等形式，可以说这几种价值基础形式在中国历史上都曾经出现过。除此之外还有一种特殊的价值基础形式，即以自然界的价值基础代替人类的价值基础，这就是以老子为代表的道家学说，希望人类社会回归太古，完全遵守自然价值规律。

今天的人类社会依然主要体现缺失需求的特征，低层次缺失需求是"利"，高层次的缺失需求是"名"，合起来就是人们常说的"名利"，建立在财产所有权基础上的"名利"是人类在这个时代的价值追求，是人性的必然体现，放弃"名利"意味着脱离时代特性。因此在企业组织中，依然是以满足缺失需求为主的激励手段，或者以现金、实物为主的"利"为激励手段，或者以名誉、荣誉为主的"名"为激励手段。脱离人性的激励措施，往往会适得其反。

第五节　管理基础结构的演变

价值建立在价值基础之上，体现在各项价值创造活动中，而实现对价值创造活动的有效管理则需要依靠管理基础的支撑。

管理基础是各项管理机制建立的依据，是管理思想、制度、措施实现的基础，反映内部价值原则的特征，缺乏管理基础，价值创造活动无法有效进行，组织运行秩序无法建立，价值创造者的价值无法实现。由于价值单元从事最基本的价值创造活动，因此从不同的价值单元形式中能够发现组织内部不同的管理基础，管理基础结构就是不同管理基础的组成关系，是企业形态的重要组成部分。企业形态的演变与管理基础结构的变化同步进行，不同的组织形态中管理基础结构不同，通过对管理基础结构的研究可以发现组织形态的演变规律。

组织管理不是空中楼阁，一定会出现必要的管理行为，这些行为始终贯穿在价值创造活动中，管理行为的背后是一系列原则、思想、理念、方法、工具。管理基础使管理行为有了依托，从管理行为发生的那一刻起，管理基础就发挥着作用，组织形态管理理论中提到的三种原则、四种属性、四组关系都需要通过管理基础才能体现，管理基础让组织形态管理变得有规可循。

在组织形态管理理论中，生态、组织与人都是有机的价值系统，能够体现人性特征，因此作者认为管理始终都以"人"为基础，这里"人"是人性而不是具体的人，但是人性一直处于动态的变化中，尤其受时间、空间特征的影响较大，因此"人"并非一成不变，导致管理基础结构在不同组织形态中表现形式不同。例如，很多人认为管理除了"管人"，还要"管事"，这里的"人"和"事"都是管理基础，管理行为体现在"管人"与"管事"的过程中，这是人们对管理基础的不同认知，这种认知恰恰反映出"人"在变化，以不同的形式体现出来，四种组织形态就有四种典型的管理基础形式。

理解"人"需要先从"事"开始,这里的"事"为何物?在企业中所谓"事"就是一个个具体任务,是最基本的价值创造活动。例如,一件件"事"形成了"工作",一组组"工作"又形成了"职位"。"事"与"人"的关系一直体现在人性演变的过程中,反映人类对人性的探索过程,从管理基础结构的演变过程中也能看出它对人性的认知程度。

为了实现组织与生态、组织与人处于最佳的平衡形态,企业需要制定各项管理制度保障各项价值创造活动能够达到这一目标,因此建立在管理基础之上的管理制度不能脱离市场生态、企业形态、价值创造者三者之间的价值关系,否则企业发展将偏离其使命。在企业形态的进化过程中,建立在不同管理基础的管理机制具有明显的区别,本节以薪酬管理机制的变化为例说明管理基础结构的演化过程。

一、管理基础结构演变规律

在企业形态的进化中,管理基础经历从"工作"到"人",体现了人性的演变规律,这个过程经历了四个阶段,这四阶段分别是以"工作"为基础,以"职位"为基础,以"能力"(即能力素质)为基础,以"人格"为基础,这是"人"的四种具体形式,如图2-19所示。之所以会首先出现"工作"是因为"人"的价值还没有体现,当"人"的价值逐渐体现时,管理基础就会一步步体现出"人"来。

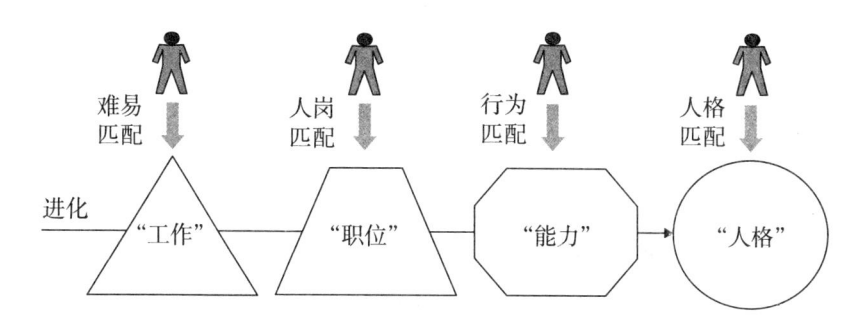

图 2-19　管理基础结构演变规律

股东价值形态是以"工作"为管理基础，人的价值通过"工作"体现，企业通过管理"工作"实现管理目标。第一次工业革命之后，人类的价值创造能力水平大幅度提升，机器成为重要的价值创造工具，管理基础从"事"到"工作"，虽然这个过程看起来简单，但却是一个历史性的跨越，管理从杂乱无章转变成为一个系统学科领域。这个阶段人的价值创造力远远落后于机器与自然资源，因此管理活动主要围绕"工作"展开，强调人要适应工作任务要求，人与工作的难易程度相匹配，这个形态的管理机制主要是以纪律、奖惩为主的指令性管理，管理在于提升劳动生产效率使资本收益最大化。这时西方管理学进入了古典管理理论阶段，代表人物是科学管理之父泰罗，他的很多实验都是研究如何提高工作效率，重视"工作"就容易忽视"人"，后来马斯洛认为古典管理学"冷冰冰"的缺乏人性，进而思考"人"的价值。

精英价值形态是以"职位"为管理基础，人的价值形式主要通过"职位"体现，企业通过管理"职位"实现管理目标。第二次工业革命之后，社会化大分工导致工作细分及专业化水平提高，职能分工成为企业构建与运作的主要指导思想，出现了固定的"职位"。"职位"强调"工作"的稳定性，这就是所谓的"因事设岗"。这个阶段人的价值通过"职位"体现，强调人符合职位要求，这就是所谓的"人岗匹配"。应该说以"职位"为基础是以"工作"为基础的一个延伸阶段，"职位"让企业管理走向专业化、标准化，企业开始全方面建设管理系统。这个阶段西方管理学进入行为科学理论时代，开始系统思考"人"的价值，心理学有了长足的发展。

客户价值形态是以"能力"为基础，人的价值形式依据"能力"体现，企业通过管理"能力"实现管理目标。第三次工业革命后，市场价值需求变化更加频繁，"职位"无法承载频繁变动的"工作"，导致职位的稳定性受到冲击，"职位"逐渐解体，"工作"得到解放，业务流程的出现使企业运行秩序彻底发生了改变，这时的"工作"是业务流程上那些具体的价值创造活动。西方心理学出现了"能力素质"这一概念，主要研究"人"与"工作"之间的直接关系，可以说"人"与"工作"相结合就是"能力"，这个形态的管理机制建立在"能力"基础上，强调"人"与"工作"的统一性，即行为与价值创造活动相匹配，体现价值需求与价值创造之间的默契。这个时期西方管理学进入百家争鸣的现代，一方面对传统的管理思想进行有针对性的批判，另一方面也涌现出大量的新思想和新理论，心理学也得到空前的发展。

利益相关者价值形态是以"人格"为基础，人的价值形式主要通过"人格"体现，企业通过管理"人格"实现管理目标。人格是"人"的复杂性、独特性、价值性最清晰的体现，是人性的具体化形式，这个形态中每个人都是独立的价值创造主体，对企业组织而言"工作"的重要性已经远远不如"人",独特人格将成为其价值创造的一种标识,人格特征将影响价值创造活动的成败,企业管理机制将以"人格"为基础的文化管理,通过文化理念使每个价值创造者的独特人格与企业人格特征相匹配。未来管理学、心理学对"人"的研究在不断深入的同时逐步融合。

不同管理基础形式的组合关系构成组织管理基础结构,出现在不同的企业形态中。从"工作"到"职位",从"职位"到"能力",从"能力"到"人格",管理基础实现了从"事"到"人"过程,体现了人性的演变规律。在组织形态进化过程中"人"虽然没有直接体现,但却通过"工作""职位""能力"等形式间接体现,最后落实到"人格",其实管理从来就没有偏离人性,因为这才是管理的基础。

二、以工作为基础的指令性管理

什么是工作?工作就是在一段较长的时间内重复的性质相近或相关的任务组合,当一件件相似的"事"组合在一起时就成为"工作"。

第一次科技革命后工业经济生态逐步成型,股东价值形态的企业脱胎于手工工场,这类组织是以"事"为基础的事务性管理,在工业经济生态初期,企业组织中也带一些与之相似的管理特征,尤其是与单人决策模式相对应的指令性管理方式体现较为明显。

单人决策模式是由单个管理者对所辖范围内的价值创造活动负全责的形式,因此只需少数几个管理者便可实现对整个企业组织的管理,管理者一般由股东与其代理人担任。股东权力基础是财产所有权，市场经济生态赋予了股东至高无上的权力，企业不需要有复杂的管理系统，依据指令进行价值创造是最简单有效的方式。这时市场生态中缺失需求早已存在，股东拥有独特资源就会拥有市场，这让资本为企业创造价值创造了条件，为了追求资本收益最大化，企业偏好生产成熟类的产品，因而企业的价值创造活动相对简单，不需要过多的创新和改变，员工经过一些技能训练就能从事价值创造活动要求。在这种情况下，管理活动一般是以工作为基础的指令性管理，员工接受管理者指令，严格按照指令要求完成工作内容，管理者将对工作成果负全责，这时组织管理强调人与工作难易程度相匹配，如图2-20所示。

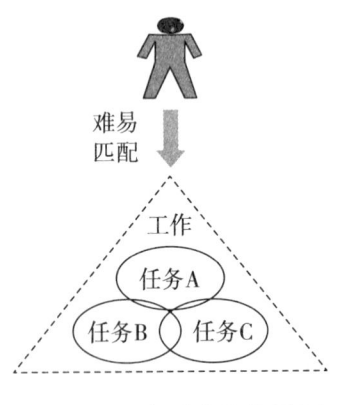

图2-20 以"工作"为管理基础

单人决策模式首选直线型的组织架构，这种运行秩序能够保障指令的有效传递，管理层次较少，结构相对简单但运行较为灵活，如果建立复杂的组织结构，反而会降低股东在组织中的价值体现，因为股东拥有最高权力的同时也要承担最后的责任，股东价值平衡形态在于资本的价值创造能力与责、权、利相匹配。指令性管理保障了员工为股东创造价值，使员工的价值逐渐凝聚在一起，最后由工作结果体现。

当资本与独特资源结合为企业创造主要价值时，如何维护及发挥资源的独特价值是企业管理的重心，直接影响到资本收益率，这时管理学者及企业家们把目光集中在改进生产工具以及提高生产效率上，泰勒的科学管理思想在这方面贡献较大。当人的价值形式由"工作"体现时，工作成果或工作产出成为价值的主要评价依据，就是人们常说的"以结果为导向"，这是指令性管理的必然要求，这种价值评价方式难免忽视人的主观能动性。指令性管理的最大特点是强调纪律以及奖惩机制建设，纪律是价值评价标准，奖惩是价值分配原则，这是股东价值形态最重要的管理机制。在股东价值形态中，员工按照指令要求进行价值创造，管理者对工作成果进行评价，同时决定其价值分配，员工的价值创造链条相对统一，因此这是一种高效的运行方式，整个价值创造链条既是为企业创造价值更是为股东创造价值。

由于价值创造活动相对简单，工作内容单一以及权力高度集中，因此指令性管理方式显得非常灵活，遇到突发事件能够及时决策，迅速采取应对措施，但是当工作内容变得复杂时，突发事件就会成为管理者的负担，尤其是在突发事件不断出现时，指令性管理就会使管理者焦头烂额，这是市场生态变化对企业的冲击，在人的价值特征改变后这个结果必然会出现。为了应对这种变化，企业内部职能部门和职位相继出现，实现了职能分工与专业化协作，使企业价值创造能力得到明显提升。

三、以职位为基础的标准化管理

什么是职位？当一组"工作"相对固定时就会由一个职位来承载，这时"职位"就会诞生，职位强调稳定性，稳定的职位便于保障组织运行系统的稳定。

第二次工业革命导致社会分工逐渐明显，价值创造活动开始变得复杂，资本价值创造力开始降低，逐渐被精英团队领导力取代，单人决策模式随之转变为团队协作决策模式。社会分工细化导致企业内部出现职能分工与专业协作，以"工作"为基础的指令性管理难以适应价值需求的提升，这时性质相似的一组工作逐步稳定下来形成职位，职位是价值创造走向专业化的产物，如图2-21所示。职位把工作内容固定下来形成各项职责，当每项工作职责都有具体要求时，就会形成各种工作标准，这时以"职位"为基础的标准化管理系统建立，企业的价值创造活动则以"职位"为依托，责、权、利等价值元素配置在职位上，形成职位管理系统，支撑直线职能型组织结构的有效运行。

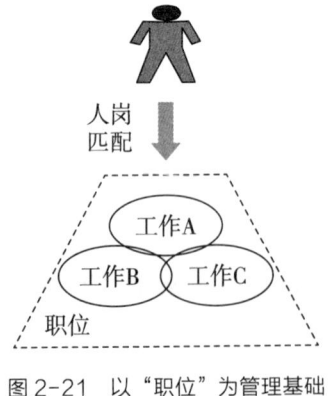

图2-21 以"职位"为管理基础

在企业中职位管理系统一般分为三部分内容：职位设置、职位分析、职位评估。职位设置是依据职能分工，在各职能单元内设置职位，通过工作内容对职能进行分解；职位分析是对工作内容进行详细分析，设计各项工作标准，依据工作标准对任职者提出要求；职位评估是对不同职位进行价值衡量，确定职位价值差异，形成职位等级。当职位等级系统形成之后，企业的各项管理机制就可以依据职位差异以及职位等级建立，通过职位管理系统体现组织成员的价值创造能力差异以及价值体现形式差异，实现对"人"的管理。以"职位"为基础的标准化管理强调"人岗匹配"，在"人岗匹配"的前提下，企业能够成为一个高效的运行机器。马克斯·韦伯提出的官僚型组织模型与这种组织形态特征相似。"职位"使工作内容稳定下来，标准让所有工作有章可循，但也限制价值创造者主观能动性的发挥。

在企业所有权与经营权分离后，委托代理关系使精英团队的价值需要通过业绩体现，而业绩目标能够通过职位管理系统分解到每个职位，使业绩目标与所有价值创造者关联在一起，因此职位系统也是一种业绩管理系统，业绩考核自然成为精英价值形态中典型的管理方式。在职能单元中，职位上的任职者依据工作职责进行价值创造，上级依据工作标准对业绩目标完成情况进行评价，按照评价结果进行绩效分配，通过这种方式实现劳动价值链的统一，因此这也是一种高效的运行方式，整个价值创造链条既是为企业创造价值也是为精英创造价值。但是当市场价值需求变化逐渐频繁时，职位上的各项工作标准就会受到明显影响，这种管理模式就会显得有些僵化。

在精英价值形态中，价值创造者的价值主要通过职位等级体现，只有当"人岗匹配"时企业价值系统才会处于平衡状态，但是事实上很难实现，"彼得原理"也说明这一点。当市场价值需求不断变化时，不是人的价值创造能力发生变化，就是工作标准发生变化，这些变化都会导致人岗不匹配，尤其是在市场生态的高速发展阶段，职能与职位的稳定性将不断受到冲击，人岗之间越来越脱节，这时精英价值形态的管理基础开始动摇。为了应对频繁变化的价值需求，职能分工逐渐向系统化的价值创造转变，固定的"工作"将摆脱职位的禁锢，成为自由的"工作"，同时开始与"人"直接接触。当"工作"与"人"相继与职位脱钩时，职位管理系统即崩溃，这时心理学中出现一个"能力素质"的概念，把"人"与"工作"直接结合在一起，"人"与"工作"之间不再需要任何媒介，"工作"代表着价值需求，而"人"代表着价值创造，价值需求与价值创造第一次直接对接，这就是客户价值形态的管理基础。

四、以能力为基础的满意度管理

什么是能力？能力即能力素质，是人与价值创造的结合体，既强调价值创造能力，也强调价值创造结果，其含义是有什么样的价值创造能力就有什么样的价值创造成果，价值创造者需要体现出与价值创造活动相吻合的稳定行为。

第三次工业革命加快了世界经济融合的脚步，"地球村"的出现让人们感到世界正在不断缩小，在人类把触角伸向太空的同时，网络世界也同时出现，这不是偶然，而是人类价值需求与价值创造相互作用的必然结果，人类必然开始多维空间的生活，这是人类高层次缺失需求特征的体现。

价值需求的分散化、多样化强烈地冲击着分工协作这种价值创造方式。职能分工不断细化则要求职位层级减少，职位层级不断深化则要求职能集中，只有这样才能有效地应对市场变化，然而精英价值形态发展到巅峰状态时恰恰是职能分工、职位层次同时扩展，最后"大企业病"将消耗掉企业的运营效率。结构从直线职能型发展到事业部型已经使企业达到规模边际，规模再扩张不但企业价值不增加，还有减少的风险，这时企业处于发展"瓶颈"，要想突破"瓶颈"，只有通过"变形"实现。

业务流程的使命是为客户创造价值，具有封闭性的职能单元与稳定的职位等级无法完成这个使命，能够让"工作"摆脱职位限制与"人"直接建立联系的是能力素质。能力素质这个理念就是为了把"人"与"工作"结合在一起，这一切都是为客户价值形态的到来而准备的。

能力素质研究起源于美国，20世纪70年代美国外交部选拔外交官时发现，成绩好的并不是合适的外交官的人选，说明测试成绩优异程度与实际工作表现没有直接相关性。哈佛大学麦克里兰博士受美国国务院委托，协助甄选能符合国家战略及目标要求的人员。在这个过程中发现，直接影响工作业绩的个人条件和行为特征的是另一种称为"能力素质"的东西。能力素质通过五个层次体现：知识、技能、自我概念、动机、其他特质，通常人们把能力素质形象地描述为漂浮在海面上的冰山（冰山理论），能够感知的是知识和技能，属于冰上在海平面以上的浅层次的部分，自我概念、特质、动机属于冰山潜伏在海平面以下的深层次的部分，往往难以准确度量和表述，但却对价值创造产生决定性的影响作用，如图2-22所示。能力素质不是针对单纯的"人"，而是指"人"与"工作"的结合，需要通过"人"的行为体现两者的联系。

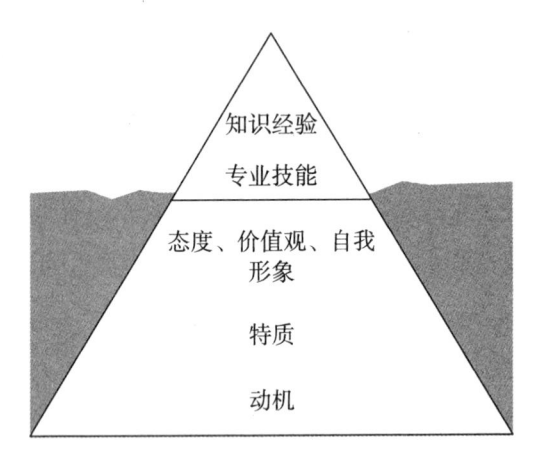

图2-22 能力素质冰山模型

能力素质为"人"所特有，五个层次内容的差异导致不同的人具有不同的能力素质，对能力素质进行有机组合就会形成一种强大的创造力——团队创新力，领导能力、专业能力都是团队创新力中的必要组成部分，所谓创新团队其实就是能力素质团队，通过能力素质组合共同完成业务流程上的价值创造活动。由于价值创造者可以通过能力素质体现价值，越来越多的组织成员能够在价值创造活动中发挥重要的作用，因而精英这个概念将逐渐从企业中消失，团队协作决策模式也将被独立统一决策模式取代。

当企业价值创造活动以"能力"为依托时，责、权、利与能力素质结合在一起，即形成能力管理系统，支撑流程型组织结构的有效运行。能力管理系统分为三部分内容：能力设计、能力分析、能力评价。能力设计是依据价值需求与价值创造特征设定能力素质类型，团队组建时需要考虑成员能力素质之间的互补性；能力分析是对能力素质进行分析，用行为标准描述"人"与"工作"的关系，便于区分不同能力素质的差异；能力评价是对团队成员能力素质进行评价，明确每个成员的能力素质现状与差异。能力素质强调价值创造者行为表现与价值需求内容相匹配，因此强调的是以"能力"为基础的满意度管理，这种满意度不仅仅体现在团队成员之间，更体现在业务流程上各团队之间以及流程与客户之间，如图2-23所示。

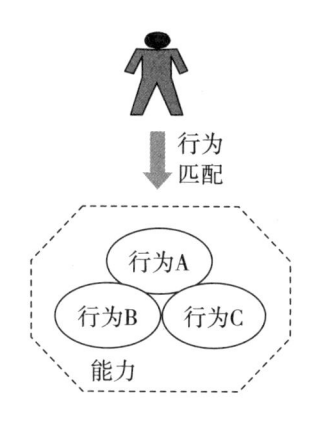

图2-23 以"能力"为管理基础

在客户价值形态中，"客户"具有更广泛的含义，因此满意度管理实则客户满意度管理，客户满意意味着满足了需求，同时实现了价值，体现出价值需求者与价值创造者之间的默契。由于流程型组织结构使所有价值创造者处于不同的业务流程中，因此满意度管理的主要方式是360度评估，无论是团队内部的价值评价还是团队之间的价值评价都可以通过360度评估实现。创新团队按照客户需求进行价值创造，价值使用者对价值创造者进行评价，并决定其价值分配，在业务流程上劳动价值链条实现统一，因此这也是一种高效的运行方式，整个价值创造链条既是为企业创造价值，也是为客户创造价值。

团队创新力由不同的能力素质有机组合形成，团队内部形成价值协作关系，虽然个体的价值只能通过团队体现，但能够让更多的价值创造者的能力得到发挥，为了尽可能地体现每个成员的独立价值，团队内部需要制定一套价值原则，这种价值原则通常以能力素质差异或团队角色差异为基础，体现不同价值创造者对团队价值的贡献，只有这样才能使团队成员的价值形态平衡。

人的价值性演变规律导致团队内部价值协作关系必然向价值交换关系转变，团队创造价值的方式也将解体，个体能够独立进行价值创造，这时企业将进化到另一种价值形态——利益相关者价值形态。

五、以人格为基础的个性化管理

人格是人性的具体化形式，正常的人格体现人的意识与行为的一致性。

人性的演变规律将引发第四次工业革命，一些学者认为将是一次生物技术革命，如果是这样的话，人类能够对生命进行改造的同时，也将改变人的价值特征，这次革命将促使人类迈向具备独特价值的人。

利益相关者价值形态的使命是维护其人格特征，即企业品牌。品牌是企业独特价值性的集中体现，是由价值创造者在企业长期发展过程中相互影响、相互作用形成的独特人格,这是所有价值创造者具备的趋同的人格特征,企业管理机制就建立在人格特征的基础上。

在利益相关者价值形态中,企业内部形成了成熟的价值交换市场,价值创造者能够独立地进行价值创造,依据内部价值原则进行价值交换,网络状的组织结构可以支撑企业有效运行,这时企业没有其他内部组织存在,固定的业务流程逐渐消失,价值创造者散落在企业中,当价值需求出现时,价值创造团队可以即时组建,当价值创造活动结束时,价值创造团队消失,价值创造者又散落在企业中,这时价值需求与价值创造实现同步。这种企业形态是以"人格"为基础的个性化管理,当个体独特价值比较明显时,个性化管理就成为差异化管理,这时的企业管理机制需要塑造一种人格特征,体现企业与价值创造者趋同的特性。为了实现个性化管理,企业只有通过文化管理系统,因为文化无处不在,文化既能覆盖所有独特性,又可以塑造与维护趋同的人格特征,因此在某种意义上来说个性化管理也是文化管理,通过文化理念影响价值创造者的人格,当然文化落地需要各项管理机制支撑,因此制度建设将会更加完善。

企业通过文化维护趋同的人格特征,通过文化纠正背离的人格特征。个性化管理强调企业人格特征与价值创造者人格特征相匹配,如图2-24所示,当价值创造者人格与企业人格特征背离时,其价值无法被企业所认同,因此其价值也无法在企业中得到体现。

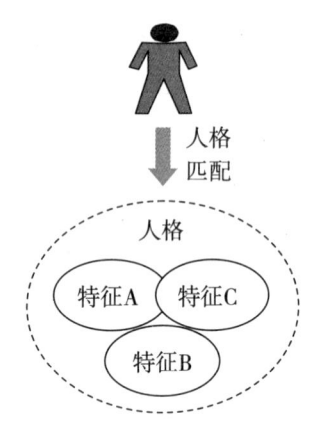

图 2-24 以"人格"为管理基础

利益相关者价值形态实现价值需求与价值创造的充分结合，因为利益相关者也是企业的价值创造者，企业的价值创造活动也是创造价值需求，正是因为这点才能体现所有价值创造者的趋同人格，只有价值创造者的价值需求就是价值创造本身时，独特价值才能得到平等的体现。作为高级价值创造组织，创造出来的价值需求进入产业生态中，由价值链上游的组织形态完成其余的价值创造。在网络状的组织结构中，每一个价值创造者都具有双重身份，即价值需求者也是价值创造者，谁有价值需求，为谁创造价值，由谁进行价值评价，并给付价值回报，价值创造链条在企业内部实现统一，因此这也是一种高效的运行模式。

在以人格为基础的个性化管理系统中，个人人格与企业人格之间的独特性矛盾最终将导致有形组织的物理边界消失，企业使命将终结。

六、从薪酬理念看管理基础的进化

管理基础是各项管理机制建立的基础，作者通过不同组织形态中的薪酬管理理念的变化说明管理基础结构的演变过程。薪酬制度是所有价值创造者最关心的管理制度，这是价值创造链条中价值分配环节的具体体现，薪酬理念的变化能够反映出企业价值原则的特征，其他管理机制也会体现出类似的变化规律，这些都是管理基础结构变化的结果。

企业也是一个价值系统，由于组织边界导致企业与市场的价值分配原则存在着一定差异，但是这两种价值原则终将随着企业形态的改变而逐渐趋同。薪酬是价值形式的重要组成部分，企业向来对薪酬机制给予高度关注，四种典型的组织形态中将形成四种典型的薪酬管理理念。

在股东价值形态下出现以"工作"为基础的雇主薪酬形式。

雇主薪酬的主要特点是以工作难易程度、劳动效率、价值成果计酬，这时雇主支付意愿成为主要影响因素，雇主薪酬主要基于对工作难易程度以及雇员的价值创造能力初步判断，有时会参照劳动力市场的给付标准。雇主薪酬制比较简单，奖惩结果作为薪酬增减的主要手段，泰罗提出的计件薪酬就体现了这点，雇主薪酬主要着眼于工作结果，因而没有明显体现价值创造者的个人特质。

精英价值形态下出现以"职位"为基础的等级薪酬制、薪点制、传统薪酬三种形式。

等级薪酬是以职级（职位等级）作为给付薪酬的主要依据，不同的职级具有不同的薪酬标准，一般情况下按照职级高低决定薪酬标准，虽然强调同一职级待遇相同，但是价值创造者的特质也得到一些体现，如资历、学历、经验等差异对薪酬有所影响，但影响不大，薪酬增减仍然主要取决于职级改变，这是精英价值形态下企业初期的薪酬形式，等级的差异使薪酬差异体现出来。

薪点制薪酬是以职位评估结果作为给付薪酬依据，因评估结果转化为薪点而得名，不同薪点对应不同薪酬标准。等级薪酬制只是实现了职级之间的差异，但是没有体现同一职级不同职位的差异，这时职位评估工具的出现为此提供了依据，通过评估工具使每个职位价值能够得到量化并成为薪点，薪点与薪酬标准相对应，薪点不同则薪酬标准不同，体现了不同职位之间的薪酬差异。当职位价值能够被量化时，与职位对应的业绩管理也在薪酬理念中得到体现，薪点制薪酬开始强调绩效对薪酬的影响，在薪酬结构中出现了绩效薪酬的部分。

所谓传统薪酬是针对薪酬新的理念而言，并不是因为出现的时间早，相反与前两种薪酬理念相比时间较晚，虽然是以职级为主，但是开始考虑价值创造者的能力、劳动力市场以及业绩影响等因素对薪酬的影响，这也说明精英价值形态开始发生改变，薪酬机制不再完全以职位差异为基础。传统薪酬依然以职级为基础，但是出现宽带薪酬，使同一职级的员工可以有不同的薪酬标准（薪档）选择，同级不同酬将由其他影响因素决定，个人能力是其中之一，这时也出现能力评估工具，能够对个人能力素质进行简单衡量。传统薪酬通过薪酬元素的多元化应对影响因素的多元化，从传统薪酬理念中可以看出来，职位对薪酬的影响开始降低，而其他影响因素逐渐提高。

这三种薪酬设计理念都是以职级为基础，只不过职级与薪酬影响程度不同，这个形态价值分配原则从与职位挂钩，到与职位脱离，体现出精英价值形态的演变特点。

客户价值形态下出现以能力为基础的宽带薪酬、能力薪酬两种形式。

宽带薪酬是近几年比较流行的薪酬设计理念，薪酬是以能力差异为主的设计思路，弱化了职级对薪酬的影响，这也说明企业正在向客户形态转变，管理基础从"职位"向"能力"转变，价值创造者的能力对薪酬影响明显，因此宽带薪酬的带宽一般较宽，薪酬范围较大，与能力素质评估结果相对应，并为能力的提升预留足够的空间，由于这个阶段衡量能力素质的工具尚不成熟，因此劳动力市场中的薪酬标准具有重要的参考价值。

能力薪酬以能力差异作为薪酬给付主要依据。客户价值形态下职位等级消失，能力差异对薪酬起到决定性影响，由于能力评价技术更加完善，价值创造者的能力素质差异能够明显体现，这时薪酬带宽反而缩小，与此同时薪酬结构更加多元化，更多激励因素将体现在薪酬结构中，薪酬构成更加灵活多样，这与企业形态特征相对应。

不难看出，宽带薪酬是一种过渡形式的薪酬管理理念，最后将转变为能力薪酬。同样能力薪酬之后还应该出现一种过渡形式的薪酬理念，将具有利益相关者价值形态薪酬理念的某些特征。

利益相关者价值形态下应该出现一种价值薪酬理念。

所谓价值薪酬是指价值创造者的薪酬由内部价值成果的使用者决定，由于企业内部价值交换市场成熟，价值创造者可以独立进行价值创造，企业可以以独特人格为基础建立一套价值原则。价值薪酬更接近市场生态的价值分配原则，这时价值使用者给付价值创造者的薪酬更加灵活多样，薪酬构成不再结构化，而是一种个性化的薪酬，价值创造者的薪酬更多地取决于使用者对价值成果的认可程度，甚至可以实现即时激励。

薪酬作为企业最主要的价值分配形式，必然受到市场价值系统分配原则的影响。企业所有权将成为价值分配原则中最重要的补充内容，用来调节价值形态在不同价值系统中的平衡。随着市场生态、企业形态、价值创造者三者之间的价值特征变化，企业与市场价值分配原则逐步接轨。

第三章

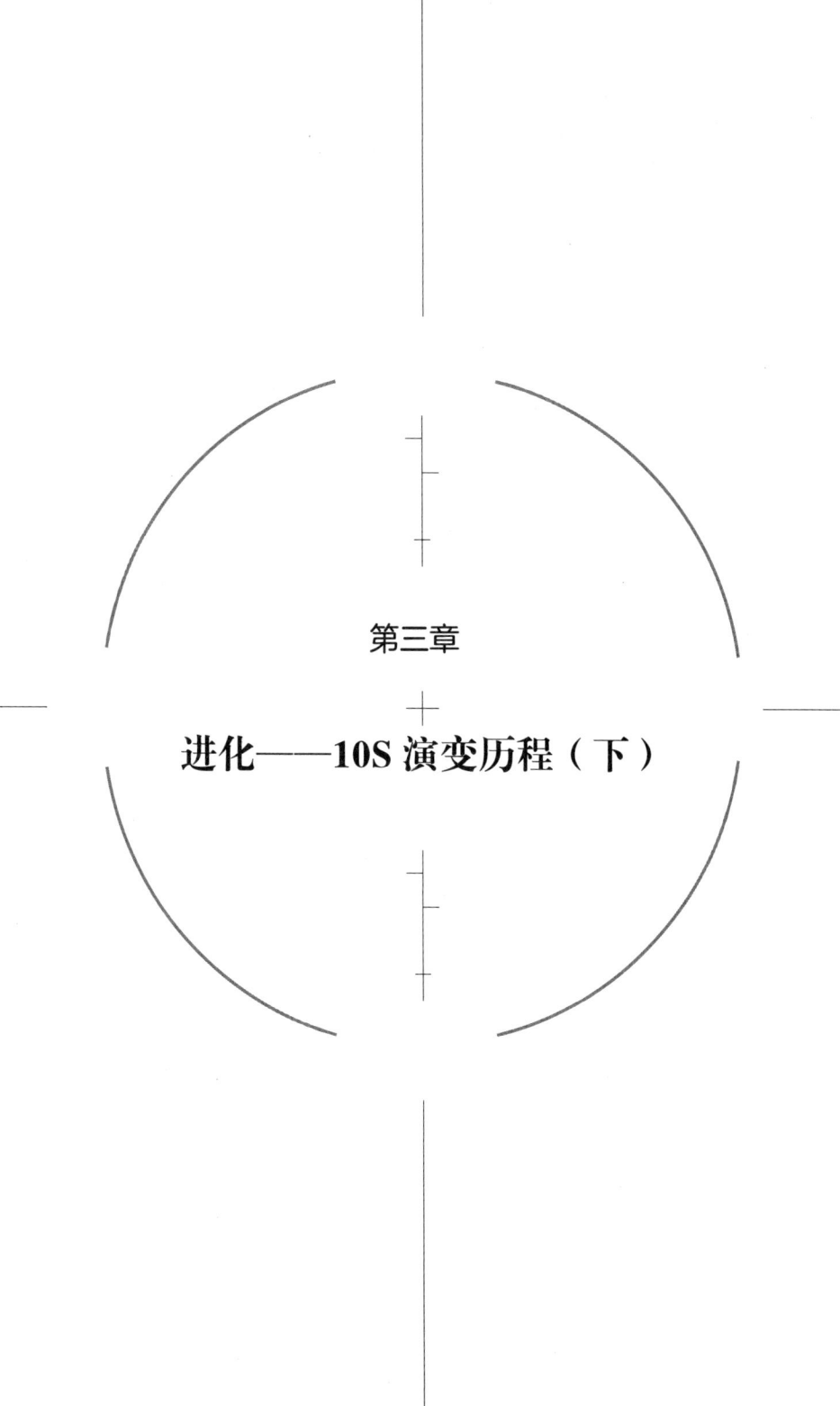

进化——10S 演变历程（下）

第一节 人才结构的演变

什么是人才？人才就是具有价值创造能力、为企业创造价值的人，人才是企业价值创造能力的载体，具备不同价值创造能力的人是不同类型的人才。

什么是人才结构？人才结构是指具有不同价值创造能力的人才之间组合关系，是组织形态的主要组成结构之一。人才类型在管理学中有多种，西方学者按照人才的成长过程也把人才划分为初做者、有经验者、骨干、专家、权威等不同层级。作者依据价值创造能力特征把人才大致分为四类：股东，拥有股权，通过资本创造价值的人才；精英，管理权威和专业权威，通过领导力和专业能力创造价值的人才；骨干，综合能力素质突出，在价值创造团队中发挥重要作用的人才；一般员工，为价值创造提供支持、辅助作用的人才。这些人才类型在组织形态中体现的形式不同，因此组织形态不同，人才结构特征不同。人才是由人的价值性决定，因此无论如何划分，是人才就需要体现出价值创造能力。

组织重视人才，其实重视的不是"人"，而是"才"，因为"才"是价值创造能力的体现。近几个世纪以来，"人"的供应相对较多，但是缺乏能够为组织创造价值的"才"，"才"是人具备的一种才能，不同的人具备不同才能，某一方面的才能达到极限时就称之为天才。如果抽象地看组织，组织价值创造能力是由众多的价值创造能力有机组成的，组织其实是"才"的集合体，人才结构就是"才"的结构，组织可以通过"才"的组合创造出人类需要的价值。"人"是"才"的载体，因此客观地讲谁承载组织所需要的"才"，谁就是组织所需要的"人"。

企业的价值创造活动与人才结构相匹配，当价值创造活动相对简单时，通过"人"的聚合可以实现"才"的聚合，形成"团结就是力量""人多力量大"的局面；当价值创造活动相对复杂时，"人"多不见得"才"多，因为组织对"才"的要求发生变化，同质化的"才"对价值创造作用不大，甚至还会导致"人多力量小"的负面结果，具有差异、能够互补的"才"才是企业需要的"才"，通过有效组合实现"1+1＞2"的效果。而当组织进行独特的价值创造时，组织则需要独特的"才"，"才"的独特性越强，"人"的价值体现越明显，可以说"人"的价值最终由"才"决定，这是人的价值需求与价值创造相互作用的结果。

人才结构特征直接反映在人才标准中，不同的企业形态人才标准不同，人才标准的变化传递着人们对人性特征的认知。由于"才"是价值创造能力的体现，价值创造能力的特性决定人才培养以及人才结构转变需要较长时间，因此组织形态的演变其实是一个缓慢而艰巨的过程。西方一些长寿企业历经百年才能成功"变形"一次，对于任何一个企业而言，"基业长青"与"百年老店"成为梦想容易，成为现实困难。

产业是最小的经济生态，但是产业发展具有不均衡性，不同产业中对人才要求不同，因此人才标准需要以产业生态为参照系，不同产业生态中的人才不具可比性。例如,中国一些新兴产业对一般人才的要求可能达到某些传统产业骨干人才的要求,但是在全球产业价值链上,由于企业处于上游位置,这些人才依然从事相对简单的价值创造活动。

一、人才结构演变规律

随着企业形态的进化,人才结构也经历相同的演变过程。作者使用四种形状说明不同的组织形态下的人才结构特征:花瓶型、钻石型、橄榄型、圆球型,这四种形状与组织形态形状相似,如图 3-1 所示。

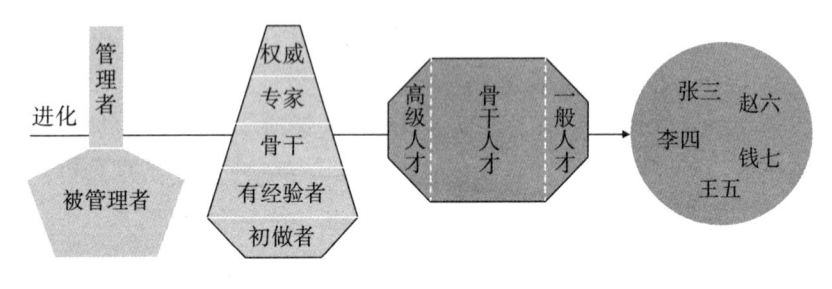

图 3-1 人才结构演变规律

在股东价值形态下,组织的人才结构呈花瓶型。所谓花瓶型是指企业只有零星的管理者外,其余多数是从事简单价值创造的被管理者。股东价值形态采取单人决策模式,强调指令性管理,因此人才边界异常清晰,管理者多数是股东或其直接代理人,掌握着公司的所有权力,这少数几个人就会显得鹤立鸡群,人才结构形如长颈花瓶,这时企业不会出现精英团队,绝大多数组织成员都是严格按照指令要求完成分配的工作任务,这样的人才结构便于资本创造价值。

在精英价值形态下,组织人才结构呈钻石型。所谓钻石型是指人才结构随着企业规模的扩大而逐渐明显体现,人才层次与职位等级相对应。顶层部分是少数的精英群体,他们是企业的管理权威、专业权威,底层部分是企业规模扩张中不断加入的初做者,最多的部分是那些有经验者,其价值创造尚不能明显体现,骨干、专家等均为少数,人才结构形如钻石。以职位等级为基础的管理系统便于形成人才层级,垂直型管理模式使人才创造的价值向顶部集中,便于体现精英的价值。

在客户价值形态下,组织的人才结构呈橄榄型。所谓橄榄型是指中间力量强大,两端人才数量较少,这些中坚力量就是骨干人才,这时企业人才层次开始模糊,固定的精英团队逐渐消失,人才类型以能力素质的差异区分,大致可以分成三类,高级人才、骨干人才、一般人才,人才边界并不明显,相互转换比较容易。骨干人才是创新团队的核心,综合能力素质较强,能够带领团队完成价值创造任务,只有骨干数量庞大才有利于为客户创造价值,因此人才结构形如橄榄。

在利益相关者价值形态下,企业的人才结构呈圆球型。所谓圆球型是指人才的独特性导致人才边界与层次消失,人才性质相同且高度分散,企业由各类人格特征趋同的人才组成,每个个体都能够独立地进行价值创造,并且通过价值交换实现价值,成为普遍意义上的"人才"。人才散落在组织中,随时可以依据价值需求形成价值创造团队,因此可以视为形如圆球,网络状的组织结构有利于体现所有价值创造者的价值。

从企业形态的进化过程来看，人才结构从固定到松散，人才边界从清晰到模糊，人才标准从模糊到清晰，在这个过程中越来越多的价值创造者的价值得以体现，人才结构的变化体现出企业价值创造能力的演变过程。

二、花瓶形人才结构

在股东价值形态下，资本与独特资源结合为企业创造主要价值，由于市场生态中的价值需求早已存在且多数是被资源的独特性所吸引，因而企业的价值创造相对简单，提供的产品相对成熟、单一，因此人才结构相对简单，除必要的管理者外，大多数员工从事一般性的价值创造，这时企业人才结构呈花瓶状，主要特点是两级分化，如图 3-2 所示。

图 3-2 花瓶形人才结构

当资本收益力成为企业价值创造力时，人的价值创造能力很容易被掩盖，因此企业就是两类人才：管理者与被管理者，瓶颈部分就是管理者，多数是股东或其直接代理人，其余都是被管理者，按照管理者指令要求完成工作，这时企业人才类型边界非常清晰。这种人才结构不利于企业培养人才梯队,因此一旦企业进行规模化扩张时必然受制于这种人才结构。

在股东价值形态下,维护及发挥资源价值才是企业发展的主要根基,只要资源的独特性依然能够吸引市场生态中的价值需求,人才的价值就不容易体现。企业追求的是资本收益最大化,人才配置是以满足基本价值创造为目标,因此股东价值形态很少主动培养人才、储备人才,价值创造者的技能多数都是在工作中得到训练,"传、帮、带"就是一种典型形式,资本更乐于获得成熟的、可以直接创造价值的劳动力,这样可以减少知识、技能转化为价值创造能力的时间成本,能够迅速获得回报,提高资本流转效率。精英就是在具体实践中逐步成长起来,但是只有少数人会具备这种条件及资质成为未来的精英。

建立在指令基础上的直线型组织结构是股东的首选,价值创造者需要严格按照指令进行价值创造,人的主观能动性很难调动,这时企业管理理念建立在"经济人假说"基础上,往往通过严格的纪律以及奖惩手段实现管理目的。从另一个角度来说,新兴产业的出现是由于发现新的缺失需求,这时资本与独特资源起到决定性作用,由于价值本质是对其他个体的有用性,当人的价值创造对其他个体未产生明显的有用性时,即便再如何辛苦劳动、努力工作,也无法与资本的价值创造能力相提并论,在作者看来这个阶段过于强调人的重要性并不合理,因为没有资本就无法进行价值创造,人的价值又从何而来?

资源的独特性也有其局限性,一方面资源不可能无限制地生长,必然面对消耗或者被替代的现实,另一方面人类的缺失需求得到满足后，动机降低或停滞，这两方面因素都会导致资源的独特性必然减弱，资本价值创造力将会降低，企业要想进一步发展，就需要让价值创造者直接体现其价值。精英群体崛起使企业人才结构特征发生了本质变化，精英产生在资本创造价值的过程中，但会逐步取代资本成为企业主要的价值创造主体。

从西方企业发展历史可以发现，西方企业第一次形态转变经历大约100年的时间，可以说价值创造能力的改变相当漫长，从人才结构的演变就可以体会到这一点。目前中国多数企业开始向精英价值形态转变，这时精英的匮乏直接影响到企业的"变形"。

三、钻石形人才结构

精英群体取代资本成为企业的主要价值创造者时，企业人才结构从花瓶形向钻石形转变。

两权分离给精英群体创造机会，职能分工使人才类型多元化，职位等级使人才层次具体化，在精英价值形态下专业化的人才梯队正式形成，这是钻石形人才结构的典型特点，直线职能形组织结构正好与之相匹配。在精英价值形态中，人才类型、层次都比较明晰，随着企业规模的扩张，人才类型、层次可以不断细分，便于精英团队进行管理。如果按照管理层次划分可以分成三层：基层员工、中层管理者、高层管理者，如果按照人才的成长规律划分可以分成五层：初做者、有经验者、骨干、专家、权威，如图3-3所示。当企业规模扩大时，人才层次可以在此基础上继续细分，人才标准将随之更加细化与具体。一般而言，精英团队占据人才结构的顶端，他们是组织的管理权威和专业权威，也是各职能单元的负责人，领导职能单元的价值创造，而以下各层次都是精英团队领导力的贯彻者、执行者，不同层次在其中发挥不同的作用，这样的人才结构能够有效地支撑精英团队为企业创造价值。

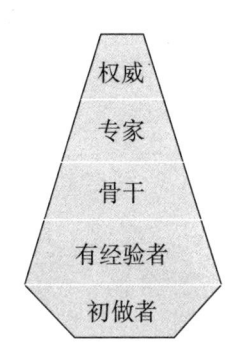

图 3-3　钻石形人才结构

在精英价值形态下，委托代理关系将导致企业最重视人才的选拔，然后才是人才的培养，因为股东首先需要找到合适的精英完成委托责任，而精英团队的领导力也需要找到合适的人才贯彻与执行，因此，这时的人才选拔机制远比人才培养机制更重要，这些合适的人才无论是从外部引进，还是在内部选拔，都需要一套人才评价机制。人才的成长依然主要通过个人的具体实践，最终成为被企业选拔的人。这个阶段西方管理学出现目标管理、绩效评估等理念，都是为人才选拔提供依据。但是委托代理关系容易形成目标导向，只有完成业绩目标才能体现人才价值，当以业绩论英雄时就会忽视人才本身的特质，能力强的价值创造者不一定是企业的人才标杆。

精英团队是企业的经营层，拥有法定的经营权，对企业进行经营管理。经营管理是对企业产生全局性、长远性、重要性的影响活动，这些活动需要相应的人才贯彻与执行，因此企业管理层级清晰、人才层次清晰，如果精英凡事亲力亲为，反而造成职能错位，精英价值形态的管理系统强调只有各司其职，才能各尽其才。在贯彻经营战略过程中，执行者在价值创造活动中得到持续训练，他们伴随着企业发展而不断壮大，并且逐渐形成一类稳定的价值主体，这就是未来客户价值形态中的中坚力量——骨干人才。作者认为没有精英团队就不会出现骨干人才，就像没有资本就没有精英团队的道理一样，骨干人才依附于精英价值产生。在精英价值形态的后期，为了满足日益分散的价值需求，精英团队必然开始系统化地培养骨干人才，希望骨干人才能够发挥骨干作用，骨干队伍的形成与精英团队密不可分，因此没有精英团队的企业也不会拥有骨干队伍，这个规律也在很多中国企业的发展过程中得到了印证。

在封闭形组织形态中，经常会听到"关键人才"这个概念，所谓关键人才是在价值创造活动中发挥重要作用的人才，但凡企业提及"关键人才"，基本可以说明企业人才匮乏，希望出现在关键时刻解决困难的人才，这是封闭形组织形态的通病，因为封闭形管理模式在一定程度上限制了人才成长，当市场生态中价值需求特征发生变化时必然出现人才匮乏，股东价值形态需要精英、精英价值形态需要骨干，总之"人到用时方恨少"。在封闭形组织形态中，依据价值守恒定律、二八定律可以判断出20%的人才创造了80%的价值，但这20%的人才同时也占有80%的价值形式，始终都是少数人的价值得到了体现，花瓶形和钻石形正好能形象地说明这种人才结构的特征。随着市场生态不断地开放，企业价值创造能力结构发生改变，这种人才匮乏的局面将被打破，只有消灭"关键人才"

的这个概念，企业才能拥有更多的"关键人才"。

四、橄榄形人才结构

精英价值形态是组织历史发展的一大进步，但毕竟是少数人才为企业创造了主要价值，精英如果长期存在反而是企业的一种悲哀。

市场生态的发展导致标准化的产品无法满足不断分散且多变的价值需求，人们需要更多的新产品、新技术，这时产品更新换代加速，传统的价值创造模式受到冲击，客户从外部走进了企业，与企业内部价值主体共同进行价值创造，在市场需求变化面前精英团队开始显得束手无策，这为其他价值创造者提供了一展所长的机会。

在客户价值形态下，客户需求力与团队创新力相互作用为企业创造主要价值，这时企业人才结构形如橄榄，中间大两端小。中间是骨干人才，一端是高级人才，另一端是一般人才，如图3-4所示。高级人才、骨干人才、一般人才都是依据能力素质差异划分，高级人才多数是核心业务流程（团队）的管理者，骨干人才多数是次级业务流程（团队）管理者，一般人才则多数是团队成员，由于能力素质能够依据流程的细分而不断细化，因此人才划分可以更加细致。骨干人才一般是创新团队的核心，企业中骨干人才越多说明价值创造能力越强。此时人才的层次边界开始模糊，这是因为不同类型人才之间相互转变更加灵活，而且人才标准更加明确，骨干人才如果具备高级人才的价值创造能力就可以成为高级人才，同样高级人才一旦无法适应胜任工作内容也不再是高级人才。面对不断变化的客户价值需求,人才之间的转变将更加普遍。

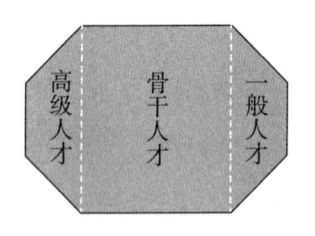

图 3-4 钻石形人才结构

客户价值形态彻底改变传统的价值体现形式,主要体现在企业内部职位等级消失,人才的价值形式逐渐与能力素质建立联系,流程形组织结构为价值形式变化提供了保障。由于业务流程实现了系统化的价值创造,要求价值创造能力始终与价值创造活动相匹配,而"能力素质"恰好实现了这一要求,因此人才的价值创造能力、价值创造活动以及价值体现形式通过能力素质在业务流程上得到统一。精英价值形态强调"人岗匹配",通过职位把人才的价值创造能力和价值体现形式联系在一起,职位的稳定性虽然使人才层次清晰但也让人才结构变得僵化,当人岗不匹配时,价值创造能力与价值形式立刻脱节。能力素质是"人"与"工作"的结合体,当工作要求变动时,人的能力素质必然发生改变,始终强调"人"与"工作"动态的一致性,所以人才边界变得模糊。

团队创新力是一种综合能力的体现,需要与不断变化的价值需求相匹配,因此企业必须进行有针对性的培养,以便获得持续的创新力。创新代表着差异,持续的创新导致人才的独特性、稀缺性更加明显,人才市场中能够提供的适合人才越来越少,企业只能自己培养,因此这时企业人才培养机制的重要性凸显。

在客户价值形态下，企业价值主要来自多数群体的贡献，当多数的价值创造者发挥着关键作用时，"关键人才"的概念也就消失了，终结"关键人才"是另一个新的概念——知识形员工，20世纪末由美国管理学大师彼得·德鲁克提出，预言在21世纪将成为企业价值创造活动的主角。德鲁克认为知识形员工指的是"那些掌握和运用符号和概念，利用知识或信息工作的人"，知识形员工与传统意义上的员工最大的区别是独立价值意识提高，综合能力素质较强，同时在个人特质、心理动机、价值观念及工作方式等方面有着诸多的特殊性，知识形员工的出现是人性演变的必然结果，将改变传统企业中的人才结构特征。而且随着市场生态的持续发展，知识形员工将不断壮大，并且成为客户价值形态中的骨干人才。在中国，知识形员工的特征开始在"80后""90后"身上得到体现，这也标志着中国人力资源性质正在发生改变。

五、圆球形人才结构

市场生态持续开放与融合带给企业的不仅仅是外部空间不断扩大，也使企业内部空间不断地释放出来，并逐渐形成内部价值交换市场，以团队为基础的独立统一价值创造形式瓦解，价值创造者能够独立地进行价值创造，这也导致企业内部固定的业务流程逐渐消失，出现了能够依据客户价值需求即时设计的业务流程，客户可以选择合适的价值创造者，价值创造者之间也可以进行相互选择，这时人格特征成为连接客户、价值创造者的纽带，业务流程的设计需要建立在人格特性的基础上，这时企业彻底进入人才时代，每个价值创造者都是能够为企业创造价值的人才。

在利益相关者价值形态中，人才结构从橄榄形转变为圆球形。所谓圆球形也是作者一厢情愿的认知，因为在这种价值形态下人才散落在企业中，职能部门、团队、职位等均已经消失，没有任何有形的"隔离墙"，价值创造者是一种自由的状态，但是随时可以依据客户需求形成价值创造团队，客户也成为价值创造团队中的必要组成部分，网络状的组织结构能够把所有价值创造者联系在一起，覆盖到企业的每一个角落。这时价值创造者也是价值需求者，两者实现充分融合，使个体的价值得到直接的体现。由于圆球与外界接触相对均匀，且表面积较大，代表企业内外部价值交换比较充分，是一种开放式的企业形态，圆球形可以表达这方面的含义，如图3-5所示。

图3-5 圆球形人才结构

利益相关者价值形态主要满足人类的生长需求，生长需求建立在缺失需求基础上，当需求被满足后将出现更强烈的需求动机，生长需求并非已经存在而是需要不断创造，只有人类的独特创造力才能实现，而圆球形的人才结构能够充分体现个体独特的价值创造能力，与市场生态价值需求特征相匹配，符合人性的演变规律。

在即时组合式价值创造活动中，价值的创造者与需求者处于平等的地位，通过独特人格建立价值关系，因此能够实现需求与创造的即时性，这时人才更具有普遍意义，人才的层次性消失，但是人才标准却异常清晰，不仅能够详细地诠释人格特征，而且还能体现价值创造能力要素。独特人格成为企业价值系统有效运行的基础，人才被企业的独特人格所吸引而聚集在企业中，为实现独特价值而进行价值创造，对这类人才的管理，企业文化显得格外重要，文化不仅仅能塑造人格特征，还能维护人格特征。

从组织形态的进化规律来看，圆球形是一种松散的人才结构，维系组织形态完整的是企业人格，当价值创造的人格与企业人格出现背离时，利益相关者价值形态将解体，企业边界彻底消失，取而代之的是完全开放的无形组织，那时价值需求、价值创造与组织形态同时出现与消失，人才不再固化于任何组织中，而是存在于经济生态中，因价值需求而聚集在一起形成即时性的价值创造组织。价值创造组织的出现是因为个体无法独立进行价值创造，必须借助一个组织来实现，当个体的价值特征不明显时需要形成固定的组织，并且通过建立一套行之有效的管理机制完成价值创造过程；当个体价值特征明显体现时，个体之间可以自发地组合，通过趋同的人格特征实现价值创造的目的，这时不再需要固定的组织，组织边界自然而然就会消失。人的价值特征演变过程，也是不同类型的价值创造组织出现、消失的过程，价值需求者与价值创造者之间时而拉近、时而疏远，当价值的创造者能够直接为需求者创造价值时，任何价值创造组织都会消失。

六、从人才标准看人才结构演变

人才结构的变化最直接体现在对人才的要求上，不同组织形态的人才标准不同，从人才标准的变化能够发现人才结构的演变规律。

人才标准的解析可以从麦克利兰的"能力素质冰山模型"中找到答案，冰山模型分为两部分：一部分是露在表面能够看到的"冰山以上部分"，这是人才的"硬件"部分；另一部分是深藏起来看不到的"冰山以下部分"，是人才素质的"软件"部分。人才的"硬件"要求是人才的知识、技能、经验等，属于能够被发现与衡量的部分，也容易通过培训、实践改变和提升，人才的"软件"要求是人才的自我概念、特质和动机，属于内在的、难以发现与衡量的部分，很难短时间内被改变，但却对人的行为与表现起到关键影响作用。在人才结构的演变过程中，人才标准从"硬件"逐渐向"软件"转移。

在股东价值形态下，当资本为企业创造主要价值时，人才的价值普遍无法体现，人才边界十分清晰，但是人才标准较为模糊，只能通过以"冰山模型"中"硬件"部分衡量，如身体健康程度、工作经验、技能熟练程度等，通过这些"硬件"衡量人才的价值。由于价值创造活动相对简单，人才的价值创造能力明显具有趋同性，这时"一专"就会成为高级人才的标准，所谓"一专"是拥有一项较强的专业技能，在某个专项工作领域具有明显的优势，这种有一技之长的人才最受股东价值形态的青睐。

在精英价值形态下，职能分工与专业化协作导致人才标准发生转变，管理人才强调领导能力，专业人才强调专业能力，由于多数管理者都是专业人才转型而来，因此在精英价值形态下没有专业优势的人才很难有长远发展，"专业立足、思维制胜"是一般员工成长为精英的必由之路。由于缺乏对专业能力和领导能力的衡量工具，依然需要通过"硬件"识别，但开始探知"冰山模型"中的"软件"部分，主要关注人才的学历、资质、技能等各种证明，试图从"证书"中获得价值创造能力的信息，这也导致"证书时代"的出现。在精英价值形态中，"一专多能"型人才是高级人才的标准，所谓"多能"是拥有多项技能，可以有效地整合多个工作领域，支持"一专多能"需要提升价值创造者的能力素质，"一专多能"型人才的需求量明显增加可以说明市场价值需求出现变化。

在客户价值形态下，团队创新力为企业创造主要价值，在价值需求多元化的市场生态中，团队创新力是一种综合能力的体现，单一的能力无法支撑创新力的体现，因此人才标准向综合能力素质转变，对人才的"软件"要求提高，同时衡量能力素质的技术与工具逐步丰富，人才测评软件就是其中一种，这些技术与工具能够探知到"冰山以下部分"，"硬件"在人才标准中退居次要位置。在客户价值形态下"多专多能"型人才是高级人才标准，所谓"多专"与"多能"与业务流程上的价值创造活动紧密相关，流程管理需要一种系统化的管理能力，流程越复杂对流程管理者的综合能力素质要求越高，"多专多能"就是综合能力素质的体现。

在利益相关者价值形态下，企业人格力为企业创造主要价值，价值创造者的价值诉求可以通过人格特征实现。由于"硬件"部分对人格的塑造影响不大，因此企业人才标准全面向"软件"部分转变，人才标准指向与企业人格特征相匹配的个体人格特征，这时深埋在冰山最底层的"动机"对人格特征影响作用最大，因此人格特性将成为主要的人才标准。利益相关者形态下"一独"是高级人才的标准，所谓"一独"是指价值创造者的独特性，人格独特性越明显对企业价值贡献越大。

当企业处于稳定发展状态时，人才的供求关系可以基本维持平衡，在企业形态处于急剧变动时，生态中人才供求平衡关系立刻被打破，导致人才危机出现，人才危机不是人才缺乏，而是人才相对过剩，一方面是企业对人才的渴求，另一方面是企业人才的流失，这两种情况同时发生时人才危机必然出现，主要原因是企业对人才的要求与人才现状脱节，引起价值创造能力与价值创造活动脱节。

中国企业曾经出现过两次人才危机，两次人才危机都是发生在企业"变形"过程中。第一次是改革开放，国有企业改制过程中出现大批"下岗"工人，但同时人才市场中又缺乏具有专业技能的工人。第二次是精英创业，精英与股东的价值冲突无法有效解决，虽然企业需要精英，但是精英又不得不离开企业自主创业，导致市场生态中的公司数量急剧上升。依据组织形态的进化规律，作者认为中国企业还会遇到第三次人才危机，一方面骨干人才价值得不到体现而离开企业，而另一方面是企业严重缺乏能够独当一面的骨干人才，所以在人才市场中，企业与骨干之间开始了频繁地"双向选择"。三次人才危机与企业形态的进化有直接关系，企业的快速发展加快了企业形态的演化节奏，组成结构之间如果不能有机契合，都将以"危机"的方式出现，人才危机仅仅是其中之一，解决人才危机需要系统地审视企业形态的平衡性，企业形态平衡人才危机自然解决。

在中国经济结构转型之际，中国企业将普遍处于发展"瓶颈"之中，社会人才培养系统对人才结构的转变起到重要的影响作用，学历教育能够提供"一专"型人才，但是无法提供大量"一专多能"型人才。

第二节　客户结构的演变

客户是什么？客户的真正面目是价值需求。

人的价值性体现在两方面：一面是价值需求，另一面是价值创造，两者的相互作用推动着人类社会的进步。在市场经济生态中，客户不仅仅是消费者、采购商或其他经济组织，还是一个个具体的价值需求，是价值创造成果输出的对象，体现着人类的价值特征。客户结构就是不同价值需求的构成关系，客户结构的变化即价值需求结构的变化。

作者在前面介绍过，马斯洛的需求层次理论形如一个倒置的金字塔，人的价值性就体现在这个金字塔中，缺失需求在下端，简单、具体、集中，生长需求在上端，复杂、抽象、分散。人类的发展历史也是人的价值特征从低级到高级的演变过程，人类的价值创造能力也呈现出与之相匹配的变化规律。新石器时代之前的人类追求低层次的缺失需求，而农业革命实现了最低层次的缺失需求，当低层次的缺失满足后开始追求高层次的缺失需求，而工业革命又实现了高层次的缺失需求，随后越来越多的人们开始追求生长需求，人的价值本性推动着人类不断追求高层次的价值需求，这就是人性的演变规律，最终方向是自我实现，成为完全意义上的具有独特价值的人。

　　缺失需求与生长需求共同构成人的价值需求结构，当人类的某些缺失需求完全不再"缺失"时，价值需求结构发生本质变化，人性将彻底发生改变，人类物种将演变。在人类发展的过程中，任何组织的存在与消失都是人性的需要，组织的价值性体现着人类的价值性。历史发展到今天，企业承载着价值创造的使命，而客户承载着价值需求的使命，当价值需求结构变化时客户结构也将随之改变，价值需求分散化必然导致客户结构多元化。

　　由于客户承载着价值需求的状态，因此企业竞争的目标是提高客户满意度而不是增加客户数量，只有当客户满意度得到提升后，客户数量对企业才有现实意义。依据价值守恒定律可知，当企业价值总量一定时，意味着客户能够承载的价值总量确定，如果价值需求发生变化，则客户结构发生改变，此时企业必须调整价值创造能力结构，以满足价值需求发生改变的客户，否则客户数量必然逐渐减少，谁能及时调整价值创造能力结构，谁就能赢得客户，这就是市场竞争的本质。

　　一直以来，中国出现很多大型企业，但是未能出现一些优秀企业，所谓"优秀"是指能够引导全球产业价值链的发展方向。当全球经济向前发展时，中国多数企业停留在产业价值链的上游，"世界工厂"是价值需求标准化制造者，是工业时代的缩影，当全球经济迈向后工业时代时，"世界工厂"不再是一种发展机遇，而是一种严峻挑战，说明在全球化的竞争格局中遥遥落后，为发达的经济生态输送价值，而人们的价值需求层次的不断提升与相对落后使价值创造能力之间的矛盾将越来越明显，不可避免地面临经济结构转型的难题。

一、客户结构演变规律

在价值需求层次从低级到高级的过程中，有很多特征呈现出相似的规律性变化，作者主要从两方面来描述价值需求的变化规律：一是价值需求的集中度，二是价值需求变化程度。当价值总量一定时，价值需求越集中，价值需求变化越小；相反，价值需求越分散时，价值需求变化越大。人的价值需求结构就是从集中到分散、从不变到多变的过程，随着市场生态的发展，客户结构体现出价值需求的这种变化规律，四种组织价值形态中相继出现四种客户结构，如图3-6所示。

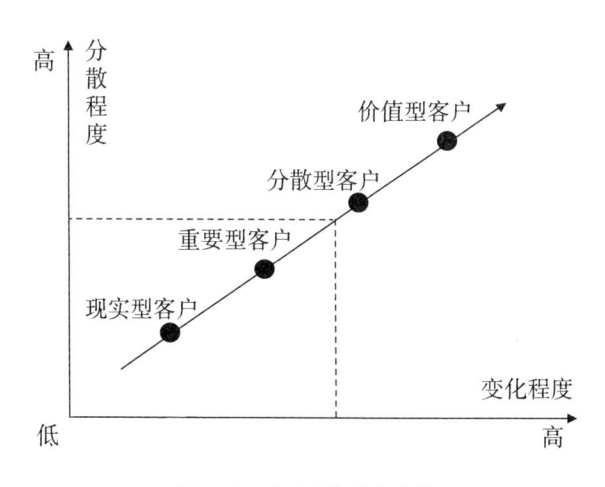

图3-6 客户结构演变规律

股东价值形态出现在市场生态的初建期，客户价值需求更多地体现最低层次缺失需求特征，需求高度集中、具体，客户在市场中现实存在，多数被企业的资源独特性所吸引，作者把这类客户群体称为现实型客户。这类客户的价值需求通常具有同质性，因此企业的价值创造相对简单，一般通过客户数量的增多获得价值的累积，每当一个新的产业生态出现时，企业的客户结构就会呈现出这种特征。

精英价值形态出现在市场生态的发展期，客户价值需求主要体现较低层次缺失需求特征，表现在价值需求虽然相对集中，但有了新的变化，对企业价值创造能力要求有所提高。这个阶段需要通过职能分工与专业化合作才能满足这种变化，因此精英团队价值得以体现。客户结构变化体现在现实型客户开始减少，同时客户开始对企业提出新的要求，对精英团队价值而言，客户数量对企业价值边际贡献降低，能够对业绩目标完成具有重要影响的客户才是目标，因此客户群体主要依据重要性进行划分，二八客户定律体现比较明显，作者把精英价值形态中的目标客户群体称为重要型客户。

客户价值形态出现在市场生态的成熟期，客户价值需求开始体现高层缺失需求特征，不断强调客户价值的重要性，这时价值需求较为分散，且变化较快，需求动机变得比较模糊，需求分散导致客户结构多元化，企业只有不断研发新产品，并且提高产品更新换代的速度，才能满足客户的价值需求，实现企业价值的增加，作者把这类客户群体称为分散型客户。

利益相关者价值形态出现在市场生态的衰退期，客户价值需求体现低层次的生长需求特征。价值需求高度分散，形成独特的价值需求，这时企业只能提供定制型、个性化价值创造，价值需求与价值创造充分结合，生长需求出现即企业价值增加，因此客户结构发生根本改变，客户无论多少都会使企业产生增量价值，作者把这种客户群体称为价值型客户。

在客户结构的演变过程中，价值需求结构特征从缺失需求到生长需求，客户群体从被企业资源所吸引到被企业人格所吸引，在这个过程中，价值需求不断分散与变化，最后体现出客户的独特价值需求。

工业时代主要以满足人类较低层次的缺失需求，符合精英价值形态的客户结构特征，随着全球经济不断发展与融合，尤其是知识经济的出现，使人类的价值需求层次不断提升，并开始出现某些生长需求特征，而这恰恰与客户价值形态的客户结构相匹配，因此作者认为客户价值形态才是今天市场生态中的最佳形态。

二、被独特资源吸引的客户

在股东价值形态下，价值需求与价值创造的结合建立在资源独特性的基础上。

资本之所以为企业创造价值是因为资本与独特资源结合，独特资源能够满足现实存在的价值需求，而资本通过占有资源获得资本收益，企业只要拥有独特资源，就会有客户，如果资源的独特性不能体现，资本就不能创造价值。股东价值形态获得独特资源就能获得被资源所吸引的客户，当资源的独特性消失时，客户自然也会消失，因此这是一种现实型客户，所谓"现实"即现实存在，明确且具体之意。

对于缺失需求而言，现实的"缺失"对应的是资源的"独特"，"缺失"性越强，需求越集中、越具体，越容易因资源的独特性而满足，当缺失需求变成"刚需"、独特资源变成"唯一"资源时，客户则没有其他选择。同理，资源的独特性越弱，价值需求越不容易满足，需要其他的价值创造能力来补充，这时就会轮到其他价值创造者脱颖而出。由于现实型客户的价值需求趋同性比较明显，企业可以通过客户数量的累积获得价值总量的增加。现实型客户的稳定性取决于资源的独特性，当资源独特性降低时，或是由其他可替代独特资源时，客户价值需求将发生转移，客户数量将会减少。

股东价值形态是市场价值系统中的资源提供者，价值创造活动相对简单，依据明确的价值需求，对独特资源进行简单加工处理，形成可以使用的产品，因此产品相对简单与成熟。在股东价值形态中，很少进行主动创新，因为任何一种创新都会造成对资本的消耗，企业很难形成创新能力，除非价值需求特征发生改变，因此在同一个产业生态中，股东价值形态的价值创造能力基本相同，产品功能特征具有明显的相似性，正因为严重缺乏创新力，组织成员也无法体现独立价值。

一般情况下，资本在获得独特资源之前首先发现价值需求，否则不会没有目的地建立企业，通常是基于现实存在的缺失需求去寻找独特资源，因此往往是先有客户然后才有企业，这样成本相对较低、收益较高。所谓"抢占市场先机""市场前景广阔"其实都是事先发现了现实存在的价值需求，只要企业能够准确预测需求量就能获得预期收益，而资本风险多数来自对未来需求的误判，因为缺失需求的另一特点是满足后则动机减弱，因此产品必须尽快地占领市场。

股东价值形态属于初级组织形态,这也是因为产业生态初步成形,普遍存在缺失需求且产品供应尚不充足,很多新兴产业就具备这种特点,为股东价值形态发展创造了有利条件。一旦缺失需求达到饱和点,资源独特性对客户的引力降低,股东价值形态就会遇到发展"瓶颈",这时如果不能获得新的独特资源,企业发展将无以为继,除非通过"变形"突破"瓶颈",中国有很多企业就是因为既没有获得新型独特资源,又无法实现"变形"而消失。价值需求不断变化是人性的体现,如果企业发展不能与人性价值特征相匹配必然会被市场淘汰。

三、需求稳定且重要的客户

在精英价值形态下,价值需求与价值创造结合在精英团队领导力的基础上。

价值需求结构的变化导致资源独特性对客户吸引力逐渐下降,资本与资源的最佳结合期结束,资本将寻找更独特的资源,这时资本的价值创造能力明显降低,企业价值创造能力必须改变才能适应需求结构的改变,这为精英群体崛起创造了机会。精英团队的价值建立在委托代理责任基础上,因此从精英团队成为企业经营者那一刻起,就赋予了责任与目标,如何能有效地完成业绩是精英团队经营管理的出发点。

从价值特征的演变规律可以看出,客户价值需求集中度开始降低,而且出现一些变化,企业必须通过职能分工与专业化协作才能满足客户需求的变化。当精英团队获得企业经营权后,其价值实现在于完成委托责任，因此精英团队更关注那些对完成业绩目标具有重要影响的客户群体，作者把这类客户群体称为重要型客户。

重要型客户的特点体现在两方面：首先价值需求相对稳定，便于企业获得持续的订单，同时能够进行规模化的生产；其次是单位价值贡献明显，一个重要型客户往往比多个非重要客户更具现实意义，便于精英团队迅速地实现业绩目标。这时"二八定率"体现比较明显：20%的客户为企业提供80%的价值，获得这些重要客户就能体现精英价值，但是重要型客户数量在市场中毕竟有限，对竞争者同样重要，获得重要型客户也意味打击了竞争者，对这类型客户的争夺将变得异常激烈，"客户是上帝"是针对精英而言，而不是一般员工。

为了争夺重要型客户，需要精英团队领导力的充分发挥，这时主要采取两方面措施：一是在企业内部建立一套完整的管理系统，提高企业的运行效率，因此精英价值形态开始注重系统化的管理机制建设，逐步完善各项管理制度，便于企业能够进行复杂的价值创造；二是在企业外部建立战略伙伴关系，通过合作弥补价值创造能力的不足，便于满足重要型客户的价值需求，内外部的两种措施都有利于提高企业价值创造能力，获得重要型客户。

为了便于精英管理，精英价值形态初期尽可能实现标准化的价值创造，标准化的产品与创造工艺具有容易操作、改变、复制等优点，能够进行规模化生产，可以迅速提升业绩。由于重要型客户的价值需求相对集中，精英团队有时间与精力投入价值创造活动中，这时反而会主动放弃一些价值需求分散、单位价值贡献小的客户，在这个阶段企业不是不想获得那些非重要的客户，而是因为满足这类价值需求必须进行技术改进、设备更新、人才培养等一系列的改变，这些变化都将影响到业绩目标的顺利完成，因而精英团队一般不会主动争夺这些非重要客户。但是到了精英价值形态后期，重要型客户已经被瓜分殆尽，企业可持续发展反而由这些非重要的客户所决定，同时不断提升的业绩目标迫使精英团队调整经营策略，在维持传统竞争优势的同时，尽可能扩展产品线，争取覆盖到更多目标客户，通过满足新型客户的价值需求获得持续的价值增量。

由于有了精英的价值创造能力，企业能够进行一定的技术创新，实现产品更新与升级，这个阶段的创新主要为获得重要型客户，依然属于一种被动的创新行为，但是与股东价值形态相比有了明显进步。

当市场生态中的价值需求变得更加分散、多变时，精英团队也将束手无策，无论多么敬业的精英团队也都无法阻止人性特征的改变，将有更多的企业和产品消失，留下来的企业将以新的价值形态出现在市场生态中。

四、需求发散且多变的客户

在客户价值形态下，价值需求与价值创造结合在团队创新力的基础上。

重要型客户对任何一个企业而言都是优质客户，也是"兵家必争之地"，竞争对手将不断涌现，竞争愈演愈烈，缺失需求逐渐趋于饱和边界，市场生态出现产能过剩，这时企业竞争回归理性，那些曾经被忽视的非重要客户开始得到企业青睐。当低层次需求得到满足后，必然出现高层次的需求动机，需求层次越高越分散而且多变,非重要客户就承载着这样的需求特征,这将成为市场生态中主要的价值需求,谁放弃了这些客户,谁将被市场生态所淘汰。

作者把价值需求分散且多变的非重要客户称为分散型客户,虽然价值需求分散、单位价值贡献较小,但是累积起来价值总量非常可观,长尾理论即说明了这个道理,企业的难题在于如何才能满足这种类型客户的价值需求?

分散型客户的特点总体可以概括为"见异思迁""喜新厌旧"。"见异思迁"是指同质化的产品无法体现客户的价值特征,客户开始追求个性化、差异化;"喜新厌旧"是指客户希望不断获得新的尝试、新的价值体验,这两点要求产品多元化,且提高更新换代的速度。在互联网产业中出现了"用户比客户重要"的说法,"用户"的出现说明价值需求无法准确捕捉,需要先建立一个网络平台把价值需求"围"起来,便于对客户需求进行分析,从而把分散、多变的客户需求变得集中、具体,然而通过持续的创新使"用户"变成"客户",一旦企业创新停止,"用户"就会慢慢离去,"客户"也就无从谈起。

由于分散型客户的价值需求分散程度较高,要求企业管理模式相对灵活,精英价值形态的管理模式在频繁变化的市场生态中变得僵化,因而在客户价值形态中,流程型组织结构取代了职能型组织结构,创新团队取代了职能部门,流程管理取代了职能分工与专业协作,通过业务流程实现企业价值创造的灵活性,以便适应市场价值需求的频繁变化。

由于价值需求分散且多变,无法采取标准化、规模化的价值创造方式,只能通过业务流程把不同职能统一起来进行系统化的价值创造，业务流程使客户的价值需求与企业的价值创造结合在一起，突出了客户对企业的价值贡献，这时客户与创新团队为企业创造主要价值。企业价值提升主要通过两方面实现：一是在企业内部依靠持续的产品创新，通过推陈出新、更新换代获得客户的满意与信赖；二是在企业外部提高供应商的价值创造能力，形成供应链竞争优势。从某种意义上说，分散型客户最能代表市场生态的特征，所以客户价值形态是企业步入成熟期的标志，企业开始真正独立，人格特征也逐渐清晰。

人的价值性演变规律最终是成为具备独特价值的人，为了追求独特的价值客户结构依然会继续改变。

五、被独特人格吸引的客户

在利益相关者价值形态下，价值需求与价值创造结合在独特人格的基础上。

从价值需求变化规律来看，客户需求分散到一定程度时就会形成独特的价值需求，独特的价值需求是生长需求的特征，满足这类价值需求，需要企业进行定制化、个性化的价值创造活动，这是利益相关者价值形态的客户群体价值特征的体现。

客户承载着价值需求、企业承载着价值创造，任何一个企业都无法满足客户所有的价值需求，因此只能寻求在某个领域形成价值创造优势，通过这种独特的价值创造优势，吸引那些具有独特价值需求的的客户。随着人类价值需求的不断提升，产业价值链将不断向下游延伸，价值创造将不断细化，直到形成独特的价值创造，客户价值需求独特性与企业价值创造的独特性开始结合在一起，由于价值需求与价值创造都有独特性，充分体现出价值主体的人格特征，作者把这类客户群体称为被独特人格吸引的客户，也可以称为具备独特人格的客户。

建立在独特人格基础上的价值需求与价值创造是人类价值性的充分体现，企业与客户之间的价值交换实现了价值创造与价值需求之间的充分对接，使价值得到直接体现。客户价值形态中价值创造者的价值性并未充分体现，必然将在利益相关者价值形态中实现，追求独特价值是人类的本性，人类社会一直沿着这个方向不断发展。建立在缺失需求基础上的生长需求代表着人的独特价值，当缺失需求不断被满足，动机越来越弱时，人类的生长需求动机就不断地出现，而且越来越明显、越来越强烈，利益相关者价值形态就是为生长需求进行价值创造。生长需求的特点说明需求可以不断生长，没有饱和点，始终不停地追求独特价值，这也为企业创造价值能力提供足够的提升空间。独特人格分别体现了客户的独特价值需求与企业的独特价值创造能力，客户与企业之间基于独特人格而相互吸引，基于独特人格而相互信赖。独特人格也是企业品牌，品牌传递独特性的信息，能够让客户在茫茫的市场生态中获得企业人格的解码。

利益相关者价值形态主要为客户提供一种独特的价值体验，这种价值体验建立在具体的产品基础上，体现了生长需求与缺失需求之间的关系。独特的价值体验与传统的产品概念具有本质区别，这是由生长需求的特征所决定。在利益相关者价值形态出现之前，并不是说市场生态没有满足人类生长需求的组织，生长需求始终与缺失需求共同存在，只是在市场生态没有进入成熟阶段时，人类的生长需求动机没有明显体现,因此利益相关者价值形态不会普遍出现,用于满足生长需求的价值创造多数由非正式组织或价值创造者个人完成,随后与资本结合以低级组织形态的形式出现在产业生态中,但是作者认为随着人类的价值特征的转变,未来利益相关者价值形态将大量出现。

由于生长需求没有边界,企业的价值创造就不会存在"产能过剩"之说,从生长需求的特点可以发现,企业创造出来的其实也是一种价值需求,因此在市场生态中,利益相关者价值形态也是价值需求的制造者。这时创新将成为企业的自觉行为,客户也将成为价值创造团队中不可缺少的成员,客户、价值创造者都将获得前所未有的价值体验。

六、产业生态发展与企业价值定位

产业是最小的市场生态,产业生态相互交错、相互作用,范围不断扩大最后形成构成全球市场的生态系统。产业生态是人类价值性的具体体现,产业生态发展过程也是人类价值性演变的过程,如果把人类历史发展看成一个完整的系统时,可以发现人类的价值性从两个方面体现在产业生态发展中:横向的产业层次(结构)与纵向的产业价值链条,如图3-7所示。

很多国家依据人类的价值创造历史顺序把产业结构分为三大类:第一产业、第二产业和第三产业,这是横向的产业层次。农业革命之后出现第一产业,主要满足人类的最低层次缺失需求;工业革命之后出现了第二产业,主要满足人类较高层次的缺失需求;在第一产业、第二产业的基础上又出现了第三产业,主要满足人类低层次的生长需求。产业生态的发展体现人类价值性演变过程,产业结构特征可以反映出一个经济体的价值形态特征。

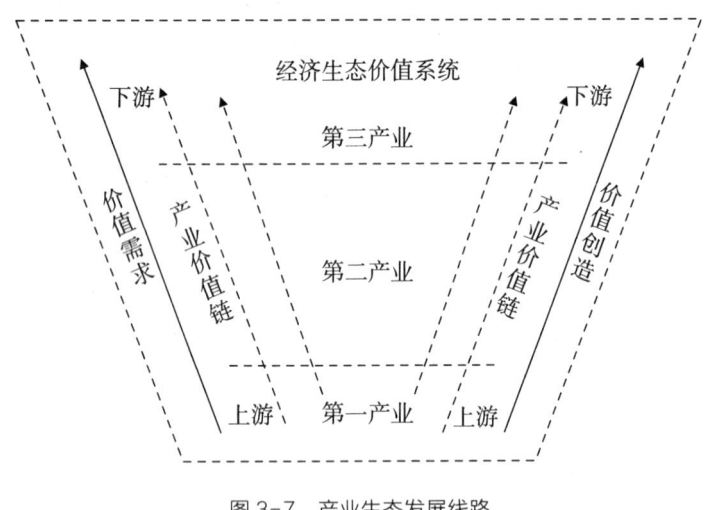

图 3-7 产业生态发展线路

纵向的产业价值链条是依据人类的不同价值需求划分,每一项具体的价值需求都会形成一个产业价值链条,产业价值链条与人类价值需求同步变化,需求层次越高,产业价值链条越长,产业细分越明显,涉及的产业越多,产业价值链条将贯穿于不同产业层次。在一个产业价值链条上,不同形态的价值创造组织扮演不同的角色,依次完成不同的价值创造活动。横向的产业层次与纵向的产业链条相互交集、产业之间相互关联形成了错综复杂的价值网络,构成一个市场经济生态的价值系统。随着人类价值特征的改变,经济生态在横向扩展的同时,整体向产业价值链下游移动,与之相对应的是产业结构调整与改变。

在这样一个经济生态价值系统中,企业作为一个价值创造组织，如何选择进入哪一个产业以及在产业价值链中恰当的价值定位？这个问题美国的战略大师迈克尔·波特给出了一个工具——五力分析模型。五力分析模型由波特于20世纪80年代初提出，用于企业竞争战略的分析，其中五力分别是：供应商的议价能力、购买者的议价能力、潜在竞争者进入的能力、替代品的替代能力、行业内竞争者现在的竞争能力，这五种力量综合作用影响着产业的吸引力，如图3-8所示。五种力量代表价值需求与价值创造能力之间的关系，分别从五个角度分析产业竞争的平衡状态，而五力分析模型则是以竞争对手的价值定位作为参照，通过把企业和竞争对手放在产业价值链中进行对比分析，发现市场价值需求与企业价值创造能力之间的匹配度，从而确定符合企业自身特点的竞争策略。

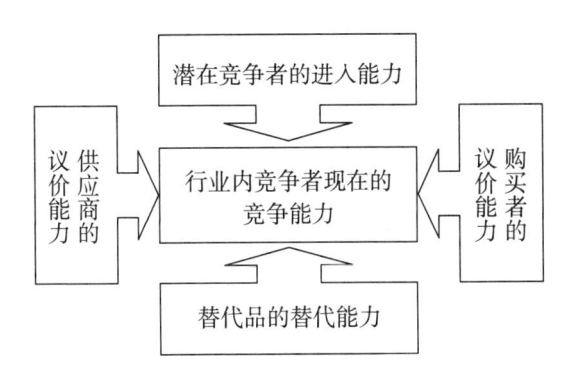

图 3-8 波特的五力分析模型

从企业形态进化规律可以看出，产业价值链越向下游延伸，劳动者的价值创造力体现越明显，越向上游延伸资本的价值创造力体现越明显，不同的价值创造能力对应产业价值链条上不同的价值定位，前面作者介绍了四种典型的价值定位：需求制造者、需求具体化者、标准化制造者、资源提供者。企业需要依据自身价值创造能力选择适合自己的价值定位，只有这样才能实现价值平衡形态，价值平衡则企业形态最佳，盲目地追求与自身价值创造能力不相符合的价值定位，最后也会由于产业生态的变化，使其回到本应属于自己的位置。从另一方面来看，人的价值性演变规律将推动经济生态整体向产业价值链下游延伸，企业的价值定位并非一成不变，必须跟上市场变化的步伐，否则将被市场淘汰，提升企业价值创造能力是必然要求，如同"逆水行舟、不进则退"，这就是"适者生存"的市场法则。

对于一个经济体而言，经济结构特征能够体现其在全球产业价值链上的价值定位，"世界工厂"就是一种价值定位的称呼，类似于标准化制造者的角色，一些先进的经济体都曾经历过这个阶段。当人类的价值需求普遍体现低层次特征时，"世界工厂"是一种先进性的代表，当人类的价值需求普遍体现高层次特征时，"世界工厂"则是一种落后性的代表。

第三节　产品结构的演变

产品是什么？产品的真实面目是价值创造，这是人的价值性的另一面。

与价值需求对应的就是价值创造，与客户结构相对应的就是产品（服务）结构，当客户结构发生改变时，产品结构必然会发生变化。产品不仅仅是价值创造成果，也是具体化的价值创造能力，这种能力通过产品体现出来，否则根本无法认知。所谓产品结构就是企业的价值创造成果的构成关系，是组织形态的重要组成部分，产品结构的进化规律能够体现组织形态的演变过程。

价值创造与价值需求一样是人类最基本的活动，是人类存在与发展的基本前提，价值创造的本质就是满足人类价值需求，从满足缺失需求到满足生长需求，最终人类的价值创造与价值需求融为一体，价值创造成为一种价值需求，这时人的价值性得以充分体现。

任何组织都是为满足人的价值需要而产生，今天人类社会主要进行价值创造的组织是企业。从历史发展来看，企业的价值创造是第一次完全意义上地服务于人类的价值需求，企业价值在于其产品用于满足其他组织及个人的价值需求，这与历史上的价值创造组织具有本质区别，使人类的价值性极大程度地得到提升。

由于产品只是企业价值创造能力的载体，因此企业竞争目标在于提升价值创造能力而不是产量，只有当价值创造能力提升时，产量增加对企业价值贡献才具有现实意义。依据价值守恒定律可知，当价值总量一定时，意味着产品承载的价值确定，价值需求结构改变需要产品结构随之变化，但是价值创造能力结构不改变，则无法实现产品结构的改变，单纯依靠提高产量必然会遇到需求饱和点，导致产能过剩，当价值创造面对饱和的价值需求时，重复的价值创造意义何在？产能过剩必然造成大量的浪费，西方经济学中边际效用理论对劳动价值理论的质疑就在于此。

产品更新换代是为适应价值需求结构的变化，这个过程必然会导致一大批产品消失，如果一个企业仅仅依靠一种产品存在于市场生态中，产品的生命周期即企业的生命周期，当人的价值特征改变时，企业必然随着产品一起消失。产品的更新换代体现出产业价值链向下游延伸的过程，如果企业无法改变价值创造能力适应价值需求的变化，"明星"企业变"流星"企业是必然的结果。

产品代表了价值创造，客户代表价值需求，当产品与客户结合在一起时，诞生了一个重要的概念——客户体验，客户体验即客户价值体验，这个概念体现出了价值需求层次的分水岭，所谓"体"是经历的意思，"验"是感受的意思，客户体验开始强调产品在使用过程中获得的感受，体现出生长需求的特征，具有划时代的意义，这是人类价值性变化的一个转折点，这个概念首先出现在西方发达的市场生态中，说明西方当时一些企业正在经历组织形态的转变。

中国管理学界曾经一度探讨过企业"做大"还是"做强"？如果没有"强"与"大"的标准，这个议题的讨论意义并不大。因为任何组织存在与消失都服务于人类的价值需求，"大"也好，"强"也罢，都是依据人的价值性体现，人性的最终目标是体现个人的独特价值，"强"与"大"仅仅是企业形态进化过程中阶段性的表现，当企业进化到客户价值形态时，就会出现"船大难掉头"，进化到利益相关者价值形态时，"强"与"大"和人的价值特征没有必然联系。从人性的演变规律来看，企业"强"与"大"反而说明人类价值创造能力水平较低，需要借助一个"强大"的组织，企业越强大价值创造者就显得越弱小，当个体能够独立地进行价值创造时，个体创造的价值甚至可以超越今天一个组织创造的价值，这才是人类的进步。未来真正"强大"的组织不在于物理边界,而在于理念边界,通过价值理念把价值创造者聚集在一起,形成一个具有独特价值创造能力的组织。

一、产品结构演变规律

产品结构是指一种产品组合关系,而不是单一产品,在不同的企业形态中,产品结构特征表现不同,产品结构的变化与企业形态的进化规律具有一致性。与客户结构的分散度、变化度相对应,作者也从两方面描述价值创造成果的特征,一是产品的品种,二是产品的更新速度。产品结构的演变与客户结构的演变相辅相成,价值需求越集中,产品种类越少,产品更新换代越慢;价值需求越分散,产品种类越多,产品更新换代越快。在企业形态进化过程中,产品结构分别经历了成熟型产品、标准化产品、创新型产品和个性化产品四个阶段,如图3-9所示。

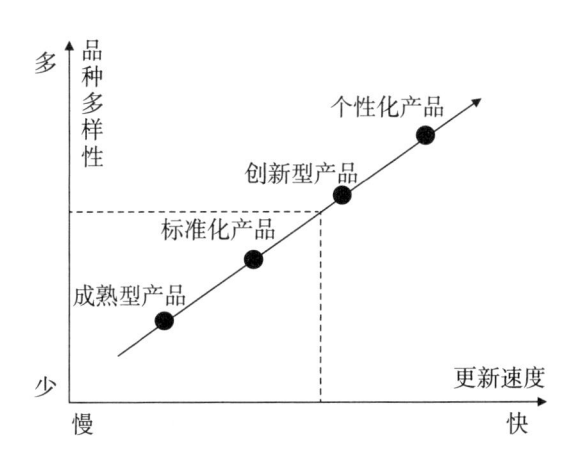

图3-9 产品结构演变规律

股东价值形态下的企业，产品由资源的独特性决定，价值需求通常现实存在，客户被资源的独特性所吸引，这时企业价值创造活动相对简单，最好能够把资源的独特性直接转化为产品，这样便于实现资本收益最大、资本流转速度最快，因此企业更偏好于市场生态中已经被客户接受的成熟产品，通过产品的功能获得客户的青睐，作者把这个阶段的产品称为成熟型产品。

精英价值形态下的企业，由于精英团队承担着委托责任，因此无论市场生态中存在何种价值需求，价值创造倾向于对业绩目标贡献较大的产品，这些产品通常可以进行标准化、规模化生产，便于精英团队有效管理且能迅速提升业绩。为了提升客户满意度，除强调产品的功能外，增加了辅助性的配套服务，作者把这个阶段的产品称为标准化产品。

客户价值形态下的企业，产品结构发生新的变化，一是产品品种多样化，二是产品更新换代速度加快，同时产品功能对客户的吸引力降低，而以产品为基础的一整套服务流程成为客户的选择，这是价值需求分散、多变的结果，企业只有不断地创新才能满足分散型客户的价值需求，作者把这个阶段的产品称为创新型产品。

利益相关者价值形态下的企业，企业产品理念发生改变，价值创造不再局限为是一种产品（服务），更强调一种独特的价值体验，价值创造本身成为一种价值需求，需要为客户提供符合其价值特征的一整套解决方案，作者把这个阶段的产品称为个性化产品。

产品结构与企业生产方式密切相关，西方学者通过对产品生产规律的研究提出四种产品生产方式：单件大批量、多件大批量、多件小批量、单件小批量等，这四种生产方式与四种产品结构相对应，成熟型产品需要单件大批量生产，标准化产品需要多件大批量生产，创新型产品需要多件小批量生产，个性化产品需要单件小批量生产。这四种生产方式一直存在于企业的价值创作活动中，随着产品结构的变化而变化。

从企业形态进化规律来看，产品结构经历从简单成熟到复杂独特，从模仿复制到定制原创，从强调产品功能到强调价值体验，体现了产品结构的演变规律。早期的市场生态中价值创造能力始终落后于与价值需求的变化，因此企业价值创造的目标通常非常明确、具体，以至于创新产品（技术）能够搁置多年以等待最佳上市时机，但是随着市场生态的逐渐成熟，价值需求逐渐日益分散化，企业价值创造的目标开始模糊，此时价值创造与价值需求开始同步对接，任何先进产品（技术）必须马上投入市场否则将面临淘汰的风险，当价值需求与价值创造完全融合在一起时，市场生态中只有价值创造独特的企业，而不存在具有竞争优势的企业。

二、简单化、成熟型产品

在股东价值形态下，企业的主要客户属于现实形客户，其价值需求现实存在，价值需求集中且具体，只要有产品就会有市场，资本能够获得较高的收益，资本与独特资源结合即建立在这个前提下，因此在股东价值形态中，产品取决于资源的独特性。当产品对客户具有天然的吸引力时，企业自然希望能够迅速产生效益，使资本价值立刻体现，因此企业更倾向于提供的简单化、成熟形的产品，由于价值需求趋同，产量对企业价值增加具有绝对的积极意义。

所谓简单化是指产品以满足现实型客户的基本要求为目标,尽可能地减少复杂的价值创造环节,让资源的独特性尽快地转化为产品,最佳状态是直接转让独特资源,这时资本完全创造价值,没有其他价值创造活动的成本消耗,同样组织管理方式也最简单。所谓成熟形是指企业提供市场生态中已经存在的产品,这些产品客户熟悉并且认可,客户需求由于市场生态中缺乏独特资源而大量存在,企业通过提供这类产品迅速在市场中获得收益。总体来看,股东价值形态的产品相对单一,主要通过功能体现价值,客户价值需求易于满足,企业可以利用独特资源迅速生产,抢占市场份额,这种产品一般市场占有率较高、销售增长率较低。

简单化、成熟形产品意味着企业的价值创造缺乏创新,这是由股东价值形态特征所决定,主要体现在两方面:一是当客户需求被独特资源所吸引时,创新将导致风险出现及成本提高,影响资本收益率及流转效率;二是当组织成员的价值无法体现时,主观能动性很难调动,无法进行有效的创新活动。尤其当资本能够控制整个产业生态中的独特资源时,将形成垄断,而垄断可以终结企业创新意识与行为,在垄断竞争阶段,一些先进技术为了等待最佳时机甚至可以搁置几十年之久,这时的企业创新完全服从于资本收益。

当产业生态存在较高的资本收益时,资本将蜂拥而至,导致产业生态中出现大量的同类、同质产品,过度繁殖的结果是人们缺失需求动机降低或者停滞,市场饱和,产能过剩,产品滞销,出现经济危机,造成独特资源与价值创造的极大浪费。虽然经济危机的产生根源人们都很清楚,但是经济危机背后是人性,人性必然驱使企业前仆后继,人性特征受时间、空间环境的影响,当时间条件具备时,经济危机就会重复出现,只是表现形式不同。

虽然股东价值形态属于低级组织形态,只能进行简单的价值创造,但这种组织形态的出现象征着人类价值创造能力的极大提升,这是人类划时代的进步,人类现代化进程从此起步。早期股东价值形态中的股东多数都是产业生态的开拓者,具备敏锐的洞察力以及超凡的勇气与智慧,正是由于这些人格特征才能善于发现和敢于开拓未知领域,这点在创业者的身上体现得尤为明显,可以说,股东价值形态对人类社会的发展贡献极大,不能因为其落后性而否定其历史贡献。

回顾全球经济发展历史,在那个时期,"世界工厂"是先进价值创造力的代表,一流的企业做产品,当全球产业价值链随着人类价值特征的演变向下游延伸时,优秀企业的标准也发生变化。

三、专业化、标准化产品

在精英价值形态下,社会分工逐渐明显,产业生态迅速扩展,产业集群形成,企业客户主要是重要型客户,这些客户价值需求仍然较为集中,但是对企业提出新的要求,资源独特性对客户的吸引力不再像以前那样强烈,简单化、成熟形的产品无法满足客户的要求,这个时期,企业开始为客户提供专业化、标准化的产品。

所谓专业化是针对产品的功能而言,客户价值需求特征改变,对产品的质量、功能等多方面提出更高的要求,而这需要一定的专业技术才能实现,企业内部首先出现了掌握专业技术的精英,精英通过专业技术，使企业摆脱单纯依靠资源独特性的价值创造方式，重新获得客户的青睐。专业化意味着专业分工与有机协作，价值创造的复杂性大大提高，因此在体现产品功能的同时，开始增加必要的辅助性服务功能，便于满足客户需求的变动。

所谓标准化是针对产品生产工艺而言，当价值创造活动日趋复杂、产品品种增加时，企业需要对专业化的价值创造进行标准化，只有标准化的产品才能进行规模化的生产，便于拥有更多的客户。标准化的产品虽然同质化程度明显，但是有利于精英团队尽快完成业绩目标，因此精英价值形态在提高专业化水平的同时，强调产品生产标准化，频繁地创新将导致企业运营成本增加，也会错过一些发展良机，这时候规模是企业竞争实力的象征，产品创新服务于业绩的提升、规模的扩大，以能够实现标准化生产为前提。由于产品的专业化、标准化程度提高，此时企业需要建立良好的管理系统使各职能有效协调与配合，这时企业开始注重制度建设。

精英价值形态的产品数量增多，产品线开始扩展，产品结构逐渐向市场占有率较高、销售增长率较高的产品转移，企业能够进行多件大批量的生产，这种产品结构可以使企业短期内获得稳定的收益，这是市场需求变化的结果，也是精英任期内实现持续盈利的必要保障，面对不断提高的业绩目标，成熟型产品显然无法实现精英的价值诉求。此时精英团队对"战略"开始重视，需要系统地、全面的、重点的考虑未来的企业发展，至少能够制定出任期内的经营策略。

这个时期优秀企业是标准的制定者，即所谓的"一流企业定标准"，这里的"标准"是广义的概念，其中包括产品标准，相比单纯地"做产品"而言,"定标准"有了很大的进步,至少有了标杆。但是也需要看到,标准化价值理念与人的价值独特性相悖,是价值创造能力水平落后的体现,标准制定出"最佳",同时也限制"更佳",标准体现了"同质",同时也限制"独特",因此,当市场生态中人的独特价值开始体现时,专业化、标准化产品的使命就会结束,优秀企业的标准也将再次改变。

专业化、标准化丰富了产品品种、提高了产品性能,企业能够创造出大量的产品,极大地繁荣产业生态,一些巨型企业陆续出现在这个阶段,这些企业与产业生态的价值需求相适应,成为先进价值创造能力的代表,但是当产业生态发生变化时,"大企业病"将陆续发作,企业需要"变形"才能对症治疗。

四、多元化、创新型产品

在客户价值形态下,市场价值需求更加分散,产业价值链向下游延伸的同时,产业细分加剧,并且相互之间不断交集,市场生态中企业之间的价值关系更加密切,逐渐形成区域经济体、产业生态圈,此时企业客户主要是分散形客户。分散、多变的价值需求超越了精英团队的价值创造能力边界,专业化、标准化的产品无法提高客户的满意度,客户需要的是多元化、创新型的产品。

所谓多元化是指产品品种更加多样化,为客户提供更多的选择,有利于满足分散形客户"见异思迁"的需求特征,当产品品种不断增多时,单个产品的产量开始下降,产品生产趋向于多件小批量的方式,传统的生产模式将被颠覆。

所谓创新性是指企业产品需要不断更新换代、推陈出新,从外观、性能、使用方法等众多方面都需要不断地改进或更新，以便满足客户"喜新厌旧"的需求特征，企业一旦停止创新，客户就会流失，因此企业必须保持旺盛的创新力，而这种创新能力仅仅依靠精英团队无法实现，一定是多数价值创造者群策群力，这时创新团队成为企业的价值创造单元。

在客户价值形态中，企业价值的增量除受到品种与和产量双重因素影响外，更多地由与产品功能配套的服务功能体现，多元化创新型产品提供给客户的是一整套服务流程，为了适应产品结构的变化，价值创造方式也从分工协作向系统化转变。产品的多元化、创新性需要新的组织管理模式支撑，流程型组织结构为团队创新力的发挥提供了有力保障。

当市场生态需要出多元化、创新形的产品时，意味着市场生态中没有绝对领导者，呈现各领风骚的局面，客户"忠诚度"完全将取决于企业创新能力，市场竞争更加激烈，谁能创造出满足客户价值需求的产品，谁就有可能一枝独秀，当任何企业都有机会成为领导者时，领导者的概念发生变化，这时产业价值链上下游企业之间形成更加稳定的价值关系，通过这种方式弥补价值创造能力的不足，而市场竞争逐渐演变为供应链竞争。

多元化、创新型的产品多数是市场占有率较低，销售增长率较高的产品，这是由分散形客户的价值需求特点所决定，流水线、标准化的生产将无法实现这种价值创造，客户不仅仅需要一种产品，还要解决与产品相关的一系列问题，配套服务在产品中的重要性越来越明显，实物产品反而成为配角，这是客户价值性演变的必然要求，此时传统的生产制造形企业向制造服务形企业转变，垂直形的组织管理模式向水平形的管理模式转变，而流程化管理使企业在分散、多变的价值需求面前显得比较灵活，以能力为基础的创新团队更便于与客户进行对接，最终将成为价值创造的主力军。

多元化、创新形产品不可能出现在封闭型组织形态中，依靠少数价值创造者为企业创造主要价值只能是阶段性体现。当精英价值形态逐渐与产业生态价值特征脱离时，能力再强的精英团队也难以力挽狂澜，最终新的价值创造能力取代精英领导力，企业价值将来自多数价值创造者的贡献。作为一个价值创造组织，只有发挥所有价值创造者的价值，企业价值才能实现最大化，只要企业没有实现这个目标，企业的价值系统就有可提升的空间，客户价值形态能够体现出大多数组织成员的价值，相对而言，不仅是一种高级组织形态，也是一种开放形组织形态。

在这个时期，优秀企业的标准发生改变，最近流行这样一句话："二流企业做平台、一流企业做社区"，无论"做平台"还是"做社区"，都是为了有效地整合资源，为客户提供有针对性的价值服务，当标准的制定者被平台的搭建者、社区的建设者所取代时，说明产业生态发展到一个新的阶段。

值得一提的是，成熟市场生态中将出现稳定的共同体，而在英文中"共同体""生态群落""社区"等都是同一个单词"community"，主要体现团体的价值，而这时价值创造者恰恰是以团队的形式进行价值创造，客户价值形态也是一个团队生态，这并非偶然。

五、定制型、个性化产品

当市场生态中的价值需求分散到一定程度时，就是个性化的价值需求，这时全球产业价值链网络化，形成一体化经济生态圈，多数利益相关者价值形态将出现这个时期，企业主要客户是价值形客户。由于市场经济生态主要满足人类的缺失需求，利益相关者价值形态的出现象征市场生态将走向衰退，生长需求使人类不断追求独特的心理感受，此时企业主要为客户提供定制型、个性化的价值体验。

所谓定制形是因为客户价值需求高度分散，需求内容各不相同，同时变得非常模糊，多数只具有需求的概念而没有具体的内容，这类价值需求本身也是一种价值创造，往往需要具体化后才能得到满足，因此，这是一种为客户量身定制出来的解决方案，而不仅仅是一种实物产品。所谓个性化是指价值需求与客户的独特人格相匹配，认知、审美以及自我实现这些生长需求对于每个个体而言其内涵不同，因此企业提供的是一种个性化的产品，除非人格特征非常相似，否则不会出现同质化产品。

定制形、个性化的解决方案不再是某种功能型产品或服务流程，而是以实物、服务为依托的价值体验。价值体验从价值需求开始，包括了需求的具体化、制造的标准化以及依托的独特资源等环节，涵盖了整个产业价值链，在客户获得价值体验后，不仅满足了缺失需求，更重要的是满足了生长需求。利益相关者价值形态处于市场价值系统的最高端，源源不断地为人类创造价值需求，拉动着产业价值链向下延伸。

从目前来看，利益相关者形态尚未普遍出现，但是某些功能特征已经在一些松散的组织中得到体现，在市场生态未成熟之前，这类组织创造出价值需求，多数将转化为一种独特资源，与资本、技术等相结合以其他组织形态出现。利益相关者价值形态之所以未能普遍出现，主要受到人类价值创造能力的限制，作者认为第四次工业革命后就将会如雨后春笋般涌现，目前3D/4D打印技术的应用让作者看到这种可能。利益相关者价值形态是独特人格的竞争、品牌文化的竞争，每个企业都将有鲜明的人格特性，能够创造出符合客户人格特性的某种价值体验。

定制形、个性化的产品一般市场占有率低、销售增长率低，只能通过"单件小批量"生产，通过"定制"与"定做"的形式提供给客户，目前类似这种价值创造方式只针对一些高净值客户群体，而这类客户并不是为了产品的使用功能，而是为了获得一种与众不同的、前所未有的价值体验，未来随着科技进步完全可以面对更多的客户群体，因为这是由人性的演变规律所决定。

在这个阶段，应该会出现"一流企业做体验"之类的流行语，"体验"本身就是对生长需求特征的描述，人们对于"一流"企业的认知过程，也体现了企业形态的进化过程。当利益相关者价值形态在经济生态价值系统中出现后，不同组织形态的价值定位逐渐清晰，从产业价值链的上游到下游，分别分布着资源提供者、标准化制造者、需求具体化者、需求创造者，四类组织形态实现一个完整的价值创造过程，人类的价值需求依次得到满足，充分体现人类的价值性。

六、质量管理理念演变

企业的产品管理与质量管理关系最为密切，通过质量管理理念的变化也能发现产品结构的演化规律。

什么是质量管理？质量管理一般来说是指对价值创造活动及成果的管理过程，以符合客户的价值需求。质量管理的最终目标是能够实现最佳的价值创造活动，生产出客户满意的产品。到目前为止，西方管理学中质量管理理念经历三个阶段，从这三个阶段中能够看出企业形态以及产品结构的演变过程。

第一个阶段是"质量检验"阶段。最早的产品质量主要依靠操作者本人的技艺水平和经验来保证，属于"操作者的质量管理"，这是一种自我检验行为，显然存在着明显的缺陷，随后以泰罗为代表的科学管理理论产生，促使产品质量检验从加工制造中分离出来，由操作者转移给其管理者——工长，成为一种"工长的质量管理"。这两种产品质量控制方式是股东价值形态的典型特征。

随着企业生产规模的不断扩大和产品生产工艺复杂性的提升，企业内部开始出现职能分工与专业化协作，产品逐渐有了各项技术标准，检验工具和检验技术也随之发展，企业设置专门的检验部门，这时成了"检验员的质量管理"。这种质量管理的方式出现在股东价值形态向精英价值形态的转变过程中。

以上三种质量管理都是在产品生产结束之后进行质量检验，均属于一种事后检验方式。在股东价值形态中，对于简单化、成熟型的产品可以通过这种检验方式来控制和保证产品质量，当企业提供专业化、标准化产品时，这些方式显然不能实现质量管理的目标。

第二个阶段是"统计质量控制"阶段。1924年，美国数理统计学家休哈特提出控制和预防缺陷的概念，他把数理统计的原理运用在质量管理中，绘制出第一张控制图并建立了一套统计卡片。同时期，美国贝尔研究所也提出关于抽样检验的概念及其实施方案，自此以数理统计理论为基础的统计质量控制得到推广，第二次世界大战时期，对军工产品的生产过程的工序控制产生显著效果，后来被推广到民用产品之中。这个阶段，质量管理是利用数理统计原理建立各项质量管理标准与流程，使生产过程处于受控状态，预防产生不合格品并检验产品的质量。

在精英价值形态下，对质量的控制从检验技术人员到专业职能部门，从依靠检测设备到建立标准化的检测流程，这标志着质量管理从单纯依靠质量检验、事后把关，发展到过程控制，突出质量的预防性控制。

第三个阶段是全面质量管理阶段。全面质量管理（TQM）起源于美国，后来陆续在一些工业发达国家开始推行，20世纪60年代对日本产生过重要影响。全面质量管理不再局限于对生产过程的控制，而是要把专业技术、管理技术、数理统计技术集合在一起，建立起一套科学、严密、高效的质量保证体系。质量管理必须始于识别客户的质量要求，终于客户对产品的满意。这个阶段质量管理已经不满足于内部的质量系统，不但强调全员参与，还要有客户积极配合，使质量管理活动贯穿于整个价值创造过程。这代表质量管理从过程控制转变为系统化管理。系统化的质量管理需要多种工具的综合运用，为人所熟悉的是"QC七种工具"，随着又出现一些新变化，有了"新七种"与"旧七种"工具之分。全面质量管理充分体现出客户与创新团队共同创造价值的思想，是客户价值形态的典型特征。

质量管理理念与产品结构变化规律相同，并体现出不同组织形态的功能特征，作者虽然无法预测未来质量管理理念内涵，但是从人的价值性演变规律来看，未来的质量管理应该是对独特价值创造过程的管理，这是一种即时质量管理方式，强调质量管理与价值创造的充分结合，由于价值型客户既是产品使用者也是产品制造者，产品质量将完全处于客户的即时控制过程中，这时客户对产品质量满意度达到最佳，显然比全面质量管理理念更具先进性。

七、从波士顿矩阵看产品结构演变

在西方管理学中，研究产品结构变化最著名的莫过于波士顿矩阵（BCG Matrix）。波士顿矩阵又称产品系列结构管理法，由美国管理学家、波士顿咨询公司创始人布鲁斯·亨德森于1970年首创，用来分析和规划产品组合的方法，这是制定企业战略最常用的工具之一。

波士顿矩阵认为一般决定产品结构的基本因素有两个：即市场引力与企业实力。能够体现市场引力的有销售额（量）增长率、目标市场容量、竞争对手强弱及利润高低等指标。其中最主要的是销售增长率，这是决定企业产品结构是否合理的外在因素。能够反映企业实力的有市场占有率，技术、设备、资金利用能力等指标，其中最主要的是市场占有率，这是决定企业产品结构的内在要素，销售增长率与市场占有率就成为影响产品结构的主要因素，这两个因素相互作用，将出现四种不同性质的产品结构类型，形成不同的业务发展前景，如图3-10所示。明星类产品代表销售增长率和市场占有率"双高"的产品群，瘦狗类产品代表了销售增长率和市场占有率"双低"的产品群，问题类产品代表市场占有率低、销售增长率高的产品群，金牛类产品代表市场占有率高、销售增长率低的产品群。

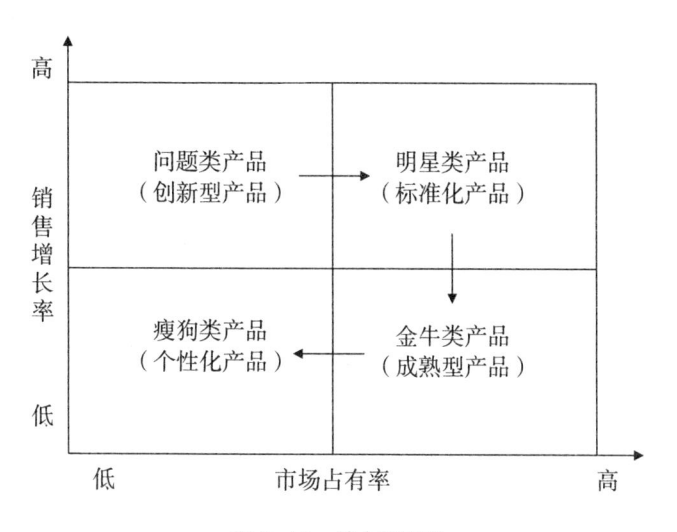

图3-10 波士顿矩阵

按照波士顿咨询矩阵原理，产品市场占有率越高，创造利润的能力越大；另外，销售增长率越高，维持其增长及扩大市场占有率所需的资金亦越多，因此可以通过产品的合理组合适应市场价值需求的变化，从而实现资金良性循环、企业健康发展的局面。在企业战略规划中，理想的产品规划应该是问题类产品向明星类产品转变，明星类产品向金牛类产品转变，当金牛类产品变为瘦狗类产品时，则产品退出市场，这种产品结构设计方案是波士顿矩阵应用的第一法则——"成功的月牙环"。

从波士顿矩阵这个管理工具出现的时间来看，应该是西方先进企业从精英价值形态向客户价值形态开始转变的阶段，分散型客户已经出现，但还不是市场生态中的主流，也正因如此，产品类型命名带有了那个时期的主观色彩。然而随着市场生态发展，企业形态的改变，需要重新对产品类型进行分析，赋予其新的含义。

波士顿矩阵中的四种产品类型与四种典型的产品结构相似。例如，金牛类产品与成熟型产品特征相似，明星类产品与标准化产品特征相似，问题类产品与创新型产品特征相似，瘦狗类产品与个性化产品特征相似。作者认为波士顿矩阵是在相对封闭、稳定的产业生态中审视产品结构对企业未来的影响，而在开放的市场生态中，价值需求分散程度、变化程度明显提升，市场竞争愈演愈烈，产品更新换代不断加快，不同类型产品之间能够迅速转化，这时再审视产品结构不难发现，明星、金牛、问题、瘦狗等概念发生改变，可以预见的是未来问题类产品、瘦狗类产品将成为市场生态中的主流，至少目前来看，"问题类产品"越来越多，反而决定企业未来的发展命运，这时不宜再称为"问题类产品"。

当西方管理学进入现代管理理论阶段时，一些传统管理理念与现实开始分离，不同的管理思想都有其时代背景，当环境发生变化时，需要重新审视这些理念，争取与时俱进而不是墨守成规。

第四节 文化结构的演变

前面作者提到企业由意识系统和运行系统构成，企业文化就是企业的意识系统，其中使命、价值观、愿景是意识系统的核心。使命是企业的信仰，阐述企业存在的意义；价值观是企业对事物价值的基本看法，体现企业的思维程式；愿景是企业对未来发展的描述与说明，展现企业对未来的向往。西方管理学中关于企业文化的方法论出现在20世纪60年代以后，这时一些优秀企业开始从精英价值形态向客户价值形态转变，企业独立人格已经体现，企业文化对企业人格的影响逐渐明显。

企业运行系统内容较为广泛，包括了股权结构、治理结构、组织结构、价值单元结构、管理基础结构、产品结构、客户结构、人才结构以及信息系统等众多领域。企业的意识系统和运行系统之间并不是独立存在，而是相助作用、相互影响共同构成企业组织，两者之间通过企业战略连接，如图3-11所示。战略是关于企业长远的、全局的、重要的发展规划和策略，企业战略是以使命为指引，通过价值观使愿景逐步具体化，能够在运行系统中得以贯彻实施的过程，因此战略不仅仅是发展方向，更是包含方向、路径、步骤、效率等诸多要素在内的一整套发展策略。传统的组织分析方法论多数都是从战略开始对组织进行剖析，没有战略的组织很容易出现两种情况：一是"摸着石头过河"，虽然知道方向但不知道该如何到达，当实施策略失误时则举步维艰、彷徨无措；二是"靠天吃饭",受到产业生态大环境的影响,年景好时皆大欢喜,年景差时则惨淡收场。一个优秀战略的设计者,不但能够指出正确的方向,还能提出行之有效的实施措施,实现意识系统与运行系统的有效契合。

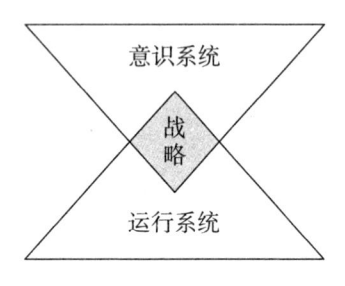

图 3-11 企业二元构成系统

在西方管理学中,一般把企业文化系统划分为价值理念、制度行为、物质形象三个层次,如图 3-12 所示。西方的企业文化理念是一种较为系统的管理理论,涵盖企业意识系统和运行系统,其中价值理念层即意识系统,在本书,中企业文化更侧重于企业的意识系统。文化结构是指文化的构成元素在意识系统中体现顺序与表现形式之间的关系,是组织形态的重要组成部分。

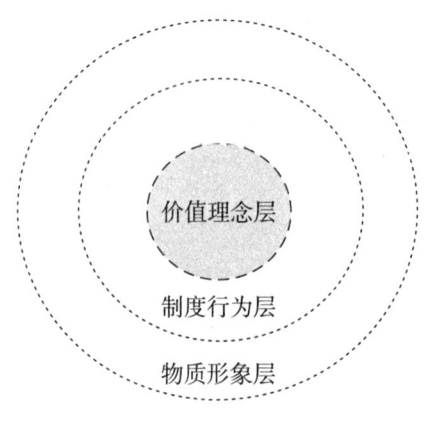

图 3-12 企业文化的三个层次

当企业意识系统与运行系统有机结合时，或者是三个层次实现统一时，企业人格特征可以清晰体现，企业品牌是对企业人格特征的诠释。当意识系统与运行系统分离时，或是价值理念与制度行为、物质形象发生背离时，企业人格分裂。企业人格不仅承载着价值理念，还要通过具体行为体现出来，只有思维与行为一致，并且长期保持稳定时，企业人格特征才会明显。企业文化塑造的关键在于价值理念与运行系统相统一，这就是常说的"文化落地"，但是在很多企业中两者出现一定的偏离，因此识别企业人格如同雾里看花，也需要拥有一双"慧眼"。

企业文化是组织文化的一种，不同形态的组织有不同的文化特征，研究组织文化不能脱离生态、组织、人三者之间的价值关系。从企业角度来看，任何文化元素都可以从所处的市场生态中找到，除非组织形态完全封闭，企业越开放企业文化与市场文化越接近，企业越封闭企业文化与市场文化越背离，企业"墙"阻碍文化的融合，如果把市场文化当作主流文化时，企业文化是其中的亚文化。同样，当把企业文化当作主流文化时，企业内部组织中的文化就是亚文化，部门、团队，甚至是无固定边界的"小团体"都会形成某种亚文化，因此理解企业文化时，不能脱离生态、组织、人三者之间的关系而孤立地看待。

文化其实是人性的一种体现，当人们的人性特征相似或趋同时就会出现某种文化，而所有文化元素也是对人性特征的描述，文化结构的演变即人性特征的演变。

一、文化结构的演变规律

企业文化元素既然是人性的体现，即文化元素从来不是无中生有而是一直存在，只是随着环境的变化体现形式不同，可以说，有组织就会有文化，所以组织中文化理念不宜用"创造"，应该使用"提炼"，意为众多之中找到，而且能够升华，同样企业文化系统也不宜用"建设"，应该使用"塑造"，因为企业文化系统不但要能描绘出人性特征，还能够在升华的过程中进行一定的改造，使之符合人性的演变规律。

在市场生态中，四种企业形态中将出现四种典型的文化结构，分别是以收益为核心的资本文化、以业绩为核心的精英文化、以创新为核心的客户文化、以人格为核心的价值文化。如图3-13所示。

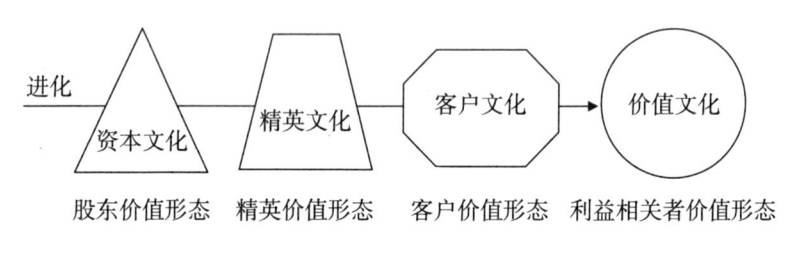

图3-13 文化结构演变规律

股东价值形态下的企业文化特征是以收益为核心的资本文化，企业通过追求资本收益率获得发展动力，资本文化主要体现在成果导向、服从指令、提高收益、高效运行、降低成本、减少风险等方面，企业倾向于在现有资源的基础上进行简单化的价值创造，迅速获得市场价值回报，因此一般缺少创新文化元素，过于强调资本价值时也容易缺乏社会责任感，股东人格对企业文化的塑造影响较大。

精英价值形态下的企业文化特征是以业绩为核心的精英文化，精英团队通过领导力完成股东的委托责任，精英文化主要体现在以目标为导向、较强的责任感、高效的执行力、标准化的行为，这些文化元素有助于业绩目标的实现。同时为了体现精英的价值特征，文化理念中将体现出集权与领导力、分工与协作、等级与秩序等元素。这个阶段，精英团队开始重视创新，关注社会责任，股东与精英人格对企业文化的塑造影响都比较大。

客户价值形态下的企业文化特征是以创新为核心的客户文化，客户价值决定企业生存与发展，只有价值创造团队的创新力才能满足客户价值需求。客户文化主要体现在客户导向、团队精神、平等与尊重、创新与挑战、激励与成就、工作与生活等方面，以团队为基础的价值创造强调个人能力素质的发挥，需要不断地激发团队成员的主观能动性，当文化元素体现多数价值创造者的人性特征时，企业人格逐渐独立，企业文化真正成为一种组织文化。

利益相关者价值形态下的企业文化特征是以人格为核心的价值文化，人格特征使企业的价值性得到充分体现。价值文化主要体现独特价值、求同存异、契约精神、社会责任等，趋同的人格特征成为价值创造与价值交换的基础，文化管理成为企业的主要管理方式，这时企业内、外部文化开始融合，维系企业组织存在的就是独特人格。

企业文化结构的演变也是亚文化成为主流文化的过程，每一种组织形态中的主流文化元素在原来的组织形态中以亚文化元素的形式存在，当组织形态开始演变时，亚文化逐渐成为主流文化，原来的主流文化就成为传统文化。在传统文化中与新的组织形态价值特征相适应的文化元素将得以发扬，不适应的文化元素将被摒弃，这个过程也被称为"扬弃"。文化结构是组织形态的重要组成部分，而且是最活跃的组成结构，每当组织形态改变时，首先需要挑战的就是传统文化理念。

从组织形态的空间属性来看，封闭型组织文化元素主要体现一种内部文化，强调组织自身价值，体现一种"利己"主义，此时自身生存发展是企业的主要目标，为了实现价值最大化，封闭型企业对内部差异化个体通常采取"同一"性管理方式；开放型组织文化元素主要体现一种外部文化，强调组织对外部其他个体的价值，体现一种"利他"主义，通过"利他"而实现"利己"。"利己""利他"仅仅是组织价值性的体现方向，在本书中代表中性含义。为了实现价值最大化，开放型企业对内部差异化个体通常采取"统一"性管理方式。

从企业形态进化过程来看，文化结构从资本文化向价值文化转变、从"内部"文化向"外部"文化转变、从"利己"文化向"利他"文化转变、从"同一"文化到"统一"文化转变，这也是企业的独特人格逐渐体现的过程。

二、以收益为核心的资本文化

在中国早就有"天下熙熙皆为利来，天下攘攘皆为利往"之说，更何况到了市场经济价值系统中，资本的本质就是为了追求收益最大化，股东价值形态下的企业文化主要是以收益为核心的资本文化。"主要"的概念是指主流，其他文化元素将以亚文化的形式体现。

资本文化是以股东价值最大化为核心，由于资本本身不创造价值，通过劳动者和独特资源间接创造价值，因此提升资本价值主要从两方面实现：一是尽可能提高劳动者的价值产出，二是尽可能降低资源的消耗。资本文化就是从这两方面出发，核心价值理念体现出服从指令、提高效率、降低成本、减少风险等，如图3-14所示。

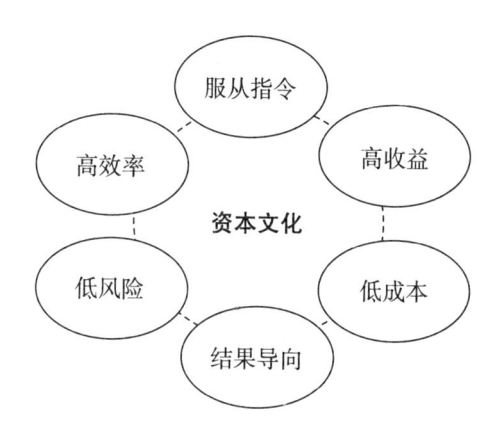

图3-14 资本文化主要构成要素

早期提高资本价值的方法是以提高劳动时间、减少运营费用等，这些措施很容易导致劳动量增加与工作环境恶化，引起劳资之间的价值冲突，因此后期改为改进操作技术、提高薪酬福利、加强劳动保障等方式，这些方法都是把劳动者当成"经济人"来看待，泰罗提出的计件薪酬就是通过生产超出定额的产品而获得额外奖励，在当时是非常有效的激励措施，这种人性假设一直贯穿在股东价值形态的管理模式中。

资本文化追求的是最终结果，企业价值标准多数是以工作结果为导向，因此企业运行机制相对灵活，没有过多限制，任何管理制度、工作流程都服务于结果,这与简单的价值创造过程相匹配。结果导向除需要高度集权保障外,更强调对权力的服从,劳动者需要严格按照指令进行价值创造,这些文化元素都是为了最大限度地实现资本价值。由于资本文化不是价值创造者形成,因此这个时期的亚文化是劳动者之间形成的一种非正式组织文化。

资本文化是一种典型"利己"文化,主要是从企业自身价值出发,所有"利他"的行为都是建立在"利己"的原则上,当然也难免会出现不"利他"的行为,因此资本文化与生态文化之间存在明显的隔离,这也说明股东价值形态的封闭性最强,基于这种文化特征,市场生态的法律机制建设显得非常重要,引导企业行为遵守市场基本价值规则。

依据价值守恒定律可知,增强资本价值就会减弱劳动者价值,股东价值形态下始终会存在资本文化与劳动者文化的冲突,这时主要体现在两者的价值定位上,如"谁在为企业创造价值""谁的价值创造最大"等基本问题,"态度决定一切"的说法多数出现在股东价值形态中。

资源的价值在于其独特性,独特性越强、资源价值越大,对客户吸引力越大,提高资源价值在于有效地使用及维护资源的独特性,只要独特性存在,资本就可以创造价值,直到独特性消失。独特性的消失主要体现在两方面:一是资源耗尽,二是出现可替代的独特资源。人类的价值特征始终由低层次向高层次转变,需求层次越高、需求越分散、需求越多变、需求越抽象,资源的独特性必然越来越弱,当资本发现资源的独特性无法持续时,开始寻找新的独特资源,同时也将最大限度地消耗剩余资源,这些现象都将出现在股东价值形态中，由核心文化特征所决定。

当资本价值创造能力弱化时，原来的某些亚文化元素将逐渐体现明显，一旦与内、外部生态的要求相匹配时，亚文化逐渐成为主流文化，资本文化成为传统文化，这时新的组织形态、新的文化结构形成。

在股东价值形态向精英价值形态开始转变时，股东不仅仅是企业的所有者，还是精英团队的领导者，这时企业将出现另一种典型文化——"老板文化"，这是现阶段很多中国企业的文化特征，这时企业核心问题在于精英团队建设，这是组织形态顺利演变的关键环节。

三、以业绩为核心的精英文化

在以财产权为基础的市场价值系统中，精英群体崛起是源于委托责任，其权力是通过法定授权而获得，其价值是通过承担责任、完成业绩目标来体现，因此注定精英团队价值必然与责任和目标紧密联系在一起。在精英团队获得经营权后，企业内部逐渐形成层层委托的价值关系，这时企业文化自然就成为以业绩为核心的精英文化。

精英文化的核心是以业绩目标为导向，业绩目标是股东代理人——董事会所制定的多重目标，完成目标意味着精英团队的价值得到体现，精英文化特征之一是以业绩论英雄。精英文化的核心价值理念主要体现在三方面：一是对精英团队强调集权与领导力、专业分工与协作；二是对员工强调责任感与执行力；三是对企业组织强调稳定秩序与标准化管理。这些文化元素有利于精英团队的价值体现，如图3-15所示。

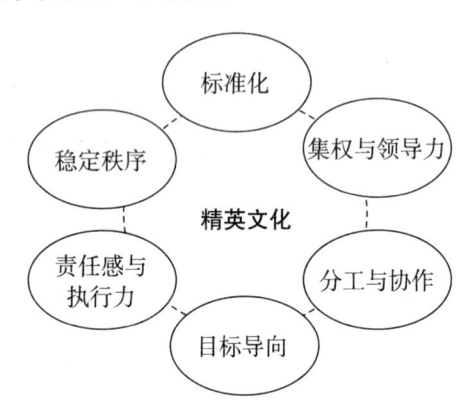

图3-15 精英文化主要构成要素

精英团队的经营权不像股东的所有权那样天然地受到市场生态的维护，因此除需要通过法定授权外，还需要自身的领导能力和专业能力来体现，同时在组织文化理念中强调这种权力特征，因此集权与领导力成为精英文化的主要元素之一。体现精英的集权与领导力的同时必然会强调员工的"责任感"与"执行力"，在直线职能型组织结构中，责任与目标是从上到下的分配与分解，"责任感"与"执行力"可以有效地支撑各层级业绩目标的实现，这是精英价值形态典型的特征，"执行"这个概念在中国企业中曾经一度流行，也说明一些企业精英价值形态特征比较明显。

为了有效地完成业绩目标，精英团队需要塑造一个稳定的运行秩序与经营环境，这时职位管理系统提供了保障，通过职位等级把精英团队的价值导向从上到下得到贯彻，成为员工"责任感"与"执行力"的坚实基础。稳定的运行秩序需要在职位等级基础上建立各种标准与规范，如产品质量标准、员工行为标准、标准操作程序

（SOP）等，让企业各项管理机制按照标准有条不紊地运行，这样可以减少经营管理中的意外发生，可以说标准化与规范化让组织管理水平向前迈进了一大步，但标准也是在设限，限制"更佳"的出现，当企业需要"更佳"时，就会出现"细节决定成败"之类的理念，在员工的主观能动性没有被调动起来时，"细节"将永远存在。

强调稳定与标准也会限制创新，在精英价值形态中多数是一种被动的创新行为，创新意味着打破传统和挑战旧秩序，对"稳定"构成威胁，只有当企业身处不稳定时，才会进行创新与变革，因此在精英文化中目标在前、创新在后，创新是精英形态中的亚文化元素。精英价值形态虽然属于封闭型组织形态，但是企业与外部生态的交互活动开始增多，因此社会责任感有所提升，虽然"利他"行为更多的是为实现业绩目标，但与股东价值形态相比有了明显进步，企业开始与其他企业组织进行联合与协作，对产业生态的发展具有积极的作用。

共同的业绩目标把精英团队的价值结合在一起，然而职能分工却又把精英团队的价值进行分割，分工与协作这种矛盾始终贯穿在精英价值形态中。精英价值形态初期，企业规模不大时精英团队的价值目标相对统一，随着企业规模不断增大，精英的独立价值动机越来越强烈，这时精英之间的价值冲突逐渐明显，官僚文化抬头，企业内耗产生，运行效率降低，为了防止在价值冲突中落败，有些精英甚至宁愿不作为，也不愿多作为，因为做多错多。

在精英价值形态中，控制权股东与精英团队是企业主要的价值主体，依然是少数价值创造者对企业贡献主要价值，文化元素中主要体现少数人的价值特征，因此严格意义上说，精英价值形态还没有完全成为一个独立个体，精英文化也不是一种独立的组织文化。

四、以创新为核心的客户文化

价值需求与价值创造相互推动市场生态的改变，这时能够满足客户价值需求的是企业的创新力，创新力是能够产生新思想、新发现和创造新事物的能力，是一种综合能力的体现，超越了精英团队领导力，需要更多的价值创造能力相互产生，客户价值形态将形成以创新为核心的客户文化。

客户文化是以客户价值为导向，强调企业文化与价值需求接轨，客户文化的核心价值理念主要体现在团队协作、平等与尊重、创新与挑战、激励与成就、工作与生活等方面，如图3-16所示。客户价值形态下客户需求力与团队创新力相互结合、共同作用为企业创造价值，组织价值系统中同时出现内部与外部价值主体，因此文化元素中将体现出两类价值主体的价值特征。

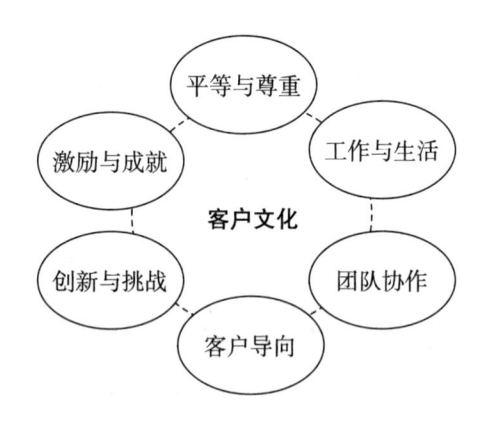

图 3-16 创新文化主要构成要素

团队创新力建立在团队协作的基础上，强调每个成员能力的充分发挥，良好的团队精神体现在个体之间相互平等与相互尊重，这时团队内部没有了职位等级，取而代之的是团队角色，不同能力素质的成员扮演不同的团队角色，这是与精英价值形态中的团队最明显的差别，成员之间通过能力素质互补，形成一种价值创造能力组合，便于进行持续的创新活动，流程型组织结构为此提供有力的保障，便于体现团队创新力的发挥。

创新意味着不断挑战、勇于冒险，因此需要对价值创造者进行有效激励，使他们在创新过程中能够获得成就感以及愉悦的价值体验，客户文化将体现人文关怀，激励措施逐渐从物质层面向精神层面转变，企业文化逐步引导价值创造者由缺失需求向生长需求转变，在强调工作与生活的平衡与协调的同时，体现出持续的创新动力。

其实，客户文化在不同的企业形态中都存在，只不过是以一种亚文化元素体现，而在客户价值形态下，客户文化成为主流文化，因为这时的客户承载着分散、多变的价值需求，与人类的价值特征最相符，代表着市场生态逐渐走向成熟。客户文化是一种独立的组织文化，因为第一次由多数价值创造者为企业创造价值，企业成为独立的价值创造组织，具备了独立人格，并且人格特性也开始体现，文化对组织成员行为的影响逐渐明显。

一直以来，人类由于个体价值创造能力有限而无法独立完成价值创造，需要借助各种组织才能实现。市场生态发展到今天，主要的价值创造组织——企业经历了股东价值形态、精英价值形态、客户价值形态的演变，在这三种组织形态中，始终都存在固定式的集中价值创造方式,但是每一次组织"变形",都会使一部分价值创造者的价值得到释放。股东价值形态使股东(资本)群体价值得到体现,精英价值形态使精英团队的价值得到体现,客户价值形态使创新团队的价值得到体现,每一次企业形态的进化,都能促进一部分群体的价值体现,因此可以推断,最终企业形态必然使所有价值创造者的价值得到体现。

在客户价值形态中,个体的"独性"是主流文化元素,"特性"是亚文化元素,个体的独特性与团队文化的碰撞将始终存在于企业组织中,这也将推动企业形态进一步演变。

五、以人格为核心的价值文化

价值是个体对其他个体有效的作用,当市场生态充分开放与融合时,企业能够在市场生态中获得价值创造的所有资源,此时个体就能独立进行价值创造,个体对其他个体的价值性将充分体现,而当企业形态进化到利益相关者价值形态时,企业文化成为一种价值文化。

价值文化是以人格特性为导向,特性即企业与价值创造者共同具备的那部分人格特征,当组织与价值创造者都是独立的个体时,能够使两者相互结合的是趋同的人格特征,这就是人们常说的"志同道合""意气相投",在市场生态中,企业由于人格独特而存在,特性消失时,组织也将消失。独特人格使企业成为具备独特价值的组织,这时人性的三个维度——复杂性、价值性、独特性开始融合并在企业中得到体现。价值文化的核心元素主要体现在独特价值、自我实现、求同存异、契约精神、社会责任等方面,如图3-17所示。

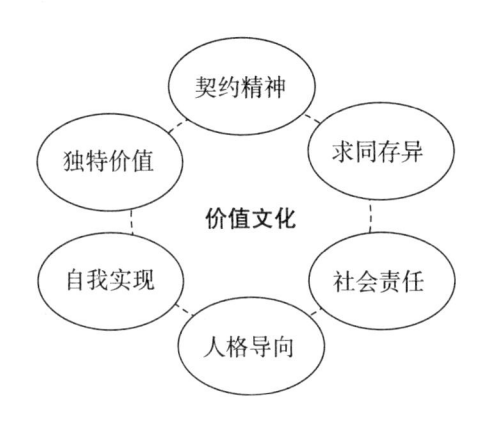

图 3-17　价值文化主要构成要素

利益相关者价值形态产生于开放的生态系统中，主要为了满足人类的生长需求，价值创造本身也是创造价值需求，独特人格承载着影响人性价值特征的诸多要素，价值创造与价值交换都建立在独特人格基础上，人格的独特性使生态、组织和人结合在一起，价值文化就是塑造与维护这种独特人格，网络状的组织结构使价值文化找到适合的土壤。

由于价值创造者的人格独特，必然人性最为复杂，价值文化强调求同存异，通过价值创造者人格中相似或趋同的部分，形成共同的信仰与价值理念，通过这些文化元素引导价值创造者的行为符合企业的价值标准。企业除了不断完善各项管理机制以外，更需要一种契约精神，在人格特征基础上建立一套公认的价值原则，只有这样才能进行价值创造与价值交换活动。价值文化充分体现人的价值本性，引导价值创造者追求自我实现，让价值创造者找到自我归属。

虽然价值文化是在企业内部形成，但开始与外部文化接轨，体现内部与外部文化的融合，这也是由于内、外部价值主体结合更加紧密的结果，企业边界变得越来越模糊，只有通过人格特性维系组织形态，对于企业而言物理边界逐渐消失，而理念边界则更加明显，因此企业在强调社会责任的同时，重点塑造独特的价值理念。价值文化是一种"利他"文化，所有"利己"的行为建立在"利他"的基础上。

作者认为"文化管理"只有在利益相关者价值形态中才能充分体现，以人性为核心的价值文化才是"文化管理"阶段的体现，文化理念直接面对人格独特的价值创造者，对其影响效果最明显。网络状的价值创造系统让企业内部形成了一个开放空间，没有了固定的部门、团队等任何可能的内部封闭性空间，亚文化失去了稳定的土壤，只能间歇性地出现在由价值创造者即时组建的团队中，这时主流文化与亚文化的冲突体现在企业人格与个体人格特征中具有差异的那部分。

个体与组织人格之间的冲突以及外部文化与内部文化逐渐融合，将导致企业边界最终消失，无形组织将诞生在新的经济生态中。

六、塑造文化也是塑造人性

组织文化由于组织与生态之间存在隔离边界而产生，文化是组织的意识系统，意识系统将影响到组织成员的行为。由于每个个体都具有一定的独特性，这种独特性天然地与组织人格特征存在着差异，这时就需要通过组织文化对个体的人性特征进行塑造，使个体人格与组织人格之间的某些特征相似或趋同，使个体的价值特征符合组织的价值特征，因此塑造组织文化，其实是塑造组织人性。

人性特征在不同的时间、空间中表现不同，因而在不同的组织形态下，塑造人性的方式也不同，封闭型组织主要塑造"同一"的人性，实现无差异，开放型组织主要塑造"统一"的人性，实现求同存异。

资本文化元素主要体现资本的价值性，人的独特性体现最弱，甚至在人性中体现出机器等特征，一种冷冰冰的感觉，人的独特性被资源的独特性所取代；精英文化主要体现资本和精英的价值性，人的独特性虽然有了体现，但是以"标准"的形式体现，通过职位与职责让人性与各种标准一致。这两种组织文化都是以"同一"塑造人性，一个是通过"商品"使所有价值创造者人性特征合而为一，另一个是通过"标准"使人性差异特征趋于一致。客户文化主要体现客户与价值创造团队的价值性，创新团队强调人性的独立与平等，因此人的"独性"得到体现，除了强调成员之间差异性之外，体现成员特征之间的互补性；价值文化体现所有价值创造者的价值性，除了"独性"之外，个体的"特性"也得到充分体现，固定的价值创造形式消失，个体之间可以通过独特性实现即时组合，这两种组织文化都是以"统一"塑造人性，一个是通过能力之间的互补实现人性之间的协调，另一个是通过完全意义上的人格特征之间的相似性，把所有人性统一在一起。

组织形态进化是价值创造者的独特性、价值性、复杂性逐步体现的过程，也是三性合一的过程，在这个过程中文化不仅要塑造价值创造者的人性特征，也要与市场生态中的人性特征相匹配，体现生态、组织、人三者之间的价值平衡关系，因此组织文化需要依据组织在市场生态中的价值定位，清晰地表达出组织的价值特征，促使组织发展符合人性的演变规律。为了实现组织与生态、组织与人之间的价值形态平衡，一个组织的文化理念过于超前或滞后对组织发展都将产生不利的影响，当组织进行变革时，如果不能对传统文化进行扬弃，不能对新文化理念进行融合，那么文化理念与运行系统将无法有机地契合在一起，新的价值形态不能形成，组织变革也终将失败。

文化管理虽然是管理的最高层次，但由于意识系统与运行系统相互支撑，文化管理必然建立在更加完善的运行系统之上，如同人的生长需求建立在缺失需求基础上一样，抛开了运行系统的支撑，文化理念终将成为空中楼阁。"文化管理"的本质是以人格特性作为价值标准，其中重要的衡量依据是价值创造者的价值观，如果没有完善的运行系统，单纯强调文化的重要性反而对企业伤害极大，当组织与价值创造者的人性特征偏差过大时，文化管理会演变成为一场浩劫。

人性特征在关键事件中最能充分呈现，因此企业人格往往在关键事件中最易识别，至于企业言、行是否一致，文化理念与行为表现是否一致，一目了然。

七、何谓"以人为本"？

任何组织都是由人组成，而"以人为本"的组织文化理念可谓源远流长、根深蒂固。无论管理者还是一般成员都喜欢这个理念，几乎成了治疗组织各种疑难杂症的灵丹妙药，如果要实现"以人为本"，就需要了解何谓"以人为本"？

"以人为本"这个概念核心是在"本"字上，"本"在哲学中是指事物的"根本"，与"本"相对的是"末"，"本末倒置"体现了这两个字的对立关系。"以人为本"表明在一个组织中，人是最重要的、最根本的，管理的出发点以人为基础。了解了"本"的含义之后再思考"以人为本"的"人"，这里的"人"是指什么？如果明确这点就找到了管理的本质。

在中国最早明确提出"以人为本"思想的是春秋时期齐国名相管仲，在《管子·霸言》中有一段话："夫霸王之所始也，以人为本。本理则国固，本乱则国危"；后来孟子提出了"民为贵"的思想，也是"以人为本"之意；在与《诗经》齐名的《书经》中也有"民为邦本，本固邦宁"之类的说法。应该说，中国传统思想中提到的"以人为本"的"人"或"以民为本"的"民"都是指具体的个体，因此在"以人为本"的企业文化元素中，"人"是指企业中绝大多数的员工，"以人为本"说明员工对企业而言是第一位、最重要、最根本。

从人类历史发展来看，要想实现以"人"为"本"，前提是人可以独立进行价值创造，价值可以独立体现，这种情况只会发生在两个阶段：一是人类的价值创造能力极低，人们追求最低层次的缺失需求，极容易得到满足；二是人类的价值创造能力极高，人们追求最高层次的生长需求，完全属于个人价值体验，在这两个阶段中人的价值都可以独立体现。今天人们的价值性主要体现高层次的缺失需求，少数群体开始追求生长需求，这就是所谓的"后工业时代"人类的价值特征，人类的价值创造能力也体现出这点。从价值性的发展规律可以判断"以人为本"企业文化理念与利益相关者价值形态相适宜，而这种组织形态不是今天经济生态中的主流，在作者看来，客户价值形态基本能够体现"以人为本"的理念，但不会是股东价值形态以及精英价值形态。

企业形态的进化过程,也是"以人为本"不断体现的过程,只不过"人"不断变化,股东价值形态下"人"指的是股东,精英价值形态下"人"是指精英群体,客户价值形态下"人"是指客户与价值创造团队,利益相关者价值形态下"人"是指所有价值创造者,这些"人"的价值在企业形态进化中依次得以体现。作者一直认为,"以人为本"的"人"应该理解为人性,"以人为本"即以人性为本,人性是管理中最重要的、最根本的出发点,组织管理应该遵循人性的变化规律进行管理,而不是把"人"具体化,"以人为本"即充分发挥不同组织形态中"人"的价值,实现生态、组织、人三者之间的价值平衡,实现组织价值平衡形态。因此,在企业中塑造"以人为本"的文化理念不能脱离组织形态特征,否则适得其反,导致价值理念与实际行为脱节,使企业人格分裂。

第五节 治理结构的演变

"治理"一词最早出现在政治学领域,通常指政府如何运用国家权力来管理国家和人民,因此"治理"也通常称为"管治",带有一定的强制性色彩。后来"治理"一词逐渐变得柔和一些,变成"使相互冲突的或不同利益得以调和",从词义变化中也能分析出公司治理的含义。

什么是公司治理?公司治理是指明确划分组织内部各价值主体

的权力、责任和利益，形成相互制约与平衡的关系。公司治理本质是维护组织价值形态的平衡，这种平衡是指生态、组织、人三者的价值平衡。公司治理结构则是维护组织形态价值平衡的结构设计，使公司价值创造能力与其价值体现形式相匹配。维护平衡意味着这是一种持续的协调过程，当组织价值形态失衡时，治理结构要么恢复原来的平衡状态、要么形成新的平衡状态，从这个意义上来说，公司治理结构既能阻碍变革，也能推动变革，完全取决于治理结构作用的发挥，因此治理结构只能用"适合"来描述，而不宜用"完善"或"科学"来形容。

在作者看来，治理结构也是组织的价值管理原则，在价值管理原则指导下建立组织管理系统，管理系统体现并且维护管理原则，只有这样才能使组织价值系统有序运行，实现组织的价值平衡形态。

在管理学中，人们对公司治理理念的认知是从委托代理、两权分离等理念开始，这是精英价值形态特征的反映，其实管理原则自企业成立伊始就存在，只是在精英价值形态下才开始发挥作用，而公司治理理念的出现让这个领域的研究更加系统化。

企业的价值管理原则一般通过公司章程体现，公司章程就像是公司的宪法，体现组织价值系统的基本建立形式，对所有价值主体都具有约束力，各项管理规章制度则是价值的衡量标准，规范组织的价值创造活动。虽然公司章程容易被一些管理者忽视，但公司章程却为组织有效运作确立了基本准则，缺少了这套价值管理原则，价值主体的价值形式将无法得到保障，处于一种无序的状态。对于中国绝大多数企业而言，公司章程中至少需要对股东、高级管理者的价值形式进行较为详细的说明，这是由多数中国企业形态特征所决定的。

由于财产所有权是市场生态的基本价值体现形式，所以市场生态发展以及股权结构特征对治理结构的影响较大。在西方管理学中公司治理结构主要有两种类型：一是股东中心原则，二是利益相关者中心原则。由于市场生态的发展现状，利益相关者中心原则面临诸多制约，因此多数都是股东中心原则。在美国，由于市场管理机制较为完善，公司股权高度分散，股东权益保护法律机制较为健全，利益相关者中心原则体现相对明显，这为治理结构的演变指明了方向，同时也说明市场法律机制的完善程度以及股权结构的集中度对公司治理结构形式影响较为明显。在本节中，作者依据四种组织形态价值特征也提出四种价值管理原则（治理结构）形式，与西方管理学提到的这两种形式的异同读者可以自己体会。

在价值构成要素中，权力既是价值的重要组成部分，又是用来维护价值形态的保障措施，尤其是在组织变革过程中，权力的作用体现更加明显，因此权力治理是公司治理结构的重要内容。董事会是企业的决策机构，在治理结构中扮演重要的角色，通过董事会功能的演变，可以发现组织权力治理的规律。

一、治理结构演变规律

价值管理原则可以简称管理原则，企业内部的管理系统将依据管理原则建立，各项管理制度是对管理原则的详细描述，如果管理系统没有体现这一原则，整个组织价值系统将处于混乱之中。

从市场生态形成以来，管理原则随着组织形态的进化表现出四种形式：股东价值优先原则，精英价值优先原则，客户价值优先原则，价值平等原则。这四种管理原则与四种组织形态特征相匹配。

何谓优先原则？在组织中存在价值守恒定律，当不同价值主体之间发生价值冲突时，组织通过协调将优先保证某类价值主体的价值，通常这类价值主体为组织创造主要价值，这就是所谓的优先原则，优先原则通过组织内部管理系统实现，不同的组织形态优先原则体现方式不同。

股东价值形态下的管理原则是股东价值优先，这时产业生态初步成形，资本使企业组织诞生并提供了生存保障，企业股权结构高度集中，资本通过占有独特资源为企业创造主要价值，因此管理原则主要体现股东价值优先，对企业而言，资本价值远远超越其他价值主体，企业价值系统主要用于维护股东价值，直到资本收益力降低后，出现新的价值主体。

精英价值形态下的管理原则是精英价值优先，这时产业生态处于发展期，资本价值创造能力降低，企业股权结构开始分散，企业需要精英团队领导力才能实现持续发展，精英开始为企业创造主要价值，由于"精英"数量稀少，而且无法在劳动力市场获得，因此企业价值系统逐渐向精英价值倾斜。

客户价值形态下的管理原则是客户价值优先，这时产业生态逐渐成熟，企业股权较为分散，市场竞争日趋激烈，依靠少数精英根本无法满足客户分散的价值需求，企业价值系统中需要新的有生力量，这时外部价值主体——客户与内部价值主体——创新团队开始结合成为企业的主要价值创造者，企业管理原则主要维护客户价值，客户价值优先即创新团队价值优先，企业由于价值主体多元化而形成独立人格。

利益相关者价值形态下的管理原则是价值创造者优先,也是一种价值平等原则,这时产业生态开始走向衰退,企业股权结构高度分散,价值创造者能够独立地进行价值创造与价值交换,所有价值创造者都可以平等地得到体现,所谓平等原则是以独特人格为基础的一种价值管理原则,企业价值系统依据人格独特性实现价值创造者的价值平衡形态。

从治理结构的演变过程来看,管理原则从个别价值创造者优先到所有价值创造者平等体现,从维护内部价值系统的平衡发展到维护组织与外部生态之间的价值平衡,在这个过程中,价值创造者的价值依次体现,企业管理原则的变化过程体现了人性的演变规律。

二、股东价值优先

价值优先原则多数出现在新兴产业生态中,或者是市场机制建设较为落后的产业中,这些产业相对封闭,企业之间的价值活动范围有限,这时企业多数是依靠股东的资金与产业中的独特资源创造价值,企业需要维护股东与资本的价值,如何有效地利用独特资源是企业价值创造活动的主要内容,虽然此时劳动者的价值无法体现,但符合组织价值特征的要求。

股东价值形态股权结构高度集中,控股股东利用掌握的股权优势,控制股东大会,其他权力机构只能发挥"橡皮图章"的功能,成为股东权力的附庸,市场生态的价值原则赋予股东大会至高无上的权力,保证权力的权威性,因此股东价值形态多数采取的是单人决策模式,强调权力高度集中,从企业的决策到日常经营管理,均由股东或代理人直接负责。股东、董事、监事、经营管理者则几乎都是同一群体,这就是所谓的"一套人马多块牌子",虽然这种治理结构形式单一,但也能有效地维护组织价值系统的平衡,是一种典型的管理原则形式。这时直线型组织结构是股东价值形态的首选,世界上很多现代企业都是从家族企业发展而来,而早期的家族企业多数都采取股东价值优先原则。

资本价值创造能力体现在资本收益力上,资本收益也是一种力量,驱使企业充分发挥独特资源的价值,推动企业不断成长,这时管理原则的目的是促进资本价值的实现,劳动者的价值创造则服务于资本,所有劳动者的价值创造能力最后凝聚在"商品"中而无法独立体现。

在股东价值优先原则下,企业人格体现股东人格,劳动者的价值特征需要符合股东的价值特征,这种管理原则便于凝聚企业内部力量,在市场生态中形成有效的竞争力,能够保障企业生存和发展。由于企业内部价值形式过于单一,企业价值创造能力提升受到限制,企业无法进行复杂的价值创造活动,同时企业规模难以有效扩张,多数股东价值形态规模较小。股东价值优先原则使价值创造活动严重依赖资源的独特性,当资源独特性逐渐降低时,企业价值创造能力同时降低,市场竞争力弱化,在市场生态变化逐渐明显时,采取股东价值优先原则的企业死亡率将不断提升。这个时期会出现一个奇怪的现象,产业生态发展虽然较快,但是企业"寿命"反而缩短,决定企业命运的不是创业者是否敬业,也不是市场竞争法则是否公平,而是企业的价值创造能力是否与市场价值特征变化相适应,管理原则如果不及时调整,反而成为企业发展与变革的阻力,推动企业一步步向死亡迈进。每到企业形态转变的关键时期，这一幕就重复上演，因为管理原则本身是一个协调过程，如果不发挥协调功能，就会出现这种结果。

股东价值优先原则适合于封闭型的企业形态，金字塔形状有利于维护顶层群体的价值形态，这时"治理"一词主要体现出管治、控制等含义，强调上对下的控制以及下对上的服从，而在开放型的企业形态中，股东价值优先原则缺乏管理系统的支撑。

采取股东价值优先原则的企业中，提倡股东价值最大化是一种正确的价值导向，但是"以人为本""主人翁精神"等价值理念则不合时宜，尤其是在民营企业中，因为这些理念与企业管理原则相去甚远。

三、精英价值优先

精英价值优先原则的前提是精英团队掌握了公司的经营权，股东与精英团队之间形成委托代理关系，由于企业价值主体开始多元化，治理结构开始发挥作用，西方管理学中公司治理理念也是在精英价值形态阶段时期才正式出现。

精英价值形态虽然没有了控股股东，但是股权结构依然较为集中，容易形成股东联盟，出现控制权股东，因此公司控制权股东与精英团队之间的价值冲突在精英价值形态初期体现较为明显，时而两者的价值特征趋同，时而两者的价值特征偏离。这时的企业会体现出双重人格的特征，治理结构在这个时期主要是协调股东与精英团队之间的价值平衡关系，使两者处于价值平衡形态。为了防止股东价值与精英团队价值之间的偏离，管理原则除强调治理结构设计的合理性外，还在道德层面上进行约定，这就是精英的忠诚与勤勉义务。当精英团队赢得控股权股东信任或者控制权股东逐渐消失后，管理原则将体现精英价值优先。

精英价值形态下的治理结构基本框架正式形成，这与股东价值形态有本质区别。治理结构中的权力机构开始分别发挥作用，在这些权力机构中除股东外还有精英及其他代表，使权力开始分散，相互之间形成一种牵制。中国企业"三会一层"式的治理结构类似精英价值优先原则，所谓"类似"是指管理原则中虽然体现出精英团队价值，但没有明确体现"优先"原则，这与现阶段投资者价值保障机制不健全有关，提倡精英价值优先反而会弱化股东价值，主要体现在股东利益受到损失。在中国公司治理结构中，有最高权力机构——股东会、经营决策机构——董事会、监督管理机构——监事会，决策执行机构——经理层，股东会、董事会、监事会、经理层这"三会一层"形成了基本价值配置格局，主要用于维护和协调股东与精英团队的价值平衡形态，企业各项管理制度必须依据这个原则建立。

精英价值形态主要通过精英团队的领导力创造价值，这时产业生态处于快速发展期，为了适应产业生态的新变化，企业的单人决策模式由团队决策模式取代，如何让精英团队有效地创造价值是精英价值优先原则主要解决的问题，因此治理结构的设计更多地体现对精英团队的约束与激励，使精英团队的价值诉求与股东的价值诉求相吻合。虽然这时的管理原则体现出精英价值优先，但是财产所有权使股东在企业价值系统的影响力始终存在，精英价值形态出现双重人格特征。由于两个主要价值主体同时存在，很多时候董事会成为价值冲突的战场，董事会不是被股东控制就是被经理层控制，这一点在股东价值形态初期尤为明显，而在精英价值形态成熟后，精英从经营管理者转变为企业所有者，两者之间的价值冲突有所缓和。

随着市场生态的持续变化，资本收益变得非常不确定，资本彻底失去对企业控制的兴趣，这时精英团队领导力也无法满足市场价值需求的变化，精英价值优先原则受到冲击，企业价值系统的平衡性被打破，当企业价值开始由新的价值主体创造时，治理结构必须及时调整，否则将成为企业发展的阻力。

股东价值优先原则、精英价值优先原则都属于封闭型组织的管理原则，有时也被称为"顶层设计"，而在开放型组织形态中，由于没有了顶层，自然就没有了"顶层设计"之说，从组织形态的形状就能看出这一点。

四、客户价值优先

当资源失去独特性时，资本收益预期变得非常不确定，企业价值开始由市场生态中的价值主体决定，企业是否能够继续生存与发展将取决于自身的价值创造能力是否符合市场价值需求，这时客户价值优先原则出现在客户价值形态中。

客户价值形态的股权结构非常分散，控制权股东消失，所处产业生态逐渐成熟，公司治理结构的重要性更加明显，主要体现在两方面：一是治理企业内部价值主体多元化，内部协调活动频繁；二是与外部市场生态的价值原则开始接轨，内、外部之间协调活动增多。这时候治理结构发生明显变化，如权力机构中出现了员工董事、员工监事，代表普通价值创造者的价值诉求，同时独立董事、独立监事数量逐渐增多，而且这些独立代表的话语权越来越大。员工代表、独立代表出现在权力机构中，说明传统的价值配置格局已经打破，新的价值平衡逐渐形成。这个阶段治理结构不断强调董事、监事独立性，这种独立性体现在董事、监事代表所有股东而不是个别股东，由于客户价值形态中价值创造者普遍持股，所以已经不再是传统的委托代理关系，董事、监事的真正委托人是公司这个独立法人，公司也因此具备了独立人格，客户价值形态承载着多数价值创造者共同的价值诉求，这时团队决策模式向多元独立决策模式转变，企业通过新的管理原则实现新的价值平衡形态。

客户价值优先原则通过调动价值创造者的主观能动性实现客户价值，团队创新力为企业创造主要价值，越来越多的价值创造者转变为企业的所有者，这些价值创造者为企业创造价值的同时也为自己创造价值，资本收益完全取决于企业的创新能力。这时资本的无形化趋势逐渐明显，在趋利性的基础上衍生出另一种功能——纽带，通过共同的价值目标把不同的价值创造能力联系在一起，由于资源独特性已经降低，人的价值创造能力得到体现，此时资本收益率才是企业竞争实力的真实体现。

今天，西方先进企业的治理结构中已经体现出客户价值优先原则的特点。例如，在一些美国公司中，独立董事在决策机构中的人数比例较高，董事能够代表公司行使董事职权，体现公司的独立意识，为了提升公司价值甚至可以要求股东作出改变。在一些德国公司中，对员工代表在决策机构的人数比例做了强制规定，充分保障员工的价值诉求能够在管理原则中得到体现，这些治理结构在一定程度上反映出客户价值形态特征。

客户价值形态采用流程型组织结构，通过业务流程把企业价值创造过程连接在一起，能够实现董事会的决策权直接与业务流程上的执行权对接，此时传统意义上的经理层逐渐消失，取而代之的是独立的流程管理者，流程管理者可以对流程进行系统化的管理，企业的决策机构开始与客户直接接触，客户价值优先原则主要是通过实现客户价值，使所有价值主体处于价值平衡形态。

五、价值平等原则

利益相关者价值形态出现在产业生态中的衰退期，这时资源"软件"化、资本"无形"化，当个人的独特性可以转化为资本时，价值创造者本身就是一种独特资源，资本的价值体现方式从企业转移到价值创造者，企业价值由所有价值创造者共同创造，企业性质开始发生变化，企业不再以营利为目的，企业价值主要体现在维护企业人格特性，这时企业的管理原则是价值创造者优先，也就是价值平等原则。

所谓价值平等是指通过建立一套共识的价值原则，为所有价值创造者提供一个平等的价值环境，这时企业空间形态较为开放，不仅仅是内、外部之间价值交换非常频繁，内部也形成价值交换市场，价值创造者的价值能够独立实现，管理原则首要目标是维护企业的独特人格，多元独立决策模式被组织人格决策模式取代。

治理结构是维护企业价值形态的平衡过程，当价值创造者能够独立进行价值创造时，企业价值系统中将建立一套基于独特人格的价值原则，并且开始与市场生态中的价值原则接轨，治理结构首要任务是建立以及维护这种趋同的人格特征，基于人格特征的价值理念能够让所有价值创造者感到平等，并愿意在企业中进行价值创造。独特人格是在企业漫长的进化过程中逐渐形成，建立在众多价值创造者人格特征的基础上，并且被价值创造者所认可，企业能够通过人格特征聚集不同类型的价值创造者，使每个价值创造者都能在企业中体现自身的独特价值。

价值平等原则严格意义上说不再是一种优先原则，价值主体之间形成一种契约精神，可以通过人格特性协调不同价值主体的价值冲突。因此，无论是何种价值创造能力，都将转化为同等的价值创造能力，这就是企业人格力，从这个意义上来说，不同的价值主体都是同样的价值创造者。企业通过维护人格特性而使企业价值不断提升，价值创造者以人格特性为基础进行创造价值，实现所有价值创造者的价值需求。

在价值平等原则下，企业管理主要依靠组织文化系统，通过独特的价值理念使价值创造者认同企业，这就是作者前面所提到的"统一"性管理方式。这时企业管理理念建立在"自我实现人假说"基础上，这也是未来管理学的研究方向，心理学的研究成果将更多地应用在管理学中。

利益相关者价值形态的决策机构由价值创造者代表构成，以维护企业人格特性作为决策依据，指导企业的价值创造活动，在充分开放的市场生态中人格特性将决定企业的竞争实力，企业与价值创造者离开了这种人格特性，价值都无法得到充分体现，因此管理原则只有基于这种特性，才能实现所谓的"平等"。价值平等原则不是价值主体获得相同的价值，而是指平等地对待价值主体，平等建立在人格特征基础上，因此没有了优先之分。

在利益相关者价值形态后期，治理结构逐渐将演变为一种即时管理原则，当价值系统出现时，管理原则出现，价值系统消失时，管理原则消失，此时管理原则的协调作用得到最佳体现。

六、维护价值平衡形态

价值平衡定律说明价值主体始终追求价值形态的平衡，治理结构就是维护企业的平衡状态，使各价值主体的价值创造能力与价值体现形式相匹配，其中一个基本原则就是谁为组织创造主要价值，治理结构中就要优先体现谁的价值，当价值主体对企业价值贡献同等重要时，则体现价值平等原则。前面作者介绍了平衡计分卡之所以具有广泛的影响力，是因为它把企业的价值平衡关系以管理工具的形式体现，使价值管理变得有章可循，因此也可以称为价值平衡管理卡。

治理结构是企业价值形态的重要组成部分，其演变过程与组织形态进化保持一致。治理结构是维护企业价值系统平衡的一个过程，强调与组织形态演变的同步性，如果治理结构未能实现这种同步性，将会出现两种情况：一是维持组织原来的平衡形态，二是促使企业形成新的平衡形态，组织形态的进化规律说明组织变革最终为了实现"变形"，因此这两种情况将导致两种不同的结果，要么治理结构阻碍组织变革，要么治理结构促进组织变革，由于企业形态始终处于进化中，因此管理原则一直扮演着这两种角色。

企业形态的进化动力来自两方面：一是外部生态的变化，二是内部价值创造能力的变化。当两者同时发生变化时，企业组织必然会发生"形变",如果只是一方面的变化,企业组织的变形条件尚不成熟。在组织形态的组成结构中,治理结构不仅仅是重要的组成部分,还是组成结构之间的调节剂,调节组成结构之间的变化节奏,使各类组成结构能够相互作用、相互协调。因此,治理结构必须时刻保持与外部市场生态以及内部价值创造能力变化的协调性,维持生态、组织、人三者之间的价值平衡关系,治理结构的超前与滞后都将导致组成结构之间的紊乱,使企业价值形态失去平衡。例如,当市场生态突然发生剧变时,企业某些功能立刻作出反应,这时仅仅是某类组成结构发生变化,而其他组成结构尚未来得及调整,如果企业治理结构作出巨大的调整,超越了组织形态的基本特征,不但不会促进组织变革的实现,反而会对企业造成一定的伤害,在管理原则的误导下,企业形态还会出现"异化"的可能。同样,当其他组成结构都发生变化时,治理结构如果未作出相应改变,必然会阻碍组织变革的进行,使其他组成结构不能有效契合在一起,无法形成价值平衡状态。

治理结构是组织形态中最活跃、最敏感的结构要素,不停地协调各价值主体的价值形态,因此对其他组成结构影响最明显,治理结构变动将立刻在其他组成结构上得到反映。随着企业形态的不断演变,治理结构始终都在调整中,因而没有"科学"的治理结构,只有"适合"的治理结构。组织形态虽然有高低之分,但不是每个组织都能进化到最高级组织形态,不同组织形态有其特定的价值定位,共同构成有序的生态价值系统,有些组织将长期以特定的组织形态存在于市场生态中,满足人类某种特定的缺失需求,管理原则只要能实现组织价值平衡形态,组织就是处于一种健康的状态。

七、董事会角色演变

作为一个组织，最少由两个个体组成，其中必然有一个发布指令，只有这样才能称之为组织，早期股东价值形态中一般由股东会承担这个角色，而在现代企业中是一个机构——董事会，不管企业形态如何改变，这个决策机构始终存在，只是形式和称谓有所不同，如在德国公司治理结构中决策机构通常被称为监事会，这个决策机构不仅是治理结构的核心，也是整个组织的核心。

在治理结构演变过程中，处于如此重要地位的董事会也必然发生变化，四种典型的组织形态有四种不同的董事会形式，分别是单一型董事会、监管型董事会、战略型董事会、价值型董事会，从董事会的功能变化可以看出组织形态的演变过程，如图3-18所示。

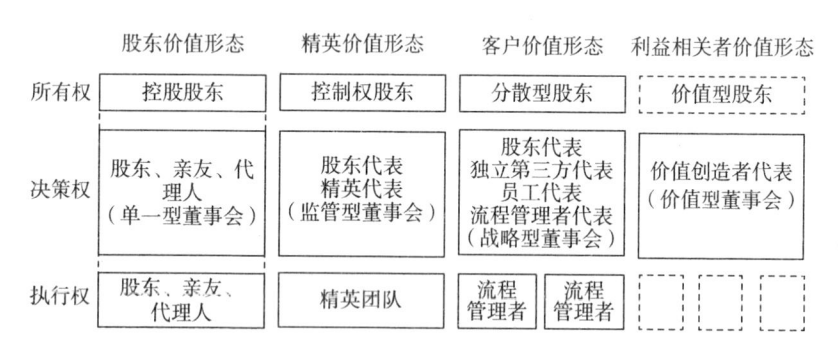

	股东价值形态	精英价值形态	客户价值形态	利益相关者价值形态
所有权	控股股东	控制权股东	分散型股东	价值型股东
决策权	股东、亲友、代理人（单一型董事会）	股东代表 精英代表（监管型董事会）	股东代表 独立第三方代表 员工代表 流程管理者代表（战略型董事会）	价值创造者代表（价值型董事会）
执行权	股东、亲友、代理人	精英团队	流程管理者	流程管理者	

图 3-18 董事会角色演变

股东价值形态下的治理结构会出现单一型董事会，主要由控股股东、亲友或其代理人构成，所谓"单一"是指决策权与所有权、执行权之间边界非常模糊，均由同一价值主体行使，治理结构设计非常单一，所有权力高度集中于这一价值主体，导致单人决策模式的出现。董事会完全体现控股股东的意志，股东会取代了董事会的功能，因此可以说董事会存在的意义并不大（早期股东价值形态中并没有董事会），今天这类董事会的设置更多是为了符合公司法的要求，虽然公司治理结构也有基本的运作流程与规章制度，但形同虚设，董事会仅仅发挥"橡皮图章"的作用。

精英价值形态下的治理结构会出现监管型董事会，董事会主要由股东代表和精英代表组成，所谓"监管"就发挥"监督"与"管理"的功能，"监督"主要体现在企业内部的风险管理与内部控制，"管理"主要体现在对精英团队的激励与约束等。在精英价值形态治理结构中，股东与精英群体之间的价值冲突需要通过董事会解决，这时控制权股东控制所有权，董事会掌握经营决策权，经理层行使经营执行权，所有权、决策权、执行权之间边界非常清晰，股东通过董事会决议表达资本价值诉求，经理人代表通过董事会决议表达经理层价值诉求，双方在董事会中实现价值诉求的协调，这时董事会为了平衡收益与风险之间的矛盾，对精英团队既要激励又要约束，这两方面的对立统一性导致董事会中形成一种团队协作决策形式。

这两种董事会都存在于封闭型组织形态中，由于企业的独立人格没有体现，因此董事很难独善其身，在这种情况下并非"董事不懂事"，而是董事不独立，董事只能代表委托方的价值诉求，而董事的独立性只能在开放型的组织形态中得到体现。

客户价值形态下的治理结构会出现战略型董事会，战略型董事会是以市场价值需求为导向，充分发挥董事会独立决策功能。这时企业股权结构的相对分散，股东构成多元化，董事会最初由股东代表、流程管理者代表、员工代表、第三方代表等共同组成，当董事会承载着众多价值主体的价值诉求时，促使董事会体现企业的价值诉求，要求董事代表企业而非某类价值主体，因此最后董事会将由多数独立董事构成，形成一种多元独立决策形式。由于股东构成相对分散，同时固定的精英团队消失，经营权由经常变动的流程管理者获得，导致任一价值主体对企业都无法产生实质性影响，因此董事会在治理结构中显得非常强大，战略型董事会使不同价值主体的价值诉求得到相对统一。

在利益相关者价值形态下的治理结构中会出现价值型董事会，董事会主要由价值创造者代表组成，由于资本无形化，价值创造即时化，企业的所有权、决策权、执行权相对统一，逐渐集中在董事会，董事会的功能在于维护企业人格特性，提高企业在市场生态中的价值特征，董事会的决策依据非常清晰，通过塑造一种独特的企业文化，维护企业与价值创造者趋同的人格特征，使所有价值创造活动与企业价值目标相同，因此董事会中形成一种组织人格决策形式，而任何价值创造者都有可能成为董事。

董事会作为企业组织中必不可少的决策机构，其功能特征决定了治理结构的特征。西方学者对董事会的类型也有不同形式的划分。例如，根据功能特征将董事会分成四种类型：底限董事会、形式董事会、监督董事会、决策董事会等；根据企业发展过程也分为四种类型的董事会：立宪董事会、咨询董事会、社团董事会、公共董事会等，虽然划分方式不同，但是董事会的功能特征离不开企业发展规律，必然有其相似之处，有兴趣的读者可以进行比照。

在作者看来，董事会的角色定位并没有优劣之分，即便是单一型董事会也符合企业进化规律，但是当市场生态与价值创造者的价值特征发生改变时，董事会角色必须能及时转变，否则将阻碍组织变革，这对企业来说才是最重要的。

从治理结构的演变过程可以发现，董事会从完全体现股东意志到完全体现组织意志，股东会的角色逐渐弱化，而董事会的角色日益明显，这与市场生态发展以及人性特征的演变规律紧密相关，随着资本、独特资源、价值创造者逐渐同质化，企业价值主体将逐渐统一化，到那时不再需要今天中国公司治理结构中的"三会一层"式的价值管理原则。

八、权力治理模式演变

治理结构虽然是对组织价值形态的协调过程，但是在组织变革中，人们往往关注的是价值中的权力要素，权力既是治理结构平衡的保障，也是被治理的对象。这里的权力主要是指决策权，因为决策权是组织管理中最具权威性的权力形式，研究决策权更有现实意义。

不同治理结构存在不同形式的权力治理模式，何谓权力治理？

所谓权力治理是对权力进行有效的协调，使权力在价值系统中处于一种平衡状态。理解权力治理模式主要着眼于三个方面：集权与分权关系、制约与制衡的关系、权力与人的关系。这三个方面分别代表了权力的三个维度：对数量维度的治理、对力量维度的治理、对配置维度的治理。

作者就从这三个方面说明权力治理模式的演变过程。权力治理模式与价值基础结构紧密相关，这部分内容在第二章第四节有过介绍。

（一）从集权到分权——数量

权力数量的治理主要体现在对决策权集中度的设计，决策权相对集中就是集权，决策权相对分散就是分权，集权与分权在每个组织形态中都存在，只是表现出来的特征不同。集权还是分权企业需要依据实际情况采取适合的形式，从组织形态进化过程来看，权力治理经历了从高度集权到高度分权的过程。

股东价值形态下控股股东拥有企业所有权，这是企业内部各种权力的基础，权力都集中在一个权力主体——股东，因此属于高度集权形式，但是权力会依据管理需要进行分配，这个过程是分权，获得权力的管理者权力依然相对集中，对所辖范围内的工作任务负全责，直线型组织结构提供了有力的支持，股东把企业变成最小的价值创造单元，内部没有价值交换活动，所有组织成员的价值创造力都凝结在"商品"中。

精英价值形态下出现委托代理关系，精英团队通过法律程序获得企业经营权，企业权力开始分散。职能分工与专业化协作使精英权力集中在职能领域，同时通过职位等级层层进行分解，整体来看，企业权力集中在股东与精英两个价值主体，但是集中有分，直线职能型组织提供了有力的支持，职能单元成为企业最小的价值单元，部分职能单元之间出现价值交换，精英团队的价值创造力得到独立体现。

客户价值形态下权力主体多元化，由独立董事构成的战略型董事会形成。流程管理权配置在业务流程上，每个业务流程都会产生独立的权力主体，相同的业务流程也可以出现不同的权力主体，个人的能力素质是获得权力的基础。整体来看，企业内部权力相对分散，由于业务流程更加强调系统性管理，流程管理者需要对业务流程上的价值创造活动负责，因此权力在同一业务流程上相对集中，可以说是分中有集，流程型组织结构提供有力的支持，团队成为价值创造的最小单元，业务流程改变垂直型的权力配置方式，创新团队的价值创造力得以独立体现。

在利益相关者价值形态下，固定的业务流程消失，价值创造者可以独立进行价值创造，因此权力可以配置在每个价值创造者身上，独特人格是获得权力的基础，这属于高度分权，价值创造者可以依据客户需求即时组合完成价值创造活动，每个价值创造者都有可能成为价值创造活动的管理者，因此这也认为是一种集权形式，个人成为企业最小的价值创造单元，网络型组织结构提供有力的支持，企业价值创造活动建立在人格特性的基础上，通过人格信赖产生权力关系，个人的价值创造能力得到独立体现。

从组织形态的进化过程来看，封闭型组织形态集权特征明显，而开放型组织形态分权特征明显，因此组织形态的演变使权力治理从高度集权发展到高度分权。

（二）从制约到制衡——力量

权力力量的治理主要体现在对权力牵制形式的设计，一般分为制约与制衡两种。制约与制衡在不同的组织形态中都存在，只是表现出来的形式不同，从组织形态的进化过程来看，企业经历了以制约为主到以制衡为主的权力治理过程。

需要明确一点的是，无论是权力制约还是权力制衡，只有在出现分权情况下才会实现。

所谓"制约"是指双方或多方权力之间相互限制、牵制,一般企业中存在两种制约方式:一种是相互制约的权力在同一价值创造过程中,有前后之分,前后权力分别行使的结果形成牵制;另一种是相互制约的权力在同一价值创造过程中,有角色之别,通过共同协作对最终结果形成牵制。

所谓"制衡"是指双方或者多方权力主体相互作用使权力保持均衡状态,制衡更强调力量的平衡性,而"制约"并不强调权力之间的均衡性,因此制约可能会达到力量平衡也有可能达不到力量平衡,而事实上不平衡状态更普遍,"制衡"仅仅是"制约"效果的一种体现。由于权力在配置过程中多数情况不平衡,因此在组织内部衍生出另一种权力——监督权,通过监督权弥补权力之间的不失衡,通常监督权的力量较弱,当一个组织不断强调监督权的重要性时,说明组织内部权力制衡效果越来越差。

在股东价值形态下,权力高度集中,权力治理主要体现在上级与下级之间的权力制约,权力之间天然无法形成均衡,要么力所不及,要么矫枉过正,而真正能够制约股东的权力来自市场生态中,通过产业价值链实现对企业的制衡效果。在精英价值形态中,职能分工也是职能分权,职能单元之间能够形成制约,在某些特定情况下能够形成制衡效果,而在职能单元内部主要体现在上下级之间的权力制约。

由于封闭型组织集权特征比较明显,因而封闭型组织内部主要体现以制约为主的权力治理原则。而开放型组织形态内部由于分权特征比较明显,权力主体多元化,因此主要体现以制衡为主的权力治理原则。此时，分权不仅仅强调权力的均衡，更强调权力的独立性。不同的组织形态都可以通过分权实现制衡效果，但是制衡权力是否能够独立存在，是封闭型组织与开放性组织形态存在的明显区别。

在客户价值形态中，流程型组织结构使业务流程可以独立运行，系统化的流程管理导致管理者既"管理"一个业务流程，又被另一个业务流程所"管理"，每个管理者都有可能处于管理他人又被他人管理的状态，权力可以独立存在，因此企业中不存在高度集中的权力主体，此时业务流程之间能够体现权力制衡原则。在利益相关者价值形态中，价值创造者之间可以即时组合进行价值创造，每个价值创造者都可以独立、平等地选择以及行使权力，价值创造过程始终存在着价值交换关系，权力之间自然可以实现制衡。

在权力治理过程中，只要分权就可以实现权力制约，同时可能获得一定的制衡效果，但是要想实现稳定的制衡效果，前提是权力能够独立存在。从权利治理形式设计来看，权力制衡体现越来越明显。

（三）从前置到即时——配置

权力配置的治理主要体现在人与权力结合形式的设计，不同的组织形态下的权力配置原则不同，随着企业形态的进化，人与权力的结合逐渐同步，同时权力与人格特征结合越来越紧密。

在股东价值形态下，权力来自财产所有权，这是一种约定俗成的权力，受到市场生态的保护。这种权力一直体现在市场生态发展过程中，只要获得股权就会获得这种权力，因此股东大会成为企业最高权力机构。这种权力配置形式体现在权力前置，而权力的拥有者则滞后，权力的性质早已被市场生态明确，只是取决于由谁获得。

在精英价值形态下，在原有的权力配置形式中出现了新的变化，权力配置在职位上，权力标准依据职位等级确定，通过职位设计可以实现权力之间的牵制，只要"人岗匹配"就能实现有效的权力治理。精英通过法定程序获得高级职位，从而获得职位赋予的权力，此时权力相对于人而言依然是前置，但是权力的稳定性开始出现变化，因为职责发生变动，权力就会变动，职位的稳定性决定权力的稳定性，企业可以通过调整职位（职责）而调整权力。委托代理关系也说明这时的权力需要事前约定，与股东的权力配置形式具有本质变化。

在客户价值形态下，权力事先配置在业务流程上，权力的性质由客户价值需求所决定，依据需求变动而改变，价值创造者依据能力素质获得创新团队中的不同角色，不同的角色具有不同的权力，权力虽然是前置，但是不需要经过事先约定，这时权力与人开始结合，权力与人的配置更加灵活，人获得与失去权力变得比较容易。当客户需求频繁变化时，会导致权力的相应变动，谁的能力素质与客户需求匹配谁就有可能获得权力，也正因如此，权力与人之间关系变得更加不稳定。

在利益相关者价值形态下，业务流程消失，权力没有了落脚点，无法事先配置，当价值需求出现时，价值创造活动才会出现，权力才能开始配置，每个价值创造者都可以获得权力，权力可以依据价值需求的特征即时确定，这时权力与人的配置实现了同步，而且是一种不确定的即时关系，人格特性决定权力如何与价值创造者结合，权力与人之间的稳定性彻底消失。

从权力的配置原则来看，权力配置从事先约定发展到同步配置，权力内容从约定俗成到即时确定，在这个过程中权力与人的关系变得越来越不稳定。

四种权力治理模式有其各自的特点，与组织形态特征相匹配。权力既然是价值的组成要素，必然体现人类的价值特征，从人类社会的发展历史来看，权力之所以能够集中、明确、稳定，而且能够事先存在与现实中人的价值特征相对应，人类追求权力其实是在追求人的独特价值，这是人性的必然体现，当人性特征逐渐演变时，权力治理模式自然发生改变，权力治理模式必然与人性具有相同的演变规律。

到此为止，作者介绍了十类组成结构的演变过程，当然构成企业形态的不仅仅是这十类结构，只是这十类结构具有典型性，如果进一步研究可以发现，很多管理学领域都是一种结构形式体现，并呈现出相同的演变规律，毕竟组织形态是一个有机的系统。作者希望通过这十类组成结构的演变过程，为组织提供变革的理论依据，为变革者提供一个新视角。

组织的变化一直都发生在身边，人们能够通过切身体验感知到这种变化，不同的人会从不同角度进行诠释。作者从组织形态角度探索组织的变化规律，以企业组织为例分析企业与市场、企业与人三者之间的关系，认为企业在工业经济时代中将出现四种典型组织形态，其特征与生态系统、人性特征相吻合，可以展现组织形态的进化规律。这四种企业形态在经济生态中有不同的价值定位，随着产业价值链的延伸依次出现在经济生态中，实现从低级组织形态向高级组织形态的进化过程，作者把这个过程的组织管理称为组织形态管理，这套知识系统则称为组织形态管理理论。

在第一章中介绍了组织形态管理理论的基础，作者认为人性的演变体现在人类社会发展过程中，任何性质、任何形式的组织诞生与消亡都是为了满足人性的需要，因此人性变化规律必然反映在组织形态的变化中，作者从人的价值性角度描述组织形态，并提出组织形态管理的核心理念。在第二、第三章中，作者用十类组成结构（10S）对企业形态进行剖析，分析四种组织形态之间演变的规律，以及经济生态、组织形态、人性特征三者之间的必然关系，这是组织形态管理理论的具体体现。

前面三章主要停留在理论研究层面，在现实中是否能找到组织形态进化与组织形态管理的实例？答案是肯定的，无论中西方企业都将遵守这一规律，由于中国市场生态建立时间较晚，目前多数企业停留在封闭型组织形态，只能在发达的市场生态寻找更高级的实例，如谷歌、高通、苹果等。本书第四章将以美国杜邦公司为例说明。也许杜邦不是今天这个时代最优秀的企业，但是却是最有研究价值的企业，一个历经两个多世纪的沧桑，依然保持旺盛生命力的企业，本身就是一段传奇，其发展历程传递着整个工业时代的信息，所遇到的问题正发生在今天的中国企业中，作者用组织形态管理理论分析杜邦的进化轨迹，希望能为中国企业变革提供一点有价值的素材。

第四章

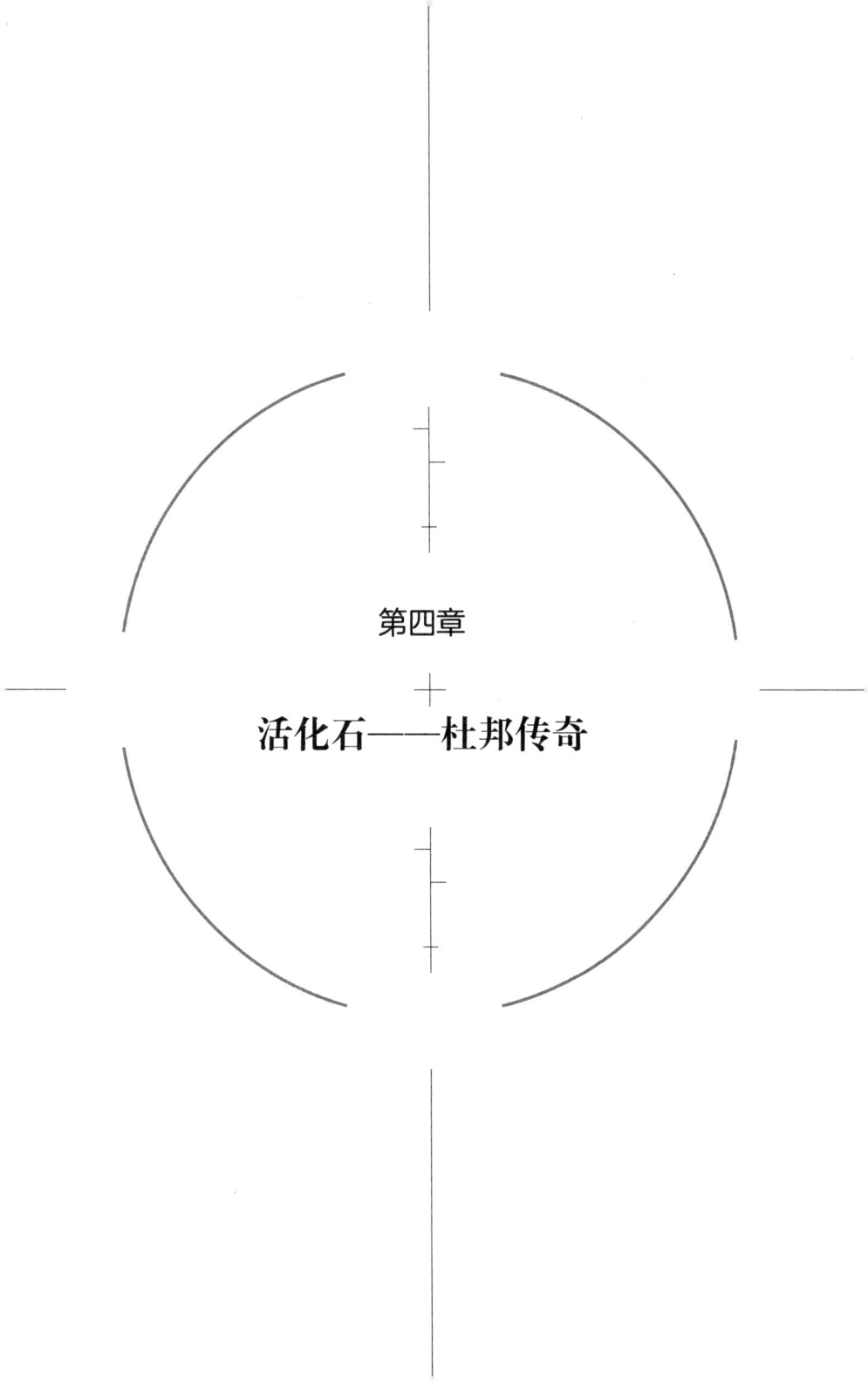

活化石——杜邦传奇

如果要在市场生态中找到一个活化石。来印证企业形态的进化规律，那一定非杜邦公司莫属，这是市场生态中最具有研究价值的企业组织，也是保存完好、仍不断发展的企业组织。杜邦公司的发展史不仅是一部企业形态进化史，还是一部市场生态发展史，一部人性特征演绎史。

目前世界上最发达的经济体——美国诞生于1776年，杜邦公司则于1802年成立，几乎与美国历史同步，迄今为止已经有200多年的发展历史，堪称世界500强企业中最长寿的公司。2013年美国杂志评选出美国50个"最卓越的家族"，其中杜邦家族获得"最持久不衰家族"的称号。

今天的杜邦与200多年前的杜邦已经有了很大的差异，这种差异就是"进化"，差异为组织形态的进化留下了痕迹。杜邦公司大约每一百年进化一次，如今已经进入了客户价值阶段。杜邦的进化历程全面地诠释了市场生态中"适者生存"的基本法则，在这个进化历程中，杜邦通过不断变革追求组织与生态、组织与人的价值平衡关系，因此留下大量经典的案例，不仅仅是市场生态中的活化石，还是一本生动的管理思想与理论、知识和方法的教科书，给人以深刻的启示。

如果用组织形态管理思想对杜邦公司的发展进行分析，可以发现杜邦200多年发展历史经历了三种组织价值形态，如图18-1所示。第一个一百年以化工原料（火药）为基础的股东价值形态，第二个一百年是以能源化工为基础的精英价值形态，第三个一百年正在迈向以生物化工为基础的客户价值形态。

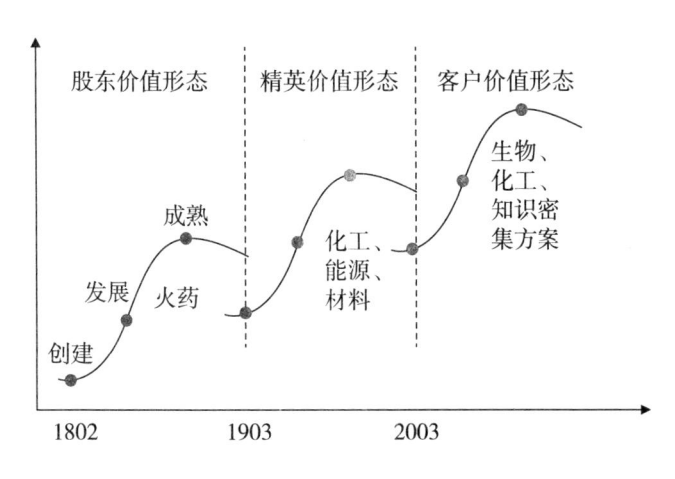

图 4-1 杜邦公司的进化历程

一、第一个百年——股东价值形态

第一次工业革命前后,为了满足人类日益膨胀的基本需求,世界开始第一轮改革开放,资本经济在西方迅速扩展,人类需要更多的价值创造资源,这时世界列强主要通过"抢地盘"的方式获得独特资源,这一百年中世界上硝烟弥漫,杜邦公司就是"硝烟"的提供者之一。

在 1802 年到 1902 年这一百年中,杜邦公司发展成为"火药大王",在这个时期股东价值形态的特征比较明显。为了追求资本收益杜邦选择了化工产业,资本与独特资源为杜邦创造主要价值,股权高度集中,以单人决策管理模式为主,家族成员是主要的管理者和技术人员,企业采用直线型组织结构,产品相对成熟、单一,在化工原料的基础上进行简单加工,客户以政府为主,这个时期主要是资本收益力为企业创造价值。

(一)赶上改革红利

历史上的杜邦家族是法国富埒王侯的贵族,1789 年在法国大革命期间,为了躲避战祸,老杜邦带着两个儿子伊雷内和维克托逃到美国。

伊雷内是个化学天才,从小痴迷化学实验,在父亲的支持下进入法国化学家安东尼·拉瓦锡实验室当学徒,从而掌握了高级爆炸品制作技术。1802年，伊雷内·杜邦在美国特拉华州威明顿市的白兰地酒河畔创建杜邦公司。公司最初发行股票18股，共集资3.6万美元，杜邦家族占其中12股，对公司具有绝对的控制权。1804年，杜邦开始生产并销售火药，这个期间也是世界战乱、争端频繁的年代。

杜邦的崛起赶上世界前所未有的改革"红利"，虽然这种改革是以战争和掠夺的方式开始，也仅仅是为了满足人类的基本需求，但的确让世界不同地区有了更深入的接触，实现世界范围的开放与融合。美国摆脱英国的殖民统治后，迅速成为西方世界中的新贵，一些本土企业对美国的高速发展功不可没，其中就有杜邦公司。

美国内战与对外战争造成对火药的大量需求，由于杜邦生产的火药性能比其他火药明显占优，深得军方的推崇，通过积极与政府合作，美国联邦政府成为杜邦火药公司最早和最大的客户，杜邦从中获得巨大经济利益的同时也为美国的崛起与对外扩张做出了贡献。在国内，美国实施了"西部大开发"的战略，开拓辽阔的西部地区需要大量的火药，杜邦获得了进一步发展的契机。美国法律允许私人持有枪支弹药，这是当时人们基本的生活保障，黑火药很快成为一种快速消费品。杜邦公司通过资本与独特资源，逐步在市场生态中站稳了脚跟，为日后的发展奠定了基础。在杜邦成立最初的80年里，主要制造黑火药，到了19世纪后期，开始成为高性能炸药制造商，1889年杜邦控制美国火药市场份额的92.5%，成为美国最大的火药公司。

早期杜邦家族所有成员都住在位于工厂旁边统一的房子里，所有在杜邦公司工作的家族成员都不领工资，家族财产属于公司，日常所需皆由公司供给，杜邦家族和杜邦公司几乎完全是一体。从这一点来看，这时的杜邦带有很明显作坊式的组织管理特征，这也是早期家族企业的典型特征。

（二）出现强人统治

随后，杜邦家族中出现一位标志性的人物——亨利·杜邦，其影响力甚至超过了他的父亲伊雷内，他把杜邦带入"强人管理"的历史时代。亨利虽然不懂炸药技术，但他的经营管理能力很强，在长达39年的任期内，他一手建立起了杜邦帝国。

亨利毕业于西点军校，人们都称亨利为"将军"，亨利以军人式的铁腕手段统治公司。亨利的管理风格被人们称为"凯撒式经营管理"，公司的所有重要决策和许多管理细则都由他亲自制定，所有支票都得由他亲自签发，所有契约也都得由他签订，他一人决定公司的利润分配，并且亲自巡视全国，监督公司数以百计的经销商。在亨利时代，杜邦管理属于典型的单人决策模式，由于亨利具有卓越的经营和管理能力，在其领导下的杜邦逐渐发展成美国最大的公司。

19世纪70年代，美国自由竞争导致了经济危机，各行业都处于危机之中，美国经济出现严重衰退。为了摆脱困境，1872年，亨利用独门手段劝说所有大公司都加入"美国火药同业公会"，为了维护各自的利益，"公会"成员按照统一价格销售，并各自有固定的销售领域，行业发展进入了垄断竞争阶段。其后杜邦通过隐秘手段获得"公会"主要的控制权，此时的杜邦公司虽然规模并不大，但是却通过资本实现了对整个行业的控制，这是继洛克菲勒帝国之后美国的第二家"托拉斯"。

亨利时代的杜邦具有典型的股东价值形态特征，公司采取了直线型组织结构，所有决策由厂长亲自决定，使权力高度集中，决策迅速，命令统一，为了防止技术外流，实行终身雇佣制，此时杜邦公司的产品相对单一且成熟，基本上是黑火药。亨利时代也是美国经济从自由竞争到垄断竞争时期，也是资本的价值创造能力体现最明显、劳动者的价值创造能力体现最弱的时期。

（三）遇到传承危机

亨利虽然将杜邦带到一个前所未有的高度，但是他的管理模式又几乎将公司毁掉。1889年，亨利将军去世，杜邦公司的大权交给侄子尤金·杜邦，杜邦遇到有史以来最大的一次危机——传承危机。

尤金与亨利相比显得经验不足，管理能力差强人意，终因管理方式已与时代不相适应而陷于困顿，在外界看来，杜邦公司逐渐走向衰退。1902年尤金去世，公司合伙者也都心力交瘁，两位副董事长和秘书兼财务长相继累死，"强人管理"时代也宣告结束。在作者看来，尤金无法延续传统管理模式，不一定完全是由于个人能力的不足，在产业生态不断地开放与融合过程中，人的能力总有边界，在不断分散与变化的价值需求面前，任何所谓的"能人""强人"，甚至是"巨人"都将束手无策、无能为力。

尤金的突然去世，让几个年迈的董事措手不及，无人愿意担当杜邦公司的新领袖，他们觉得最好的办法就是把杜邦卖给竞争对手拉夫林·兰德公司，这时董事会中唯一的年轻人、伊雷内的曾孙艾尔弗雷德·杜邦大为不满，他与两个堂兄弟托玛斯·杜邦和皮埃尔·杜邦决定携手作战，挽回败局，这就是日后人们津津乐道的"杜邦中兴三巨头"，他们续写了杜邦的传奇，杜邦的传承危机得以安然渡过。但是马上面临又一难题：如何建立一套有效的管理模式，使杜邦摆脱困境？

艾尔弗雷德三兄弟接手后果断地抛弃亨利的那一套管理方式，精心设计一个集团式经营的管理体制。在当时，杜邦公司是美国较早把单人决策模式改为团队协作决策模式的公司，而这一改变不但使杜邦顺利地突破发展"瓶颈"，也象征着杜邦开始从股东价值形态逐渐向精英价值形态的转变，翻开了杜邦公司新的一页篇章。

二、第二个百年——精英价值形态

在1902年到2002年这一百年中，杜邦公司成为一个"化学大王"，在这个时期精英价值形态的特征比较明显。

1902年以后，为了适应市场生态的变化，杜邦公司开始从单一经营火药向多种经营的化学公司转变，实现了从化工原料的简单加工到现代化学工业产品制造的转变，这个时期，企业形态发生本质变化。首先从家族式企业向股份制企业逐步转变，自1899年改组为股份公司后，股东构成多元化、股权结构分散化，杜邦公司走上了去家族化的道路，随着公司不断发展，杜邦家族所占股份逐年下降，到了20世纪70年代成为一家公众公司。

在这个阶段，团队协作决策模式使精英团队领导力得到体现，监管型董事会开始发挥作用，直线职能型组织结构形成，职能部门成为企业最小的价值单元，以职位等级为基础的管理系统逐渐建立。随着市场价值需求不断扩大，企业开始进行规模化、标准化的产品生产，事业部型组织结构支撑杜邦公司规模迅速扩大，杜邦走向了多元化、国际化发展道路，成为全球瞩目的巨型公司，这个时期主要是精英团队为企业创造主要价值。

（一）集团式经营——精英团队价值体现

1902年，在掌握公司大权的杜邦三杰带领下，杜邦开始进行系统改造，他们抛弃了单人决策管理模式，设计了一个集团式经营的管理体制，这就是团队协作决策模式，而这也成为20世纪美国大企业典型的组织管理模式。

杜邦的集团式经营最主要的特点是在董事会之下建立"执行委员会"，作为公司的最高经营管理机构。在董事会闭会期间，大部分权力由执行委员会行使，董事长兼任执行委员会主席。1914年，董事会又进行大刀阔斧的改革，使杜邦元老们从执行委员会和其他高级职位上全部退出，取而代之的是一群精通专业、经验丰富的青年才俊。到了1918年，执行委员会由10名委员构成，形成杜邦公司的精英团队，全面负责公司的经营管理活动。同时杜邦开始进行系统化的组织管理系统建设，建立预测、长期规划、预算编制和资源分配等管理机制，在职能分工的基础上，建立制造、销售、采购、基本建设投资和运输等职能部门，直线职能型组织结构正式确立。在集团式经营管理机制中，执行委员会发挥了举足轻重的作用，经营权集中于执行委员会，便于精英团队进行垂直管理，实现统一指挥，职能分工与专业化协作使精英领导在各职能单元充分发挥，运行秩序井然，效率显著提高，大大促进了杜邦的发展。

有了管理系统的保障，杜邦能够有效地进行多元化发展。从第一次世界大战结束至第二次世界大战期间，杜邦通过开发、兼并、合资等手段，涉足多种化学工业领域，20世纪30年代至第二次世界大战期间，杜邦又通过自行开发投产了氯丁橡胶、尼龙、丙烯酸树脂、聚乙烯、氟塑料等，为"二战"后的飞跃打下坚实的基础。

杜邦三杰对杜邦公司又一重大贡献是他们建立起专门负责研发的"东部实验室"和"中央实验站"，这是全美第一次建立现代的研究实验室，这一举措对杜邦公司的未来产生最为深远的影响，在很大程度上奠定了杜邦至今屹立不倒的基础。

集团式经营强调精英的分工与协作，发挥团队的领导力，从而提升公司价值创造能力，使企业得以迅速发展，这个时期精英价值开始得到体现，虽然精英团队依然以家族成员为主，但是这种机制为后续的非家族精英人才打开了方便之门，制度创新让杜邦公司顺利突破发展"瓶颈"。

（二）多分部体制——精英价值形态巅峰

杜邦的多元化发展战略并非一帆风顺，在向综合性化工企业过渡过程中，由于多元化经营范围不断扩大，且市场需求出现变化，导致管理模式严重僵化，对持续成长缺乏适应力，这时公司经营严重亏损、并不断恶化，于是杜邦1919年设立一个特别委员会，研究如何改进企业管理模式。

1920年，经过特别委员会周密的分析，提出了一个新的组织结构设计原则——多分部组织结构。公司按不同产品划分事业部，事业部自主经营、独立核算，使杜邦公司内部出现多个权力中心，这一变革措施开创了事业部型组织结构的先河。多分部体系体现了进一步分权思想，事业部负责人获得更多的经营权，可以独立自主地统管事业部的采购、生产和销售，在各自不同的、明确划定的市场中，实现生产和销售一体化，使生产和市场需求结合更加密切，多分部体制为杜邦公司的多元化发展提供了有力的保障。1921年，杜邦公司已经成立炸药、染料、塑材、涂料和涂膜5个事业部，另有法律、开发、工程等8个职能部门为整个公司及各事业部提供统一支持，母子公司管理格局初步形成。

多分部体制使杜邦很快成为一个庞大的集团企业，达到精英价值形态的巅峰，但是也让母子公司之间价值冲突日益明显，这是事业部型组织结构的必然现象。

随着技术开发的进展、杜邦经营的产品数和领域大幅增长和扩张，公司按产品划分的事业部数量不断增加，在市场竞争日趋激烈的情况下，各事业部开始各自为战，使公司发展的整体性、统一性被削弱。为了强化公司统一性和提高整体运营效率，杜邦开始对多分部体制进行调整。1951年，杜邦按主要领域划分形成大事业部制，如把人造丝、尼龙、聚丙烯纤维和聚酯纤维合成一个大的事业部即纤维事业部，同时一些小事业部仍然存在。在1954年到1956年，杜邦为了协调统一销售，把原各小事业部中的生产与研究开发等功能横向联合起来，形成能够灵活适应市场变化的事业部制矩阵组织结构。矩阵式组织结构的出现并非偶然，因为这个时期也是杜邦大规模地向海外扩张，不同的海外市场具有明显的差异，需要组织管理机制更加灵活才能应对，矩阵式组织结构提升了组织对市场的反应能力，有效支持杜邦的国际化发展，使杜邦一跃成为当时世界最大的跨国化工企业。

事业部矩阵型组织结构的出现使杜邦开始从垂直管理模式向横向管理模式转变，职能分工将逐渐弱化，系统化、流程化的运行秩序开始发挥作用，国际化的发展战略促使杜邦封闭型组织形态发生改变。

（三）三马车体制——向开放型组织过渡

企业发展规律就是逆水行舟、不进则退。20世纪60年代初，西方世界开始加快融合的步伐，而这时杜邦公司的许多专利都期满，有实力的竞争对手不断涌现，杜邦又面临着重重危机，必须进行新一轮的变革。

1962年，科普兰·杜邦临危授命，担当起"危机时代的起跑者"，他无疑是杜邦历史上又一标志性的人物，科普兰的变革把杜邦从封闭型组织形态推向了开放型组织形态。首先，建立董事会、总经理委员会、财务委员会"三马车式"体制，三个权力机构具有专门办公室与委员会，形成相互作用的独立运行系统，"三马车式"组织结构体现权力制衡原则与独立灵活的特征，科普兰认为这是一种"有效的，富有伸缩性的管理工具""这种组织体制是未来世界性大公司必须采取的安全组织设施"。其次，打破非家族成员不能担任公司最高管理职务的传统。1967年以后，科普兰先后把总经理、财务委员会议议长的职务让给了非杜邦家族的职业经理人，自己专任董事长一职，同时逐渐减少董事会中家族成员的比例。1971年，董事长职务也由非家族精英出任，至此杜邦家族式管理色彩彻底褪去。杜邦曾是一个非常传统的家族，家族内部甚至采用落后的同族通婚方式以防止家族财产外溢，在科普兰的带领下终于使这个封闭型家族企业迈向了开放型公众企业，从杜邦发展历史来看，这一过程足足经历170多年。

1973年石油危机后，杜邦公司经营状况出现波动，为了应对市场的变化，杜邦在1975年成立综合计划部，并将全公司63个小事业部按成长变化和收益状况进行分类，果断退出了问题较多、没有发展前景的业务领域，原14个大事业部合并成9个大事业部，这次变革增强了杜邦应对市场生态变化的能力。接下来杜邦继续优化和调整产品结构，逐渐缩减通用产品的生产，战略重心开始转向技术革新和产品开发，经营重点转向高附加值、高收益的专用化学品领域。1978年新设立生物化学事业部，并在辅助部门增设能源和原材料等机构；80年代出售和关闭20多个传统项目；90年代退出产业价值链下游的石油业务，通过收购、合资和技术研发发展下游的专用化学品和材料科学及生物科学，进而延伸至医药、电子化学品和生命科学领域。与此同时，国际化发展方向由欧洲转向亚洲和南美。杜邦经过这一系列动作之后完成全球产业价值链上的重新布局，又回归了国际化经营和新兴领域的前沿地位，这时的杜邦逐渐成为一个开放型的组织。

从市场生态发展规律可以看出，客户需求日益分散与多变，尤其当杜邦从区域市场走向全球市场时，客户对企业的价值越来越明显，作为产业价值链下游的优秀企业必须与客户建立更加紧密的联系，创新能力对杜邦发展越来越重要。开放型组织与开放的产业生态相匹配，当以客户为导向的创新力为杜邦创造主要价值时，杜邦终于在世纪来临之际实现了组织形态的跨越。

三、第三个百年——客户价值形态

进入 21 世纪时，杜邦也迎来第三个百年，杜邦公司又站在了历史的转折点上，开启新的百年序章。

在 2003 年，杜邦推出"以客户和市场为导向的业务增长和生产率提高"为核心的"新杜邦"战略。通过调整内部架构以及充分利用和加强基础设施，使杜邦更专注于服务世界各地的客户，通过发挥杜邦全球化和规模化的优势，赢得在各个市场的成功，实现可持续发展目标。作者认为这时杜邦开始进入客户价值形态，虽然还没有完全成熟，但是客户价值形态的特征已经明显体现。

客户价值形态的典型特征是股权相对分散，企业独立人格得到体现，战略型董事会的功能开始发挥，流程型组织结构使客户与创新团队共同进行价值创造，团队成为最小的价值创造单元，个人能力素质决定其价值形式，随着客户价值需求更加分散，产品更新换代速度加快，这个时期是团队创新力为企业创造主要价值。

（一）创新力创造主要价值

杜邦的创新不仅仅体现在产品技术创造，从杜邦的发展历程也能看出来，制度创新对杜邦发展贡献更大，杜邦公司能够顺利实现组织形态进化，与杜邦对创新的理解始终一脉相承。

杜邦的中央试验站位于特拉华州威明顿市，是美国最早的工业试验室之一，也是世界上规模最大、技术最先进的工业研究中心之一，自杜邦三杰时期建立，已经有 100 多年的历史，为今天的杜邦科技成就奠定了坚实的基础，杜邦很多重大的产品、技术突破都出自于此。对于一个企业而言，创新能力的培养是一个漫长过程，创新本身也代表着投入与风险，如果企业的DNA中没有创新的基因，价值理念不是以客户为导向，创新几乎不可能实现，在某种意义上说，创新就是企业的一项使命，因为企业本质是一个价值创造组织。

21世纪伊始，为了满足市场价值需求不断变化，杜邦更加注重产品开发与研究，投入了大量资金和技术人才，近几年来，研发费用连续上升，2011年杜邦研发投入超过20亿美元。杜邦公司在全世界拥有庞大的科研力量与科研成果，支撑杜邦持续的创新能力，截至2012年，杜邦拥有9500多名科学家和工程师以及全球超过150家研发设施，同时拥有21000多项有效专利，以及超过15000项专利应用。当然，创新也为杜邦公司带来了合理的回报，近40%的收入来自在过去5年内推出的产品。

创新必须获得广泛的资源与动力，因此杜邦的创新是建立在一个开放的平台上。得益于早年的国际化发展战略，杜邦及其附属机构在全球近90个国家和地区开展产品研制、生产制造、加工、销售及客户服务等经营活动，使杜邦的新技术与产品能够直接与当地市场需求结合。同时，杜邦明确提出了"用创新赢市场"业务模式，这种模式并不是被动地完全去适应市场需求的变化，而是在研发新产品的同时，用一些创新去引领市场的发展，与客户一起运用科技来共同创造价值。

今天的杜邦逐渐转变成为一个开放型组织，通过不断的创新与市场价值需求形成良性互动，推动产业价值链不断向下游延伸。客户价值形态是目前产业生态中的高级组织形态，可以利用组织形态优势，实现对全球产业链上游的企业控制，公司价值可以从世界不同的市场生态中获取,如今杜邦业务收入已经主要来自美国以外地区。在全球产业价值链中,不同的组织形态有不同的价值定位,一般而言,价值从产业价值链上游向下游输送,而高级组织形态更容易体现价值,并且对整个价值链的影响较大。杜邦在20世纪80年代末开始进入中国,经过二十多年的发展,杜邦已在华建立近40家独资及合资企业。

(二)流程型结构初步成形

客户价值形态需要流程型组织结构支撑,才能实现以客户价值为导向的发展理念。

为了适应市场需求变化以及产业结构调整,杜邦在1993年开始进行大改组,将下属5个公司业务单元及石油天然气生产部门分解成20个规模较小的业务部门,使子公司部门化、部门团队化,公司经营管理者直接与20个业务团队负责人对接,减少中间环节,通过业务流程把所有价值创造团队连接起来,实现扁平化、系统化管理,使"大象"变成了"羚羊",这次变革使杜邦公司告别事业部矩阵形式,建立流程型组织结构框架,"三马车体制"随之瓦解,在此框架下开始对事业部进行调整,逐步形成"众马齐奔"的业务布局。

2007年,杜邦公司对业务单元重新进行调整,按照市场价值需求和自身价值创造能力的特征将主要业务划分为杜邦科技、应用生命科学、农业与营养、涂料与颜料技术、电子和通信技术、高性能材料、安全与防护七大独立发展平台,分别由杜邦公司不同的高级管理者直接管理,形成七个能够独立运行的业务流程,独立的业务流程由不同价值创造活动形成的次级业务流程构成。这些业务流程共同构成杜邦的流程型组织结构,通过业务流程把大大小小各类创新团队组合在一起,共同为客户创造价值。

目前公司董事长兼首席执行官和副总裁等7人组成了首席执行官办公室,他们不仅担负着制定全公司业务战略规划的责任,同时也分别负责独立的业务流程。这种独立统一决策模式既可以使每个业务板块独立运行,又能够对单个业务流程进行系统化管理,董事会与业务流程的对接更加紧密,体现了一种分中有集的权力治理思想。作者认为,随着客户价值形态的逐渐成熟,董事会将直接与业务流程对接,固定的流程管理团队将置于独立的业务平台上,业务平台可以继续细化形成更多的可以独立运行的业务流程,流程管理者的权力更加独立,企业规模可以随着业务流程的变化而灵活调整,这样更能够适应客户价值需求的分散与多变。

流程型组织结构的初步建立,象征着客户价值形态逐渐成型,企业发展进入成熟期,独立人格开始体现。今天的杜邦家族虽然对杜邦公司仍然具有明显的影响力,但这种影响作用与两百年前的性质具有本质区别,今天杜邦公司股权已经非常分散、杜邦家族的股权优势已经不再,任何单一资本都无法对公司控制权形成明显的影响。在作者看来,杜邦家族的影响力在于其人格与杜邦公司的人格最相似,投资者对杜邦家族人格的信赖是其影响力的来源。

(三)独立人格逐渐清晰

今天的杜邦与两个世纪前的杜邦相比虽然组织形态迥异,但是有一点一直被传承下来,而且越来越清晰,那就是杜邦的核心价值理念，价值理念传承的是杜邦的人格特征，如果这一点也发生变化，那么今天的杜邦与两个世纪前的杜邦没有任何关系。

这两个多世纪以来，杜邦公司的业务在不断变化、组织结构不断变化、企业规模不断变化……但是核心价值始终没有改变，杜邦人格中最明显的一个特征——安全意识，这一特征虽然经历了岁月的洗礼，但在今天依然久而弥新。

杜邦安全文化要追溯到早期的价值创造活动，火药制造与使用具有相当高的风险，当时发生过许多事故，这些事故造成许多人丧生，其中也包括杜邦家族的几位成员，最大的一次事故发生在1818年，当时杜邦只有100多名员工，40多位员工在这次事故中伤亡，企业几乎面临破产，不可能生产，但凡关键事件对人格塑造都具有重要的影响作用，安全意识从此成为杜邦的核心价值理念，并且能够与时俱进。

在杜邦公司长期的实践中，建立了一整套安全管理理念，用于指导日常业务决策和行为。杜邦认为团队中的每个成员都拥有个人安全价值，都必须对自己和同事的安全负责；管理者通过关心每一位员工，建立相互尊重、彼此信赖的关系，为安全管理奠定坚实的基础。当安全理念逐渐渗透到组织运行系统中时，将对组织以及组织所有成员的行为产生深刻影响。杜邦员工把违反重要的安全规定、忽视自己和他人生命的行为视为不可容忍的组织禁忌，这些"禁忌"常被称之为"不可违背的安全规则"。当"安全"成为杜邦"理所当然"的基本信条与行为准则时，企业的思维与行为得到统一，人格特征清晰体现。

随着杜邦公司不断发展，以安全理念为核心的人格特征与现代业务系统相结合得到进一步发展与完善，目前杜邦文化理念是"致力于安全、健康和环境、正直和具有高尚的道德标准以及公正和尊敬地对待他人"，在杜邦的人格特征中体现出生态、组织、人三者之间的基本价值关系，这是对人类发展、人性演变规律的深刻理解。杜邦在20世纪90年代卖掉了与文化理念相悖却能获取高额利润的石油业务，全力向生物科技领域进军，这就是杜邦独立人格的体现。在环保业绩和可持续发展革新方面杜邦也一直处于世界领先地位，杜邦是最早"将废物和排放物降低为零"作为目标的大公司之一，于21世纪初又设定"务求实现工伤、职业病及环保事故为零"的目标，从这些公司行为中能够清晰地看到杜邦的人格特征，无论公司业务如何调整与变动，人格特征始终得以保持。杜邦人格特征逐渐清晰的过程，也是杜邦在产业生态中价值定位逐渐提升的过程，未来杜邦将以这种人格特征迈向新的组织形态。

四、展望未来

1999年年底，杜邦宣布21世纪新的企业定位，即从严格意义上的一家"化工公司"逐步向综合的"科学公司"转变，同时将沿用了65年的广告词"生产优质产品，开创美好生活"改为"创造科学奇迹"。杜邦开始向以科研开发为基础的多元化高科技全球性企业转变，成为一家全球领先的、可持续发展的科学企业。从这个目标能够看到，未来杜邦的价值定位发生了重大改变，这个目标将使杜邦演变成为利益相关者价值形态。

未来的杜邦定位于"科学公司""提供真正改善人们生活、以科学为基础的解决方法"，从这些理念可以看出杜邦不仅仅提供具体的产品，而是一整套解决方案与价值体验。理解未来的杜邦，首先理解"科学"这一概念。何谓"科学"？"科学"很容易与"技术"混淆，但两者具有本质区别，对于人类价值创造活动而言，"科学"是产生于价值需求之前，而"技术"是产生于价值需求之后，"技术"建立在"科学"的基础上；科学一般表现为知识形态，理论形态，而技术则一般表现为物质形态；科学明确了"是什么""为什么"，而技术解决了"做什么""怎么做"。当一个杜邦未来定位于"科学公司"时，即要成为一家创造需求与满足需求于一体的公司，这个目标将导致杜邦公司向更高级的组织形态——利益相关者价值形态演变。

杜邦的组织形态演变从来都不是一帆风顺，即便是在今天杜邦仍将面临不断的挑战，客户价值形态依然有不同阶段的风险出现，能够顺利解决风险在于企业的变革能力，其实变革也是一种风险，很多企业就是在变革中消失的。杜邦在世界变革中诞生，通过变革不断发展壮大，未来杜邦也将在变革中完成自己的使命。

回首历经两个世纪风雨的杜邦，从一个白兰地河畔的小工厂发展到如今世界瞩目的科研企业，不禁让人肃然起敬。同时代的企业一个个倒下之后，杜邦依然在这个市场生态中保持旺盛的生命力，杜邦家族留给杜邦公司的已经不再是物质财产而是一种人格特征，生态、组织、人三者之间的人性关系从杜邦历史中得到了诠释，杜邦通过不断变革实现长远发展，与时代相呼应、与人性相衬托，带给人们的不仅仅是杜邦产品，更是一部历史遗产，从中看到企业形态进化的脉络，对于今天的中国企业而言更加弥足珍贵。

如今为人们所津津乐道的是杜邦的"单人决策""集团式经

营""多分部体制""三马车体制"等管理模式,但这些都已经成为历史,20世纪60年代以后的杜邦才是中国企业所要追寻的足迹,那时与今天的市场生态、企业现状以及人的价值特征具有一定的相似性,中国企业与当年的杜邦公司一样,也处于一个关键的历史节点。

第五章

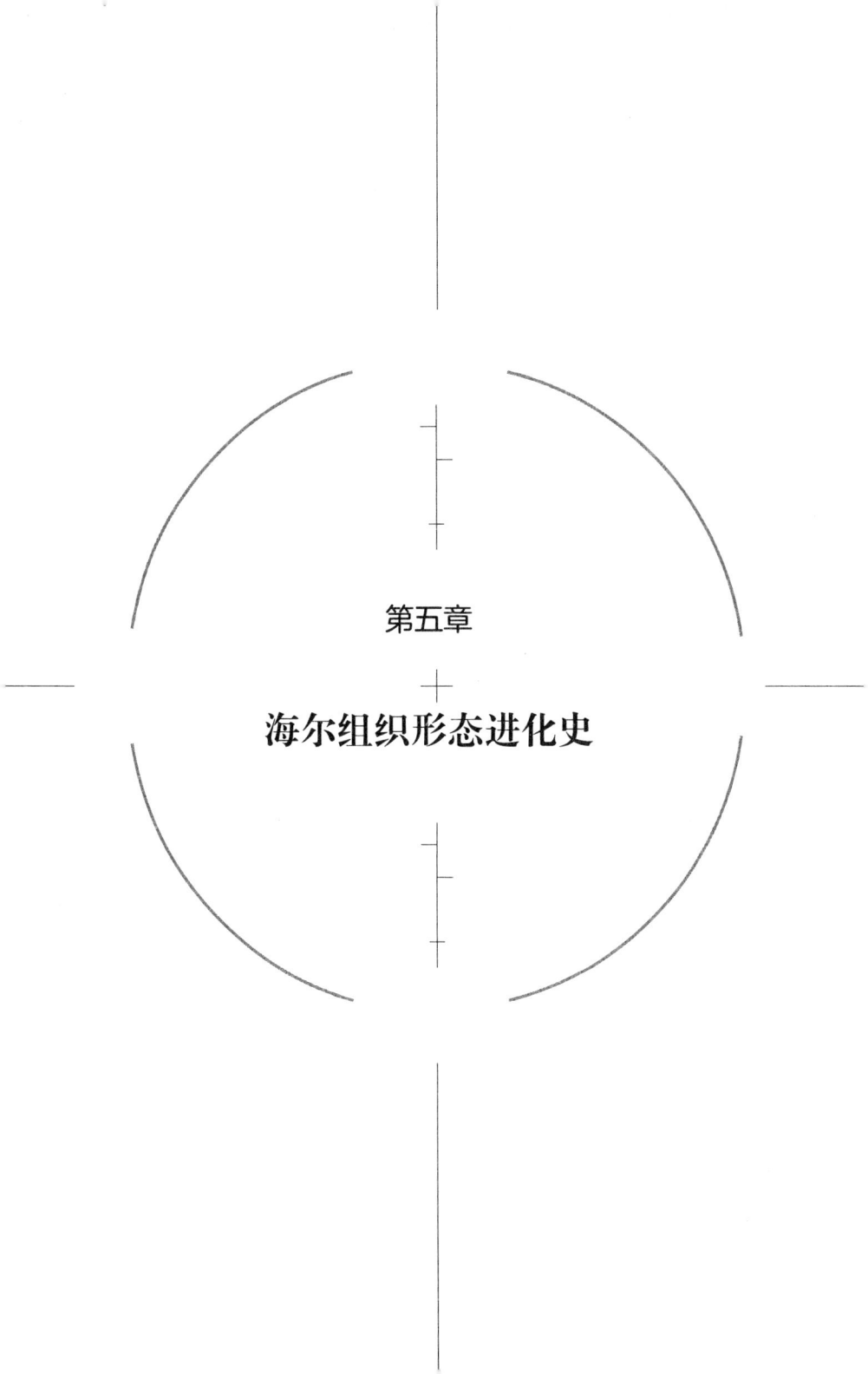

海尔组织形态进化史

海尔是中国改革开放、市场经济建设、本土企业发展的一面旗帜，而张瑞敏则是中国企业家的形象代言人。与其他本土企业相比，海尔的产权性质、发展历程最具代表性，无论是成败都深深地影响着中国现代企业管理，给中国的管理（学）者带来了丰富的案例与研究素材。如果说美国杜邦是一部西方企业的进化史，那么海尔则生动演绎了中国企业的进化史，恰逢中国又一次进入大变革时代，过了"而立之年"的海尔又要面对一次新的组织形态演变，因此作者希望通过海尔的变革为当前中国企业转型及未来发展提供新的视角。

作者将依据书中提出的理论与规律对海尔进化历程进行一次彻底解析，让人们看到海尔是如何实现进化的。

一、股东价值形态：海尔的张瑞敏时代

这个时期，中国经济体制开始了第一次轰轰烈烈的大变革，主要的指导思路是"以公有制为主体，其他经济形式做必要补充"。

传统的国有企业是委托人即政府垄断了企业近乎全部的剩余权利的奢望，但也几乎彻底消灭了人们创造剩余产品的积极性，因此公有经济长期处于低效率运行状态，这种与人性特征相悖的经济系统必然会面临解体的风险。

如何调动企业创造价值的积极性？这时企业变革的主要目标首先放在了企业经营者身上，通过调动经营者的积极性提高企业价值创造效率，因此采取的主要手段是让渡企业经营权，改变过去权力集中且外部化的状态，使企业成为一个能够"自负盈亏，自主经营，自我约束，自我发展"的经济实体。让渡经营权主要体现为施行承包制和厂长负责制这两种方式，取得了一定效果，让人们看到了希望，但并没有解决根本问题。在这个时期，国有企业的经营权以及民营经济的解放拉开了中国企业变革的序幕，也为市场经济系统建设小心翼翼地开辟前进的道路。

就是在这样的背景下，集体所有制企业——海尔以股东价值形态出现在产业中，迎来了"海尔的张瑞敏时代"，这个时代的主题是"名牌战略"，在张瑞敏的领导下，海尔从一个濒临倒闭的小厂一跃成为一个全国知名品牌。

（一）临危受命（1984年）

海尔是一个集体所有制企业，即传说中的"大集体"，这种所有制形式由于所有权范围特定，因此有别于传统国有企业以及新兴民营企业，也正因为这一点，让海尔在中国的市场生态中更具典型性。

海尔的前身是青岛电冰箱总厂，再往前追溯可以发现，海尔历经了手工业生产合作社、合作工厂（青岛电机厂）、青岛日用电器厂等组织形式，在计划经济体制下进行着传统、盲目、粗放式的生产与经营，体现出来的是工业文明前期的组织形态特征。

1984年12月，青岛电冰箱总厂终于到了资不抵债、濒临倒闭的地步，一年之中换了四任厂长，而张瑞敏就是被上级——青岛家电公司派来的第四任厂长，可以说偶然中也有必然。此时中国经济体制改革的主要措施是放权让利，通过厂长负责制激励企业经营者，最高权力属于职工代表大会，而企业经营权则属于厂长，即张瑞敏要对企业经营负全责。从海尔的所有权性质来看，张瑞敏其实是股东的直接代理人，因此可以说海尔在这一时期进入了股东价值形态，而中国家电产业也在同时期起步，海尔与家电产业一同开始了新的发展历程。

1984年也被称为中国现代企业元年，因为在这一年很多中国知名企业诞生，并且都以股东价值形态开始了自己的进化，这与中国的市场经济发展相辅相成。

（二）名牌战略（1984～1988年）

即将倒闭的企业必然一副破败景象，只不过让今天的人们难以想象的是当时的海尔车间里臭气熏天,因此张瑞敏立刻颁布了著名的"海尔13条",从整顿劳动纪律开始抓管理,因为纪律不仅仅是一个组织中最基本的管理制度,还是对人性管理的底线,海尔第一次组织形态演变就是从纪律开始的。

股东价值形态的管理方式强调纪律与奖惩,力图体现管理的灵活与高效。不难看出,"海尔13条"就充分体现了这一点。由于内容清晰,目的明确而且通俗易懂,因而能够被文化程度有限的产业工人迅速接受并转化为生产力,这种管理手段符合当时的人性特征,因此立竿见影,很快就让海尔焕然一新。

在这个时期,海尔的集体所有资本与独特资源进行了有效结合,所谓独特资源是指海尔引进了德国制造技术,在当时是一种较为先进的冰箱制造工艺,在此基础上海尔制定与实施了以产品质量为核心的名牌战略,为此也演绎出一段脍炙人口的"张瑞敏砸冰箱"的故事。在成本高、利润低、日子过得异常艰辛的条件下,张瑞敏带领大家"含着眼泪""抡起大锤"一共砸了76台质量有缺陷的冰箱,"不仅砸醒了海尔人的质量意识,也砸出了海尔'要么不干,要干争第一'的精神",这一幕生动地再现了当时的情景,让人们感动之余,也深深地感叹企业变革之难。张瑞敏"砸冰箱"在中国砸出了一个"产品管理"时代,据说"砸冰箱"的那柄大锤被收入国家历史博物馆,成为那个时代的见证。

(三)独领风骚(1988~1991年)

当组织形态与产业生态发展要求相匹配时,企业形态最佳,海尔的股东价值形态就实现了这种最佳状态。

接下来的海尔在产业发展中独领风骚，琴岛——利勃海尔冰箱享誉一时，代表一种品质保障，中国家庭以拥有海尔为傲。海尔在1988年获得了冰箱行业第一枚金牌，1990年获得了国家颁发的企业管理"金马奖"、国家质量管理奖，1991年又获得全国十大驰名商标等一系列荣誉。

不得不说在海尔初创期张瑞敏起到了决定性作用，因为很多具有相似情况的企业由于没有"张瑞敏"式的人物，革命未能成功，企业在艰难前行中消耗殆尽，直到无影无踪，导致改革开放政策持续深入时，中国出现了大量的"下岗"工人。因此，站在今天的角度，作者把海尔这个时期的成功归因于股东，同时把这个阶段称为"海尔的张瑞敏时代"。可惜的是，在当时这样的人物太少，太多的中国企业由于与产业发展要求相脱节而被淘汰，这也许就是改革的代价。

在海尔的股东价值形态阶段，张瑞敏不宜用职业经理人称呼，不是因为当时没有职业经理人一说，而是因为张瑞敏的个人价值与股东价值基本重合，无法清晰地划分，由于没有明确的财产所有权，只能说张瑞敏的价值特征更多的是基于其个人信仰，也只有在当时的社会环境中才会出现。

海尔的股东价值形态出现于产业发展的初期，是一种低级组织形态，一旦产业发展出现新的变化时，股东价值形态就必须进行相应改变，否则就有被淘汰的危险，这就是"适者生存"的生态法则。接下来的海尔在张瑞敏的带领下进行了第二次大变革，顺利"变形"迈向了精英价值形态，而张瑞敏也成功转型为一名职业经理人。

二、精英价值形态：海尔的经理人时代

1992年，邓小平南巡，为后期的市场经济体制建设打开了新局面。1993年，十四届三中全会明确地提出了国有企业建立现代企业制度的目标和步骤。这个时期，改革的指导思路是"以公有制为主体，多种所有制经济共同发展"。

建立现代企业制度的目标是通过产权结构的改造，使国有企业成为"产权清晰，权责明确，政企分开，管理科学"的现代企业，这个阶段，企业变革不再停留于经营权层面，而是旗帜鲜明地进行所有权的改造，国有企业终于可以突破所有权的桎梏，这为海尔第二次组织形态演变的成功奠定了基础。

"产权清晰"是市场经济系统运行的基础，"权责明确"是市场价值系统的基本要求，"政企分离"是所有权与经营权分离，使人才能够成为资本，"管理科学"是以制度管理取代能人管理。建立现代制企业制度的核心是经理人团队建设，通过经理人之间职能分工与专业合作，突破个人能力边界，实现1+1＞2的效果，推动企业迅速发展，而这恰恰是精英价值形态的特征。所谓精英就是企业中的那些管理权威与专业权威，在今天也可以称为职业经理人，精英团队通过领导力与职能分工相结合为企业创造价值，而资本的价值创造能力则退居其后，原来的创业元老们要么职业化，要么淘汰出局，这是企业进化过程中的必然选择。

就是在这样的背景下，海尔以精英价值形态出现在产业中，迎来了"海尔的经理人时代"，这个时代的主题是"做大做强"，海尔高举"产业报国"的旗帜迈向多元化、国际化的发展道路，在海尔

精英团队的共同努力下，逐渐形成一个大型企业集团，同时从一个全国性品牌成为一个国际性品牌。

（一）多元化战略（1992～1998年）

有了股东价值形态的积累，1991年12月成立了海尔集团，张瑞敏任总裁，"总裁"一词象征着海尔经理人团队初步形成，全面向精英价值形态演变，开启了海尔的经理人时代，而张瑞敏也从股东直接代理人转成一名职业经理人。

当企业进入精英价值形态时，经理人与股东的区别在于，股东的价值基础来自资源占有，受到市场经济系统的天然保护，而经理人的价值基础却没有那么牢固，必须通过股东（会）的法定授权，因此两者之间构成了所谓的两权分离、委托代理关系。经理人的价值必须通过企业制度维护与巩固，因此到了精英价值形态，纪律与奖惩远远不够用，海尔开始了系统化的管理机制建设与漫长的MBO征途。

让人们耳熟能详的是海尔的"OEC管理"，这是海尔依据自身特色建立的一套管理系统，也被称为"海尔之剑"，这把剑到底什么样？有太多的资料可查，不再介绍，但是想说明一点的是"OEC管理"是海尔为经理人量身定制的一套本土化的管理系统。在精英价值形态中，由于经理人团队的形成，企业规模可以迅速扩大，如何管理不断增加的职位与员工？最佳答案是只要员工能够做好本职工作即可，"OEC管理"也可以用"做好本职工作"这句话来总结，因为在精英价值形态中，采取的是垂直型管理模式，工作内容与要求最终都来自经理人，"OEC管理"目标是让经理人的价值得到充分体现。正是因为有这样的管理基础，海尔才能开启"多元化战略"，在市场中可以大规模地收购与兼并那些硬件不错，但经营不善、濒临倒闭的企业，不断完善白电产品线的同时，海尔一下子"胖"了很多。

这时又衍生出了一段"海尔文化激活休克鱼"的佳话。被兼并企业是"休克鱼"，鱼虽然休克，但还有一口气，因此可以救活。如何救活？用海尔文化。这段佳话让"海尔文化"成为一个传奇式的管理理念，以至于不把"海尔文化"挂在嘴边都不好意思说是一名管理（学）者。在作者看来，文化从来不能脱离制度而独立存在，过于强调"海尔文化"的价值，反而会弱化海尔的管理系统。当人们成群结队地从海尔"取经"回来之后，发现倡导的文化没有那么厉害，原因就是如果不能建立海尔的管理体系，光靠一张嘴是吹不活"休克鱼"的。

精英价值形态一般出现在产业快速发展期，这时产业竞争逐渐加剧，机制更加灵活的民营开始大量涌现，海尔一枝独秀的地位受到了严峻挑战，并且越来越大。

（二）国际化战略（1999～2005年）

2001年11月10日，历史会铭记这一天，经过中国15年的艰苦努力，中国终于迈进世贸组织（WTO）的大门，为中国企业迎来了更广阔的发展空间，中国也终于发出了"走出去"的呼喊。

作为中国改革的急先锋，一向以"不为人后"著称并且有着丰富变革经验的海尔率先冲了出去，而且目标直指西方世界的翘楚——美国。在国内市场竞争日趋激烈的环境下，海尔决定海外打出一片新天地，实施国际化发展战略。与传统制造业 OEM 方式相比，海尔走出了与众不同的"自有品牌产品出口"模式。1999 年 4 月，海尔在南卡来罗纳州建立了美国海尔工业园，2002 年 3 月，海尔买下纽约中城格林尼治银行大厦作为北美总部。对海尔来说这是一次艰难的跨越，因为能够占领美国市场就意味着能够占领全球市场。

海尔的国际化战略是否成功？这个问题需要从两方面看，一方面来看海尔成功了，因为作为中国的自主品牌终于冲出了国门，在国际市场上有了一席之地。与众多的以 OEM 方式生存与竞争的制造企业相比，海尔的成功不言而喻，让人们看到了中国企业的希望，这对整个经济结构转型都有着重要意义。但从另一方面来看海尔也失败了，因为作为中国一流品牌，在国外并没有成为主流品牌，海尔主要以小冰箱、小洗衣机打入国际市场，要想成为知名国际品牌，距离依然比较遥远，还要走很长的一段路。

为什么海尔的国际化道路是这样一种结果？其实并不难理解，因为有很多企业"走出去"又"走回来"，留在海外的多数都是这样的结局。依据企业进化规律可以发现，企业是随着产业价值链的不断延伸而进化，企业创造的价值从上游流向下游，在全球产业价值链下游的企业具有明显竞争优势，下游企业更容易控制上游企业，反方向则很难实现。因此，中国企业一旦参与国际竞争时，明显强于其上游的企业，但也明显弱于其下游企业，竞争优劣势取决于组织形态特征，中国企业多数处于封闭型组织形态。

从全球化视野来看，到目前为止，中国大企业多，优秀企业少。国际竞争讲究的是"力争下游"，下游才是先进生产力的代表，海尔在全球产业价值链中的位置还不够"下游"。

(三)大集团企业(2006～2012年)

海尔的多元化战略也好,全球化战略也罢,都是在精英价值形态中实施,主要依靠经理人团队的领导力。市场经济有序运行的基础是财产所有权,经理人创造的价值最终只有与财产所有权建立联系才能体现,如何在企业中实现?只有经理人转化为股东,而且必须转化为股东,但是海尔是一家集体所有制企业,所有权性质注定将成为一种至关重要的影响因素,为了解决这个问题,海尔开始了漫长曲折的MBO之路,直到2007年终于完成,这也象征着海尔的精英价值形态走向成熟。至于海尔的MBO,有很多详细的资料,不再赘述。作者只想说明的一点是,市场生态有其自身的运行规律,企业应该遵守市场基本价值规则,经理人身份置换的前提是经理人团队为企业创造主要价值,并且能够独立体现,同样员工身份的置换也需要遵守这种规则。亚当·斯密很早就说过"几乎没有一位领取薪酬的管理者会像照料自己的钱财那样积极地管理别人的财产",这个问题如鲠在喉、芒刺在背一般,因此多么曲折也要完成MBO,否则海尔的精英价值形态始终将处于不平衡状态。海尔的产权改造应该易于国企而难于民企,可以为未来国企改革提供一些借鉴。

在市场生态迅速发展阶段,市场竞争日趋激烈,格力、美的等后起之秀奋起直追,这时企业竞争在于"做大、做强",而这也是海尔经理人团队的主要目标,大企业集团就在这种背景下形成。

海尔集团除了传统的白电以外,也逐渐开拓其他业务板块,海尔旗下聚集了电视、电脑、手机、软件、物流、金融、房地产等产业，甚至还涉足了餐饮、医药、保健品等领域，可以看出，有些产业与主业的相关性并不明显。争议相关多元化还是非相关多元化，其实意义并不大，当处于精英价值形态时，经理人的价值基础主要是股东的法定授权，而经理人团队业绩则是获得价值的保障，没有业绩、两手空空的经理人团队如何面对股东？因此，无论相关还是非相关，多元化是最终的选择，西方先进企业处于精英价值形态时行为表现完全一致，殊途同归。

到了 2012 年，海尔已经拥有了 200 多家法人单位，在全球 30 多个国家建立本土化的设计中心、制造基地和贸易公司，拥有科技、工业、贸易、金融四大支柱产业，全球员工总数超过五万人，营业额超过 1000 亿元，成为名副其实的大型集团企业。

大型集团企业扩张并非无边无界，总有边际效益趋于零时，这一点就是精英价值形态的巅峰状态，已经无法再进一步发展，要想突破这个瓶颈唯有继续变革，海尔又开始了一次组织形态进化。

三、迈向新组织形态：海尔的转型时代

2012 年以来，中国经济出现了新的变化，新的风险不断涌现，这种风险将会产生何种后果，目前无法判断，但是中国经济必须改革已成共识。

2013 年 11 月召开的十八届三中全会，为中国新一轮的改革拉开了序幕，明确提出未来改革的指导思想是"坚持公有制主体地位，积极发展混合所有制"，混合所有制经济将成为"基本经济制度的重要实现形式"。混合所有制并非一个新概念，是产权改革的进一

步深化，当资本依然存在着明显的"公"与"私"的属性时，必将限制市场经济的发展，只有"混合"在一起时，才无法识别，把自由与平等本色还给资本。

就是在这样的背景下，海尔以新组织形态出现在产业中，这是从精英价值形态向客户价值形态进化过程中形成的一种过渡形态，迎来了"海尔的转型时代"，这个转型时代的主题尚未确定，但是海尔已经开始了大刀阔斧地变革，首先制定以及实施"网络化战略"，从现在来看，海尔网络化战略也是平台化战略，具有变革传统的海尔又一次走到了前沿阵地，至于这次变革成败如何，尚无定论，只能拭目以待……

之所以称为转型形态，是因为海尔的客户价值形态特征尚不清晰，但是演变方向明确。鉴于这一次的变革史无前例，难度也超乎想象，这部分内容仅仅对海尔当前实施的变革措施进行解读，无法对最终的结果进行判断。

（一）市场风云突变

世界上没有哪一个经济体能始终维持高速发展，总有一天会"降速"，甚至是（软或硬）着陆，中国也不例外，这一天其实在2008年就已到来。金融危机来得是如此突然，让中国企业措手不及。海尔凭借着强大的市场应变能力，在金融风暴到来之际，张瑞敏又挥起了大锤，这次砸向了仓库，其实这次"砸仓库"的意义更胜"砸冰箱"，因为这次是要砸出一个"流程管理"时代，"流程管理"是客户价值形态的典型特征，可惜这时却没有引起更多人的关注，因为人们的目光放在了那些光彩夺目的互联网公司，这也充分反映了当前中国传统制造业的悲哀。

海尔开启了一次史无前例的变革,这是一种颠覆传统组织形态与管理模式的变革,如果能够成功将为中国制造业开辟出一条全新的变革之路。进入新商业时代,传统管理模式逐渐被颠覆,电商的崛起正在把传统营销模式中的"水分"一点一滴地挤出来,"水分"是由企业创造的、被市场运行系统消耗的价值,电商本身虽然不创造价值,但却提供了一个企业与客户直接进行价值交换的平台,反而积水成渊,成就了一大堆电商平台,不仅让人感叹原来在中国的市场生态系统中,企业的价值创造与客户的价值需求之间距离是如此遥远,忘了两点之间直线距离最短。

当市场处于不断分散且频繁变化中时,企业普遍感到有些"懵",正在束手无策之际,一个新理念横空出世——"互联网思维",企业仿佛找到了灵丹妙药,可惜这仅仅是一种解决思路,并没有具体解决方案。互联网思维如何转化为生产力,则是所有中国企业所面临的课题。在作者看来,互联网思维的本质是以客户为导向,以前难道不是吗?在股东价值形态时,客户是那些早已存在,被企业的独特资源所吸引的群体。在精英价值形态时,客户是那些对业绩贡献较大的"大客户",为了少数"大客户"很多时候宁愿放弃多数"小客户"。而如今,大客户消失,曾经被抛弃、数量众多的"小客户"却纷纷站在了企业面前,互联网把企业命运与这些"小客户"紧密联系在一起,未来"得小客户者得天下","长尾理论"就是这样把"二八法则"干掉的,但是企业只有进化为客户价值形态才能实现,而海尔正在向这个形态迈进。

（二）海尔瘦身变形

俗话说"船大难掉头"，当市场频繁变化时，大企业受到的冲击最大。张瑞敏似乎对"大企业病"一直痛心疾首，据说早些年就曾去西方取经，一直都想得到有效治疗，但终不得法。从这点来看，"大企业病"是精英价值形态系统性疾病，企业一"大"必然有"病"，无解。除非改变企业形态，因此这种病留给了客户价值形态来治疗。

海尔的"变形"从"瘦身"开始。"海尔在两年内裁员 2.6 万人，多数是中层"，消息一出立刻震惊四座。为什么是中层？为什么数量如此之多？惊愕之余一系列问题接踵而来。

这个问题可以从组织结构的演变过程来简单说明，股东价值形态一般采取直线型组织结构形式，精英价值形态一般采取职能型组织结构形式，而客户价值形态则采取流程型组织结构形式。直线型与职能型都是垂直型管理模式，这两类组织结构形式人们比较熟悉。流程型组织结构则是一种水平型管理模式，以业务流程搭建企业内部价值创造秩序，企业形态可以通过业务流程的增减、调整、优化而适应市场变化，这是一种强调灵活性的组织结构形式，也是张瑞敏所说的"大小都不是美，能大能小才是美"。在流程型组织结构中，职位等级将逐渐消失，部门逐渐团队化，因此当海尔迈向客户价值形态时，由于职位等级逐渐消失，必然导致大量的管理者"剩余"。作为制造业的一艘航空母舰，海尔一旦转向流程型组织结构，必然会出现"瘦身动中层"这种结果。很多传统企业在梳理流程时立刻会发现，在业务流程上有很多"冗权"和"冗责"的现象，这就是中、基层管理者所处的位置,也是"大企业病"的结症所在,在一个环节出现太多重复的价值创造活动,无疑是一种浪费与消耗,但是这个问题在职能型组织结构中根本无法解决,而且职位层级越多,病症越严重。

一旦海尔找到了关键点,自然出手迅速。海尔所说的组织结构从"正三角"向"倒三角"转变,说明已经改变了传统的组织结构形式,而在这个转变过程中必然会经历事业部矩阵型结构,兼有职能型结构和流程型结构的双重特征,也是过渡阶段必然采用的一种组织结构,西方先进企业走到这个阶段,也都采取了这种结构形式,如老牌的世界500强IBM、GE、HP、宝洁等。

(三)创新管理模式

向客户价值形态进化,仅仅调整组织结构是不够的,海尔的管理模式必须做出相应改变。"市场链""人单合一""三自机制""自主经营体"等概念应势而生。

"市场链"是把市场机制引入企业内部,在企业内部形成市场,使业务流程之间、业务流程之上形成价值交换关系,这时"商品"跑到了企业内部,"商品"在业务流程不同环节中流转。有了"市场链",就可以制定内部市场规则,使不同环节的价值清晰地得到体现。"市场链"的出现也说明海尔的组织形态从封闭走向开放,组织边界变得模糊了,这是组织进化过程中的分水岭,到了高级组织形态阶段才会出现。

"人单合一"是海尔在"市场链"基础上提出的一种双赢管理模式,"人"是价值创造者,"单"是客户需求,所谓"人单合一"

说白了就是价值的创造者与需求者两者结合在一起。如何能够结合在一起？流程管理这个概念给出了清晰的答案，只不过一直以来企业希望在精英价值形态中实现流程管理的效果，结果只能发出"上 ERP 找死，不上 ERP 等死"的感叹，可见中国企业活得有多么痛苦。无论是企业与外部客户之间，还是内部客户之间，只有流程管理才能实现价值创造与价值需求的结合，前提是这次变革必须打破"职能墙"，实现系统化、统一化管理，革了"职能分工"的命，解放全部"业务流程"。

"三自机制"是指"高单自生成、人单自推动、单酬自推动"，这"三自"其实是明确了内部市场规则，当企业内部有了市场以及价值交换的双方时，必须制定价值交换原则。通过价值交换原则，使每个价值创造活动能够独立体现价值，在体现公平交易的同时还能最大限度地激励价值创造者。为此，海尔设计了"三张表"——战略损益表、日清表和人单酬表，这三张表分别代表了价值创造、价值评价、价值分配的三个环节，使价值交换原则成功地转化为落地工具，使"我的用户我创造，我的增值我分享"得以实现。

"自主经营体"是在"人单合一"模式下海尔内部最基本的价值创造单元，一开始在海尔被称为"小微"，这是一些通常能够独立进行价值创造的创新型团队，海尔有创业小微、转型小微和生态小微三种类型。企业内部的"商品"就由这些自主经营体生产出来。自主经营体取代了传统的职能单元，能够在业务流程上与其他自主经营体进行价值交换，不仅消灭了利润中心、成本中心，也使自身成为一个能够独立经营、自负盈亏的价值中心，这种变化将导致海尔逐渐形成一个价值生态系统，"小微"就是其中的各类物种，有了这些物种可以让海尔进行新陈代谢，不断自我更新。当然目前来看，这个生态系统尚未成型。

有了"市场链""人单合一""三自机制""自主经营体"，海尔的管理模式逐渐清晰，客户价值形态特征逐渐明显，但是作者依然要用"前途未卜"来表达对海尔进化的看法，主要是因为决定客户价值形态的 DNA 是企业创新力。创新力是一种综合能力的体现，未来的客户需求将更加分散、多变、模糊、抽象，甚至可以用"见异思迁"与"喜新厌旧"来形容，没有强大的、持续的创新力，终究无法顺利演变为客户价值形态，如何把"创新"植入企业每个价值创造环节将是海尔未来的最大挑战，市场的变化越来越快，而海尔能不能跟上这种变化的节奏，目前仍然无法判断。

"创新力"来自人的主观能动性，是多数群体自发的价值创造，也就是说，海尔必须告别"张瑞敏时代""经理人时代"的那种以少数人创造主要价值的模式，因此所谓"转型时代"其实是海尔的创新时代。当制造业向中高端挺进时，也意味着向产业价值链下游延伸，企业竞争的"关键一战"将聚焦在创新，创新制胜。可惜的是两千多年来中华民族偏偏缺乏创新，而"创新力"并非一朝一夕就能形成，因此海尔是否能够顺利进化前途未卜，作者最欣赏张瑞敏的一句是，"没有成功的企业，只有时代的企业"，雄关漫道真如铁，而今迈步从头越，只能衷心希望海尔在大变革时代，再次为中国企业谱写精彩的乐章。

以上就是海尔的进化历程，具有一定普遍性意义，中西方企业都是按照这种规律进化，无一例外。在中国经济全面转型时期，中国企业将普遍处于"瓶颈"之中，只是"瓶颈"特征不同，中国经济在"调结构"的同时也将推动企业整体向更高一级组织形态进化，股东价值形态将演变为精英价值形态，精英价值形态将演变为客户价值形态。在大变革时代到来之际，把海尔的进化历程梳理一遍，希望能为中国企业变革提供一些借鉴。

第六章
现代启示录

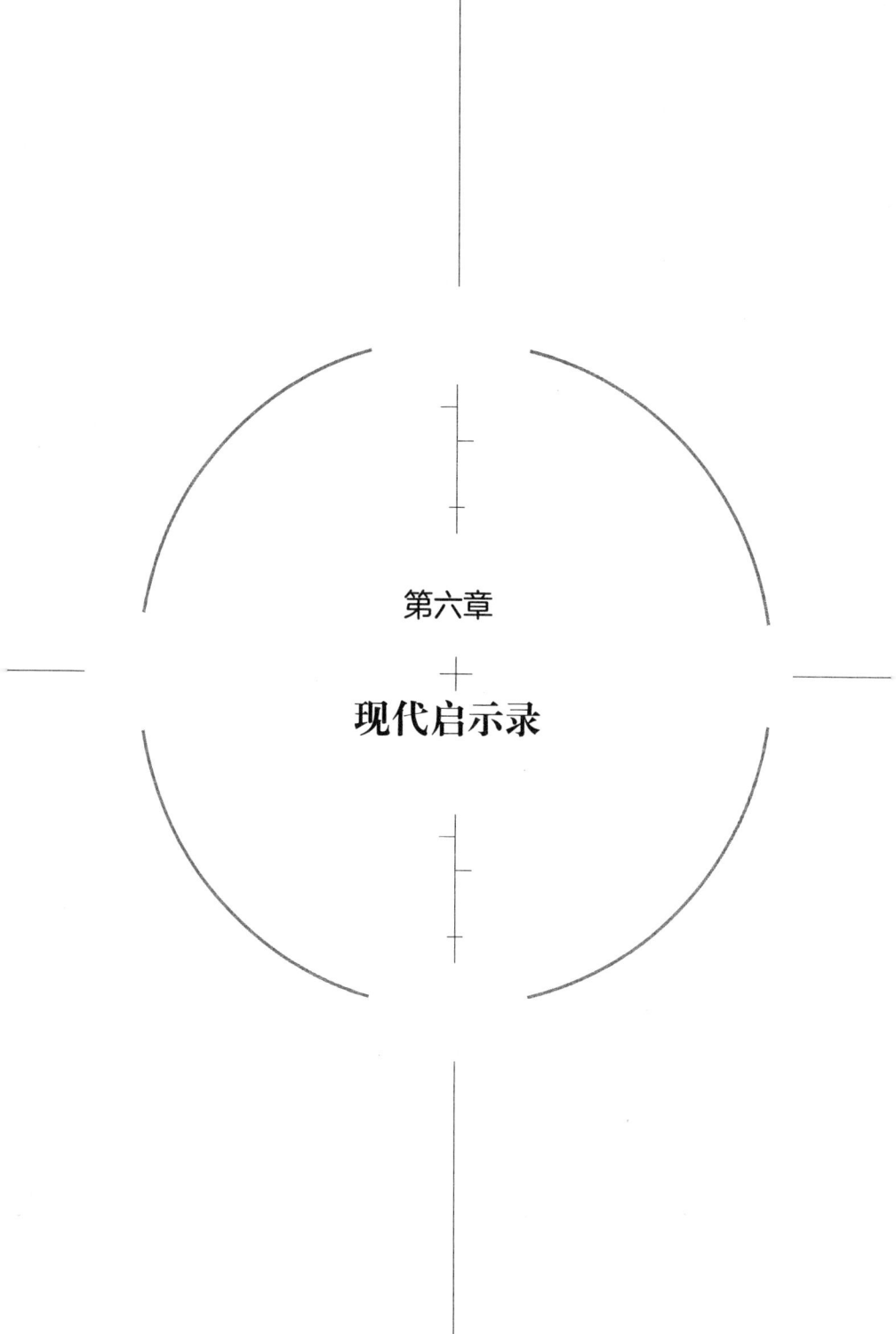

有依据表明，人类已经有500万年的历史，但是直到250万年前才进入原始社会，15000年前才进入农业社会，260年前才进入工业社会，然而仅仅在工业时代创造的价值就远远超过了以往的人类创造价值的总和，这也说明人类并非天生主动创造价值，人性中有着很多非积极元素，资本的出现在一定程度上弥补了这种缺陷，并且极大推动了人类社会的进程，如今一些学者认为人类已经处于后工业时代，即将迈入知识社会，人类社会的这种发展规律其实是人性特征演变规律的体现，这一点作者在前面已进行了介绍。

生态、组织、人存在着必然的价值平衡关系，只要人性特征的变化具有一定的规律性，组织管理与变革就会有规可循，组织形态管理就是以人性的演变规律为研究基础，对组织形态进行有效管理，实现组织发展符合人性特征、经济生态的变化规律。

从生态、组织、人三者之间的价值平衡关系可知，当一个相对封闭的经济生态处于转型阶段时，组织与人必然也受到影响，发生相似的变化，这种变化主要体现在多数组织将处于发展"瓶颈"之中，多数个体将处于职业"瓶颈"中，如果不是这种情况经济系统何须转型？经济生态转型是因为经济形态也处于"瓶颈"之中，"转型"也是"转形"，"转形"即"变形"，也就是说，生态、组织、人的价值特征都将发生改变。

由于人性并不完美，因此人性中的某些元素相互作用导致组织危机产生,危机是人性特征演变的必然结果,是管理问题的根源,没有危机的组织无法存在于经济生态中。作者根据人性的演变规律,以及生态、组织、人之间的价值关系,对企业危机进行标识,这些危机一直伴随着企业形态的进化,所谓"瓶颈"则是由两个危机"接力式"组成,掌握危机的发生规律,就能有效地进行组织形态管理。

对于中国企业而言,虽然市场生态成立较晚,但一直积极参与世界范围内的经济活动,2001年12月11日中国正式成为世贸组织成员,当中国经济不断与全球经济生态系统融合时,中华民族的人性特征就会发生改变,中国企业形态也会发生改变。随着与全球产业价值链的持续接轨,中国企业开始演绎从低级形态向高级形态演变的历程,可以预见的是,西方先进企业走过的道路也是中国企业即将踏上的道路,作者希望组织形态管理观点能给中国企业发展与变革带来一定的启示作用。

进化：组织形态管理

一、企业危机路线图

企业的发展与变革离不开企业危机，危机是企业发展的动力，作者通过人性特征演变规律、组织形态进化规律、市场生态发展规律绘制企业生命历程中的危机路线图，如图6-1所示。随着经济生态不断发展，企业将经历四种组织形态，不同组织形态中将会出现不同的危机，这些危机伴随着企业发展，是生态、组织、人三者价值关系相互作用的必然体现。

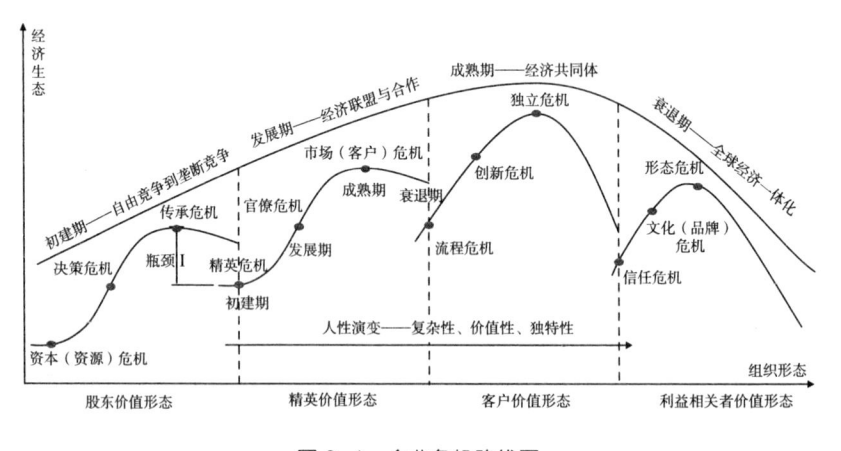

图6-1 企业危机路线图

股东价值形态主要存在着资本与其他价值主体之间的价值冲突，这种价值冲突会体现出三种危机，初建期是资本危机，也是资源危机，市场价值需求已经存在，企业能否顺利起步取决于独特资源与资本能否有效结合;成长期是决策危机,单人决策模式导致资本与决策者(股东)之间出现危机,决策是否正确事关企业生死存亡,这时市场生态弱肉强食,企业必须出现"能人"才能安然渡过;成熟期是传承危机,企业"强人"消失后,资本与精英之间价值冲突不断升级,精英群体渴望在企业中一展身手,而资本仍期待奇迹。

精英价值形态主要存在着精英与其他价值主体之间的价值冲突,这种价值冲突体现出三种危机:初建期是精英危机,精英危机与传承危机相衔接,企业需要一个精英团队取代强人,担负起股东的信托责任,带领企业走出困境,此时个别精英显得势单力孤,必须聚集一批精英;成长期是官僚危机,也可称为协作危机,职能分工与专业协作虽然使企业规模不断扩大,但在合作过程中精英与精英之间的价值冲突也逐渐明显,"派系斗争""各自为政"是典型表现,企业"内耗"越来越严重,组织运行效率随着规模增大而降低;成熟期是市场危机,也可以称为客户危机,客户价值需求的分散与多样化,精英虽然有心而力不足,只有调动更多的价值创造者的主观能动性才能满足市场需求,这时精英团队与骨干人才之间出现价值冲突。

客户价值形态主要存在着创新团队与其他价值主体之间的价值冲突,这种价值冲突体现出三种危机:初建期是流程危机,流程危机与市场危机相衔接,企业需要建立流程型组织结构把客户与创新团队连接在一起,建立开放型的组织管理模式,骨干人才的贮备对创新团队能否形成至关重要;成长期是创新危机,无论内部客户还是外部客户其价值需求进一步分散,团队创新力无法满足客户的创新要求，导致团队与团队之间出现价值冲突；成熟期是独立危机，个人独立价值创造的能力逐渐提升，创新团队从凝聚成员演变为约束成员，个人的独特人格要求脱离团队独立创造价值。

利益相关者价值形态主要存在着企业与价值创造者之间的价值冲突，这种价值冲突体现出三种危机：初建期是信任危机，信任危机与独立危机相衔接，即时组合式的价值创造形式需要建立对人格特性信赖的基础上，价值创造者之间是否能够相互信赖决定这种价值创造形式能否确立；成长期是文化危机，也可以称为品牌危机，企业独特的文化理念（企业品牌）是企业价值实现的基础，在市场生态中企业人格必须具备独特性，企业之间的竞争在于独特性的竞争；成熟期是形态危机，价值创造者独立创造价值的能力越来越强，企业与价值创造者人格特征的趋同性开始偏离，人格冲突升级，企业形态开始模糊，有形组织向无形组织转变。

企业进化过程中出现的系统性危机如表 5-1 所示，这些危机既是管理问题的根源，也是企业发展的动力，很多时候不是单一形式出现，而是一种累积效应。

表 5-1　企业危机特征一览表

形态 阶段	股东价值形态	精英价值形态	客户价值形态	利益相关者价值形态
初建期	资本（资源）危机——资本与资源能否有效结合	精英危机——精英团队能否形成	流程危机——创新团队能否形成	信任危机——价值创造者之间能否信赖

续表

形态 阶段	股东价值形态	精英价值形态	客户价值形态	利益相关者价值形态
发展期	决策危机——资本与股东（决策者）之间	官僚（协作）危机——精英与精英之间	创新危机——创新团队之间	文化（品牌）危机——企业与企业之间
成熟期	传承危机——资本与精英之间	市场（客户）危机——精英与骨干之间	独立危机——团队与团队成员之间	形态危机——企业与价值创造者之间
衰退期	精英危机——精英团队能否形成	流程危机——创新团队能否形成	信任危机——价值创造者能否信赖	趋于无形——企业边界是否必要

在每种组织形态中，企业都将经历一次生命历程——初建、成长、成熟、衰退，前一个形态的衰退期与后一个形态的初建期重合，因此每一次进化都将是一次生命的轮回，旧的消逝而新的开始。在这个过程中，危机将始终伴随，不同的组织形态中危机特征不同，只有经过不断的变革才能化解危机，这将推动组织形态的持续进化。

作者认为企业形态进化过程中将遇到三次"瓶颈"，每次"瓶颈"都是由两种危机"接力"构成，企业形态能否顺利改变，在于能否连续解决两种危机。"瓶颈"意味着企业处于这个阶段时，上不去下不来，几乎不发展，出现停滞或者反复波动的现象，而且持续时间较长。企业只有通过"变形"才能突破发展"瓶颈"，如果企业不能"变形"，将始终处于"瓶颈"，直到消耗殆尽而被市场淘汰。企业的"变形"最重要的是改变价值创造能力结构，所有变革都是为了改变企业价值创造能力。市场生态的转型期，其实也是市场形态"瓶颈"期，这时市场生态中的多数企业处于发展"瓶颈"中，企业中的多数人也处于职业"瓶颈"中，要想顺利突破"瓶颈"，生态、组织、人都需要改变价值创造能力。

企业危机路线图中所示危机均属于系统性危机，与组织形态共同存在，这是人性特征的反映，正常状态下必然会出现，如果企业没有遇到这种危机，反而说明企业人性特征有别于其他组织。危机结果将导致企业获得"变形"的动力，组织变革就是解决这些危机，顺利实现"变形"，以"脱胎换骨"的方式开始新的生命历程。

由于中国市场生态起步较晚，中国企业会遇到两个发展"瓶颈"。第一个是从股东价值形态向精英价值形态的转变——传承危机与精英危机构成的"瓶颈"，第二个是从精英价值形态向客户价值形态的转变——市场（客户）危机与流程危机构成的"瓶颈"，这两个"瓶颈"已经明显地体现在中国企业身上，第一个"瓶颈"已经有了解决之道，并且存在一些成功案例，而第二个"瓶颈"对中国企业而言是一个创新。杜邦公司基本上是百年一变，中国企业如果不能在短时间内实现"变形"，只能滞留在全球产业价值链上游位置。在整个工业经济时代，"世界工厂"天然不是中国，但中国天然是"世界工厂"，庞大的劳动力数量、落后的价值创造能力、粗放的经营发展思路都是"世界工厂"的必备条件。

二、第一次发展"瓶颈"

中国企业发展遇到的第一个"瓶颈"由两个危机"接力"式构成，解决这两个危机即可实现企业形态的顺利转变。

早在 21 世纪之初，中国一些民营企业陆续出现传承危机，中国管理学界就此问题也曾沸沸扬扬一段时间，从杜邦公司的进化历程也能看出，这是一个必然经历的过程。以单人决策模式为基础的"能人管理"时代之后必然会遇到传承危机，当市场生态发生变化时，"能人"也有无能为力的时候，这时"能人辈出"对企业反而不是一件幸事，因为"能人"眼里，其余多为"无能之辈"，这容易导致企业停滞在低级组织形态中。

中国自古有"时势造英雄"之说，"能人"出现是时代的需要，在价值需求相对集中、创造相对简单的市场生态中，"能人"对企业发展至关重要，没有"能人"的企业显得羸弱无力，但是随着市场生态不断变化，要求"能人""一代更比一代强"，最后的结果是"能人"却越来越显得"无能"，这时必然要团队取代"能人"掌握企业的经营权，通过精英团队的力量提高企业价值创造能力。

团队价值取代个人价值是对人性的挑战，古今中外的组织皆如此。依据价值守恒定律可知，首先需要企业的所有者主动让渡一部分责、权、利，所有者让渡价值前提是精英能够获得股东的充分信任，而这恰恰在短期内很难实现，很多企业不是过不了市场这关，而是过不了老板这一关，因此只有在企业生死关头老板才会选择这一步，然而这也仅仅是企业突破"瓶颈"的第一步。

企业形态顺利改变的前提是精英团队的价值创造能力强于个人，但是研究表明很多时候团队智商不是团队成员智商的累加，因此能否形成一个高效的精英团队是企业突破这次"瓶颈"的第二步，这也是组织形态进化的决定性因素，如果没有形成精英团队，企业将长期处于"瓶颈"之中。很多时候企业认为高薪聘请一个职业经理人就能解决危机，可惜职业经理人"空降"企业后，反而身陷囹圄，最后多数结局并不理想，因为这时已经不是一个"能人"可以取代另一个"能人"的时代，企业需要的是具有领导力和专业能力的精英团队，建立起有效团队协作决策模式。

目前很多本土企业遇到第一个发展"瓶颈"，中国两千多年来的管理思想与农业经济相互适应，对中国管理者的管理思维影响深刻，其中一些观念对企业发展反而形成一种阻力，而西方大多数企业却能够顺利摆脱这个"瓶颈"。还有一点不同的是，中国的国策将会促使一些家族企业提前遇到这个"瓶颈"，这些企业如果不能获得或培养出非家族精英团队，必然无法突破发展"瓶颈"。中国的市场生态建立以来，曾经出现过很多"明星"企业，也是因为无法突破这一"瓶颈"，而被市场无情地淘汰，实现了从"明星"到"流星"的演变。

三、第二次发展"瓶颈"

中国企业发展遇到的第二个"瓶颈"也是由两个危机"接力"式构成，解决这两个危机即可实现企业形态的顺利转变。

第二次发展"瓶颈"多数发生在产业价值链中的"先进"的企业，所谓"先进"是这些企业虽然处于全球产业价值链的上游，但是在中国市场生态中却处于产业价值链的下游，由于与全球产业价值链最先接触，所以这些企业率先遇到第二个发展"瓶颈"。

市场危机也可以称为客户危机，这时不是市场中没有客户需求，恰恰是客户需求更多，但是与原来的价值需求相比发生了很大的变化，而且这种趋势越来越明显，仅仅依靠精英团队领导力无法满足这些客户价值需求。

在精英价值形态下，事业部型组织结构让企业规模达到了巅峰，企业运行效率随着规模的递增而逐渐降低，规模增加不但不会给企业带来更多的价值，反而起到相反的作用，如果不改变组织形态，企业就会停滞不前，甚至会出现倒退的现象，这一次"瓶颈"是封闭型组织向开放型组织的改变，是组织形态进化过程中的分水岭。从组织结构的变化即可看出，事业部型、矩阵型、流程型这三种组织结构形式使组织形态从垂直形状转变为水平形状，这是一种巅峰性的改变，然而这也仅仅是企业突破"瓶颈"的第一步，因为流程组织结构的设计相对容易，而人们的行为习惯转变相对较难。

流程危机是企业突破"瓶颈"的第二步，流程危机在于业务流程能否把客户与创新团队有机连接在一起，并且有效地运行起来。在客户价值形态中，能力素质是个人价值的来源，以能力组合为基础的创新团队是企业最小的价值创造单元，团队创新力在于成员价值创造能力的发挥，这对习惯于稳定的职位等级、标准化的工作要求的价值创造者来说难以适应，同时创新团队的组建需要大量的骨干人才，而这些骨干需要在精英价值形态中得到培养，这次危机对企业的挑战性更大。

过去几年，中国一些企业进行过流程组织的改造，但多数以失败而告终，失败的原因并不是因为流程型组织结构未能建立，而是组织结构变化带来了价值形式的改变，让一些人无法适应，尤其是精英群体，当精英时代渐行渐远时，精英反而有可能成为变革的阻力。从目前来看，这些企业当时还没有处于生死存亡之际，所以内、外部变革动力明显不足，封闭型组织只有在山穷水尽之时，才会发动颠覆式的变革,当然也将导致很多企业就此倒下,不再起来。从中国经济的发展趋势来看,将会有越来越多的企业处于第二次发展"瓶颈"中。

四、面对历史转折点

企业形态的演变是在残酷的市场生态中完成的,新型组织形态都是在尸横遍野中诞生,众多倒下的企业支撑着少数企业站立,没有突破"瓶颈"的主要原因是没有突破人性的桎梏,与其说是企业"瓶颈"倒不如说是人性"瓶颈"更准确,所谓"胜己者强",战胜自己才是真正的强大,而战胜的那个"己"即人性,这也是作者对杜邦肃然起敬的根本原因。

20世纪末,相当一部分中国企业遇到了第一次"瓶颈",这些企业从股东价值形态开始向精英价值形态转变,立刻遇到前所未有的危机,当时也出现了一次中西、古今管理思想的大碰撞,为这次企业变革提供理论支持。虽然在"变形"过程中倒下了一大批知名企业,但也有一小部分企业顺利实现转变,为中国企业发展打开了一个新局面,同时也直接导致一大批精英从"瓶颈"企业中脱离出来,走上了自主创业的道路,这些精英吸取了失败的教训,对企业管理模式进行根本改造,终于顺利通过第一次发展"瓶颈"。

如今中国坚定不移地走深化改革的道路,必然与全球产业价值链结合更加紧密,中国企业的价值特征将明显发生改变,一些优秀企业开始向客户价值形态转变,这些企业将面临第二次发展"瓶颈",这次"瓶颈"相对于第一次而言难度更大,人的价值特征在这个阶段需要实现历史性的突破。西方优秀企业之所以有今天的成就，很大一部分原因是在工业革命之前经历过多次思想解放运动，前前后后经过四个多世纪，每一次思想运动都使人的价值性得到一定程度的提升。

改革开放以后，中国企业虽然取得很大的成绩，但是整体来看与世界先进企业存在着明显差距，多数是资源提供者、标准化制造者、先进技术多数被西方企业所掌握，产业价值链上的价值更容易流向这些企业，各项人均指标远远高于中国企业。由于缺乏创新力，中国鲜有优秀企业出现，甚至于西方淘汰的技术在中国产业生态中都成为先进的代表。产品技术创新仅仅是低层次的创新，高层次的创新是思想制度创新，这一点中国企业更无法企及。创新力是一种价值创造能力的组合，强调个体之间的价值创造能力的互补性，并非短时间内能够形成，增强创新力对中国企业而言任重而道远。

全球经济发展趋势以及中国坚持改革开放的决心，必将导致中国企业全面从封闭型组织向开放型组织转变，历史转折点出现在中国企业面前，这次进化将彻底改变中国企业形态的整体格局，将会有越来越多的企业摆脱低级组织形态，对中国企业家而言这是一次历史性的挑战，由于封闭型组织不具备主动变革的意识，因此只有具备大智慧、大气魄、大胸怀的变革者才能力挽狂澜，承担起这次变革的历史使命，成为企业生命历程中的传奇。

附录：一张表概括组织形态进化规律

组织形态进化		封闭型组织形态		组织形态管理 开放型组织形态		
		股东价值形态	精英价值形态	客户价值形态	利益相关者价值形态
生态系统	发展动力	蒸汽技术革命	电力技术革命	能源信息技术革命	生物技术革命
	发展过程	自由竞争到垄断竞争	经济联盟与合作	经济共同体	全球经济一体化
	主要活动	殖民扩张	世界大战	空间拓展	生命改造
	典型特征	抢地盘	占资源	建空间	造生命
	生命周期	初建期	发展期	成熟期	衰退期
	国际货币	金本位	金汇兑本位	黄金非本位币	信用货币
	封闭程度	非常封闭	较封闭	较开放	非常开放
	进化阶段	初始形态	较低形态	较高形态	高级形态
	价值定位	资源提供者	价值标准化制造者	需求具体化者	需求创造者
	复杂程度	简单	较简单	较复杂	复杂
组织形态	规模特征	微型、小型	大中型、巨型	灵活型	松散型
	人格特征	股东人格	双重人格	独立人格	独特人格
	内部空间	没有	少量	较多	开放
	形状代表	三角形	梯形	八边形	圆形
	风险防范	完全自我消化	自我消化为主，外部转移为辅	外部转移为主，自我消化为辅	完全外部转移

357 ▶

续表

组织形态管理

人性特征			经济人假说	社会人假说	复杂人假说	自我实现人假说
复杂性	西现		法家——性恶论	儒家——性善论	墨家——可塑论	道家——道性论
	中古		依赖于资源	少数人独立	多数人独立	所有人独立
独特性	独性		几乎没有	有但不明显	初具特性	特性明显
	特性					
价值性	层次		最低层次基本需求	较低层次基本需求	高层次基本需求	低层次生长需求
	链条		产业价值链上	职能单元之间	创新团队之间	价值创造者之间
西方管理学	发展阶段		古典管理理论	行为科学管理理论	现代管理理论	—
	代表人物		泰罗、韦伯、法约尔等	梅奥、西蒙、巴纳德等	众多流派	—

10S企业形态分析

价值创造能力结构	结构特征	资本收益力为主	精英领导力为主	团队创新力为主	组织人格力为主
	能力载体	资本（股东）	精英群体（经营管理者）	创新团队（骨干人才）	价值创造者（所有人）
	能力形成	资本与独特资源结合	职能与领导力结合	需求与创新力结合	价值与人格特性结合
	体现方式	通过企业体现	通过职能单元体现	通过团队体现	通过价值创造者体现

续表

组织形态管理

股权结构	结构特征	高度集中	相对集中，集中有分	相对分散，分中有集	高度分散
	股东特征	控股股东	控制权股东	分散型股东	价值型股东
	股东构成	血缘、情感关系的股东	机构投资者、精英人	多元化、多层次股东	股东同质化
	资本形式	货币与自然资源	领导能力与管理经验	综合能力与素质	人格特性
	资本收益	很高	较高	不确定	性质改变
组织结构	结构特征	直线型组织结构	职能型组织结构	流程型组织结构	网络状组织结构
	结构形式	垂直线条	职能线条	水平线条	散点形式
	自我调整能力	较难	僵化	灵活	非常灵活
	结构调整方式	增减管理者、员工数量	改变职能分工、职位等级	调整业务流程、团队	增减价值创造者
价值单元结构	结构特征	企业是价值单元	职能部门是价值单元	团队是价值单元	个人是价值单元
	价值创造方式	集体共同创造价值	分工协作创造价值	独立统一创造价值	即时组合创造价值
	价值交换形式	企业协作	职能之间	团队之间	个人之间
	价值原则特点	价值协作为主	分工协作为主，有价值交换	价值交换为主，有价值协作	价值交换
	价值产生基础	资源占有	法定授权	能力素质	人格特性
	价值载体	资源	职位（职务）	能力素质	人格

续表

		组织形态管理		
	结构特征	以"工作"为基础	以"职位"为基础	以"素质"为基础	以"人格"为基础
管理基础结构	管理方式	指令性管理	标准化管理	满意度管理	个性化管理
	前提条件	难易匹配	人岗匹配	行为匹配	特征匹配
	管理系统	组织纪律管理系统	职位等级管理系统	角色差异管理系统	人格特征管理系统
	激励方式	物质奖励	职位晋升	角色转变	适时激励
人才结构	结构特征	花瓶模型	钻石模型	橄榄模型	圆球模型
	人才层次	两极分化	层次鲜明	边界模糊	理念边界
	人才标准	硬件	硬件为主、软件为辅	软件为主、硬件为辅	软件
	发展方向	管理者	职位晋升	能力素质提高	人格独特
	高级人才	一专	一专多能	多专多能	一独
	人才危机	缺乏技术人才	缺乏领导人才	缺乏综合能力人才	缺乏独特人才
客户结构	结构特征	以现实型客户为主	以重要型客户为主	以分散型客户为主	以价值型客户为主
	客户特征	被独特资源吸引的客户	需求稳定且重要的客户	需求发散且多变的客户	被人格特性吸引的客户
	需求分散程度	高度集中	相对集中	相对分散	高度分散
	需求变化程度	非常稳定	出现变化	变化频繁	个性化
	需求内容特征	非常明确	具体，可以标准化	模糊，可以具体化	需要创造

360

续表

		组织形态管理			
			以成熟型产品为主	以标准化产品为主	以创新型产品为主	以定制型产品为主
产品结构	结构特征		金牛类产品	明星类产品	问题类产品	瘦狗类产品
	产品特征		功能性产品	功能与配套服务	服务流程	价值体验
	产品品种		单一	增多	较多	独特
	更新换代速度		很慢	较慢	较快	没有
	同质化程度		相同	相似	不同	独特
	制造方式		单件大批量	多件大批量	多件小批量	单件小批量
	质量控制	特征	质量检验	统计质量控制	全面质量管理	即时质量管理
		方式	事后检验	事前预测与事后检验	全面过程控制	由价值客体即时控制
文化结构	文化特征		资本（老板）文化	精英文化	客户文化	价值文化
	核心元素		收益	业绩	创新	特性
	文化导向		以劳动结果为导向	以业绩目标为导向	以客户价值导向	以人格特征为导向
	亚文化体现		非正式组织（小团体）内	各职能单元中	各团队中	各即时性组合中
	文化管理形式		同一性	一致性	协调性	统一性

续表

组织形态管理

		原则特点	股东价值优先原则	精英价值优先原则	客户价值优先原则	价值平等原则
治理结构	价值体系平衡形式	维护单一价值主体平衡	维护股东与精英价值平衡	维护内部多元价值主体与客户价值平衡	维护所有价值主体平衡
	董事会类型	单一型董事会	监管型董事会	战略型董事会	价值型董事会
	董事构成	股东、亲友等	股东代表与精英代表	股东代表与精英代表	价值创造者代表
	决策模式	单人决策模式	团队协作决策模式	多元独立决策模式	组织人格决策模式
	集权与分权	数量	高度集权	集中有分	分中有集	高度分权
	制约与制衡	力量	外部权力制约	职能单元间制约	业务流程之间制衡	个体之间制衡
	权力与人	配置	权力约定俗成	通过授权,可以变动	变动频繁,有能者得之	即时配置
危机特征	初建期	资本(资源)危机——资本与资源能否结合	精英危机——精英与团队能否形成	流程危机——价值创造能否形成	信任危机——价值创造者之间能否信赖
	成长期	决策危机——资本与股东(决策者)之间	官僚危机——精英与股东之间	创新危机——创新团队之间	文化(品牌)危机——企业与企业之间
	企业价值形态失衡				

362

附录： 一张表概括组织形态进化规律

续表

		组织形态管理		
成熟期		传承危机——资本与精英之间	市场（客户）危机——精英与骨干之间	独立危机——创新团队与成员之间	形态危机——企业与价值创造者之间
衰退期		精英危机——精英团队能否形成	流程危机——创新团队危机	信任危机——价值创造者之间能否信赖	趋于无形——有形边界是否必要
变形动力	内部	资本收益能力与其他价值创造能力之间的冲突	精英领导力与其他价值创造能力的冲突	团队创新力与其他价值创造能力之间的冲突	组织人格力与其他价值创造者人格力的冲突
	外部	不断提升的市场价值需求与相对落后的企业价值创造能力之间的冲突			
	根源	人性（复杂性、独立性、价值性）的演变——具有独特价值的人			

363

后记：何谓"道"？

一般来说，中国管理思想智慧可以用"道、法、术、器、势"五个层面来概括，道以明向、法以立本、术以立策、器以成事、势以立人，有道无法、有术无器或有术无道，都不能成为体系。道、法、术、器、势五个层次出自老子的《道德经》，如今在不同领域有着不同的理解，作者也想用这五个层次来表达一下对管理知识体系的理解。

"道"是对"管理"规律的理解，是一种理性认知，以抽象的形式存在，不同的理解形成不同的思想、理论，因此也就有了"道可道，非常道"的说法，一切根据和符合于"道"的思想对管理实践起促进作用；反之，则会起阻碍作用。

"法"是对"道"的解析，使"道"能够在"法"中得到具体体现，"法"是阐述"道"的各种价值标准，"道"不同则"法"不同，因此也就有"道同志合"的说法，在企业中即各种管理系统与规章制度，通过规章制度理解管理之"道"。

"术"是依据"法"解决管理问题的各种方法、手段、措施，通过对"术"解决与"法"相矛盾的现实问题，使企业管理符合其"法"，一般来看"术"的内容较为多样化，关键是达到效果。

"器"是具体实践中依靠的工具和程序，有了"术"仍然需要一定的工具提高解决问题的效率,因此有了"工欲善其事必先利其器"的说法,科学技术、机器设备、模板表格之类的都可称为"器"。

"势"最早是指权势,主要指君主的统治权力。作者认为这是人与"道、法、术、器"的结合,是管理者在管理实践中形成的一种独特风格,成为管理者自身的一种特质,管理思想、管理制度、管理措施是否能够有效最终还是由管理者来实现。

"道、法、术、器"构成四个层面的管理思想体系,而"势"则是管理思想体系与人结合的最终结果,"道、法、术、器、势"实际上是一整套从理论到实践的系统化管理思想,作者提出的组织形态管理理论体系已经具备这样的特征。

在本书写作之初,始终对"道"颇为茫然,初稿三个月时间即完成,其后发现由于对"道"的理解并不清晰,因此着手开始修改,不想这一改竟然用了一年半的时间,创作过程中才发现"道"即为人性,人性贯穿于人类发展,人类世界也是人性世界,人即人性载体,管理之道即管理人性,变革之道即变革人性,古今中外优秀的管理者无一不是对人性有独特理解的人,因此从这个角度来说管理即一种实践,仅仅凭借对管理知识的掌握显然无法成为一个合格的管理者,这就是作者理解的管理之"道"。

2010年,有感于中国经济环境有了明显变化,传统管理思想在实践中出现了很多问题,作者开始进行管理学领域的系统性研究,历经4年的艰苦创作,于2014年正式提出组织形态管理理论,成为中国当代唯一原创管理学理论,无奈当时能够理解这套思想的人寥寥无几,深感郁闷,闭门修养,未曾想2016年中国经济持续恶化，这套理论却开始被认知，甚至有了追随者，随即开始了与实践结合的商业化过程，并在接下来的几年中开发出了大量的管理工具，丰富了"术"的层面内容，这些管理工具在作者的数百篇文章中都有详细介绍，组织形态管理理论在助力于中国企业转型的同时，也开始影响着中国管理学的发展。

本书内容属于原创作品，其中不乏大量新的管理学理念，衷心希望得到广大读者指正，并提出宝贵意见，欢迎在微信公众号"组织形态管理"后台留言，在此表示感谢。

杨少杰

图书在版编目 (CIP) 数据

进化：组织形态管理 / 杨少杰著. —北京：中国法制出版社, 2019.12

ISBN 978-7-5216-0569-3

Ⅰ. ①进… Ⅱ. ①杨… Ⅲ. ①企业管理－组织管理学 Ⅳ. ① F272.9

中国版本图书馆 CIP 数据核字（2019）第 218274 号

策划编辑：潘孝莉

责任编辑：潘孝莉　刘　悦　　　　　　　　　　封面设计：汪要军

进化：组织形态管理
JINHUA：ZUZHI XINGTAI GUANLI

著者 / 杨少杰
经销 / 新华书店
印刷 / 三河市紫恒印装有限公司
开本 / 880 毫米 × 1230 毫米　32 开　　　印张 / 12　字数 / 264 千
版次 / 2019 年 12 月第 1 版　　　　　　　2019 年 12 月第 1 次印刷

中国法制出版社出版
书号 ISBN 978-7-5216-0569-3　　　　　　　　　　定价：69.00 元

北京西单横二条 2 号　邮政编码 100031　　　传真：010-66031119
网址：http://www.zgfzs.com　　　　　　　编辑部电话：010-66073673
市场营销部电话：010-66033393　　　　　　邮购部电话：010-66033288

（如有印装质量问题，请与本社行务部联系调换。电话：010-66032926）